Mario von Galli

# Gelebte Zukunft: Franz von Assisi



Mit Farbphotos von Dennis Stock

Verlag C. J. Bucher
Luzern und Frankfurt/M

8. Auflage 1977

Ausstattung und Typographie Hans Peter Renner
Die Vorlagen für die Bilder im Anhang lieferten
das Bildarchiv der Staatsbibliothek Berlin und
das Archiv für Kunst und Geschichte, Berlin,
sowie das Verlagsarchiv C. J. Bucher, Luzern.
Printed in Switzerland 1977 by C. J. Bucher AG, Luzern
ISBN 3 7658 0243 3

# Warum ich dieses Buch schrieb

Kürzlich fragte mich eine Publizistin, die am Konzil als Berichterstatterin mitgearbeitet hatte, was ich zurzeit unternehme. Ich sagte, ein Buch über Franz von Assisi nehme mich ganz gefangen. «Also ganz uninteressant», war ihre enttäuschte Antwort. Sie ist Katholikin von der ‹fortschrittlichen› Linie. Eine Schrift über Franziskus: das könnte nur ein frommes Buch sein, mit jenem Beigeschmack von «erbaulich», den man heute nicht liebt, bestenfalls würde es eine geschichtliche Studie darstellen; aber auch die wäre eben «rückwärts gewandt» und damit nicht aktuell.

Aber wie kam mir die Idee, ein Buch über Franz von Assisi zu schreiben? Es entstand – wie so oft – aus einer Reihe von zufälligen Erlebnissen. Zunächst waren die Bilder da, von Dennis Stock, die Umbriens Landschaft so unvergleichlich schön wiedergeben, daß man beinahe die helle Stimme des Poverello von Assisi mitzuhören glaubt. Provenzalische Minnelieder auf diesen Fluren, in diesen Wäldern, an diesen Seen, beim Anblick dieser knorrigen, konischen Ölbäume, dieser Disteln, Schafe, Ochsen, Tauben, Zypressen, aus dem Munde jenes Mannes, der mit seiner Heimat so sehr verwachsen war, daß er ein Stück von ihr wurde, ihre Stimme, und das, obwohl er eine weltweite Bewegung in Gang gesetzt hat, die – durchaus nach seinem Willen – alle Länder Europas und auch des Orients erfassen sollte. Hier war der Ort, den er als ihren Mittelpunkt wollte, gleichsam das Herz, dessen Schläge das Blut überall hintreiben und wohin es, verbraucht, um sich zu erneuern, wieder zurückkehrt.

Die Bilder also waren der Ausgang und Anfang auch dieses Buches. Ich sah sie – und sie gefielen mir. Ein Buch zu schreiben, daran dachte ich nicht. Man drängte mich dazu. Ich beteuerte, daß ich von dem Heiligen nicht mehr wüßte als jeder durchschnittliche Katholik. Ich wies darauf hin, daß es Scharen gelehrter Franziskaner, Konventualen, Kapuziner gebe, die von Berufs wegen ihren Ordensvater viel besser kennen als ich, ein Jesuit. Ich verwies auf die gewaltige Franziskus-Literatur, die es gibt. Sie auch nur zu überschauen erfordert Zeit. Doch all meine Einwände blieben ungehört. Man wünschte kein gelehrtes Buch, man wünschte Eindrücke spontaner Art, wie sie ein heutiger Mensch wohl haben kann.

Sollte ich also eine dem Franziskus irgendwie verwandte Seele besitzen? Das meinten offenbar jene, die mich drängten. Ob sie recht damit hatten, vermag ich nicht zu entscheiden. Jedenfalls kann ich nicht leugnen, daß, je mehr ich mich nun halb widerstrebend mit dem Studium des Franz von Assisi befaßte, ich fortschreitend in seinen Bann geriet.

Ich muß gestehen, daß ich bei meiner Lektüre so unsystematisch wie denkbar voranging. Zunächst las ich Gilbert K. Chestertons kleines Buch über den Heiligen (dt. 1959). Ich liebe Chesterton. Er ist ein origineller und gebildeter Geist. Er wahrt sich sein eigenes Urteil und ist gar nicht geneigt, die bei allen Heiligen übliche Übermalung im Sinne einer allgemeinen Erbaulichkeit mitzumachen. Denn davor graute mir am allermeisten. Also las ich ihn. Ich war reich beschenkt. Das war gewiß kein Klischee! Aber was an dem Porträt war nun wirklich Franziskus und was der Dichter Chesterton? Und stimmte auch die faszinierende, aber doch anfechtbare Idee des zweiten Kapitels, die vom Erwachen der Welt im zwölften und dreizehnten Jahrhundert sagt, daß hier die Bußzeit des Christentums, die notwendig auf das Heidentum folgte, ein Ende fand: «Die Läuterung vom Heidentum ist endlich vollbracht»? In diesem Moment «erschien plötzlich eine schweigende Gestalt auf einem kleinen Hügel über der Stadt, dunkel gegen die schwindende Dunkelheit. Denn es war das Ende einer langen und harten Nacht, einer Nacht des Wachens, in der die Sterne nicht ausgeblieben waren. Sie stand mit erhobenen Händen, wie in so vielen Statuen und Bildern, und um sie war das Erschallen von Vogelgesang, und hinter ihr war die Morgendämmerung.»

Und wenn das stimmen sollte für das hohe Mittelalter, was hatte diese Gestalt dann für uns heute noch zu bedeuten? Ivan Gobry gab am Ende seiner ausgezeichneten Monographie (1958) überraschende Ausblicke auf die Wirkung des Franz von Assisi in der nichtkatholischen gegenwärtigen Welt. Da stand zu lesen, daß der «abtrünnige» Rénan Franziskus «den einzigen vollkommenen Christen seit Jesus» genannt habe; daß Gandhi ihn als einen der größten Weisen der Welt gefeiert hätte. Da war ein «Zeugnis» zu finden von Rainer Maria Rilke und eines von Max Picard. Da wurde behauptet, daß es «deutliche Berührungspunkte» gebe zwischen dem Geist des hl. Franziskus und der Theandrie eines Solowjew und Berdjajew – und dem Personalismus eines Gabriel Marcel und Emmanuel Mounier – und einem Teilhard de Chardin in der «Aufwertung der sichtbaren Schöpfung». Da reicht Franziskus über das Mittelalter offensichtlich hinaus. Ja mehr noch: dem franziskanischen Geist wird es zugeschrieben, daß «im Gegensatz zu den anerkannten Methoden» bereits im dreizehnten Jahrhundert der Franziskaner Roger Bacon zum Vorläufer der experimentellen Wissenschaft wurde.

Jetzt ging es nicht länger, ich mußte heran an die Quellen. Ich fand zuerst die von Otto Karrer herausgegebene Ausgabe «Franz von Assisi. Legenden und Laudes» (1951). Da hatte ich eigentlich alles Wichtige beisammen: einerseits die alten Quellen, die sogenannte «Drei-Gefährten-Legende» (Ceprano), die älteste Lebensbeschreibung von Thomas von Celano, die Legende von der Jungfrau Klara, das Tugendbild des Heiligen Franz von dem großen Bonaventura, die «Fioretti», die Lobpreisungen des Heiligen und sein «Testament»; anderseits zu allen Stücken kritische Einführungen und Erläuterungen. Als ich das las, war ich glücklich. Das war einmal ein Heiliger von innen gesehen. Ich glaube nicht, daß es einen anderen gibt, in dessen Atmosphäre, Gedanken- und Gefühlswelt, in dessen Lieben und Leiden einem in der Weise einzutreten vergönnt ist. Für die kritische Distanz vom Standpunkt der Geschichte sorgten Einführung und Anmerkungen des Herausgebers, denn Karrer ist ein anerkannter Historiker. Aber selbst diesen

*Zu Bild Seite 9*

«Wenn Gott dereinst seiner Kirche den Orden der Zukunft schenkt..., wird er wohl das Gepräge der Franziskusseele tragen.»

PETER LIPPERT S. J.

«Es wanderte der selige Franz durch Städte und Flecken.
Seiner Rede Kraft, die ihm kein Mensch gelehrt,
erregte das Staunen auch von gelehrten Männern.
Und viele eilten herbei, um ihn zu sehen und zu hören,
als stammte er aus einem andern Jahrhundert.»

GIOVANNI VON CEPRANO

Fresko von Benozzo Gozzoli, um 1420–1497
(Galleria Nazionale dell'Umbria, Perugia).

*Zu den Bildseiten 10/11*

Die «Drei-Gefährten-Legende» beginnt also:
«Wie die aufgehende Sonne die Welt
mit glühenden Strömen des Lichts überflutet
zu ihrer Fruchtbarkeit,
so erschien Franz in seinem Aufbruch
gleich einem neuartigen Licht.
Es war wie der Aufbruch des Frühlings in die Welt.»

*Zu Bild Seite 12*

Durch solche Gegend wanderte Franz, nachdem er sich von seinem Vater getrennt hatte, nur mit einem alten Mantel bekleidet, den ihm der Bischof gegeben und auf den er mit Kreide ein weißes Kreuz gemalt hatte, gegen Gubbio zu einem Freund. Räuber überfielen ihn und fragten, wer er sei. Er erwiderte: «Ich bin der Herold des großen Königs, aber was geht euch das an?» Sie warfen ihn in einen Graben, in dem (noch im April) viel Schnee lag, und sagten: «Liege da, du Bauer, der den Herold spielen will.» Dann zogen sie ab. Er aber wanderte weiter gegen Gubbio.

in seinen sonstigen Schriften gelegentlich fast überwachen Analytiker hat hier die Seele eines großen Mannes, eines Heiligen, gefangengenommen und über sich selbst hinausgetragen.

Daß ich hier auf das Richtige gestoßen war, bezeugte mir ein jüngerer Kapuziner. Ihn fragte ich, was ihn eigentlich als Franziskaner, als Jünger des Franziskus, ernähre. Waren es Biographien, kritische Studien moderner Art, Bücher über die franziskanische Spiritualität? Er erwiderte: «Gewiß, da gibt es vielerlei, was sehr wertvoll ist: die Biographie von Pater Luthbert (Wildlöcher), die Studien von Laurentius Casutt und von Hilarin Felder.» Ich sagte: «Ein Drittordensmitglied nannte mir Jörgensens Biographie als das beste Buch, ein Protestant verwies mich auf das Leben des reformierten Pfarrers und Franziskusforschers Paul Sabatier, an dem man auch heute wohl kaum vorbeigehen kann; ein anderer zeigte mir das voluminöse Werk von Henry Thode, das des Franziskus Ausstrahlung auf die Anfänge der Kunst der Renaissance schildert. Oder soll ich mich in die ‹Franziskanischen Quellenschriften›, herausgegeben von den deutschen Franziskanern, vertiefen?» Mein Kapuziner schwieg eine Weile, dann meinte er: «Ich persönlich lebe aus Karrers Ausgabe. Die weitere Forschung – sie ist noch lange nicht am Ende – wird Licht bringen in viele für die Wissenschaft wichtigen Einzelfragen, wie etwa nach den verschiedenen Regeln (erste, zweite, dritte, vierte Regel). Sie wissen vielleicht, wie unklar da vieles ist: wessen Einfluß mitspielt, warum die eine Regel ‹verlorenging› oder von Bruder Elias unauffindbar ‹verlegt› wurde und derlei mehr – aber für das Erfassen des franziskanischen Geistes ist das doch von untergeordneter Bedeutung.»

Ich glaube, der junge Kapuziner hatte recht. Ich habe zwar Casutt, Felder, Sabatier, Jörgensen, Luthbert (Wildlöcher), Thode gelesen und in jedem von ihnen neue Details gefunden, die mein Bild abrundeten, aber Karrers Ausgabe blieb mir doch die Mitte, um die sich alles gruppierte. Auch in moderne Darstellungen und Analysen sah ich hinein, wie die von Romano Guardini und Walter Nigg, sogar in den Roman «Mein Franz von Assisi» (1964) des Griechen Nikos Kazantzakis. Sie alle bezeugen, daß Franziskus mit dem Weltbild des Mittelalters nicht verschwindet, nicht einmal verblaßt. Und das ist eigentlich das Erstaunliche. Es ist das, was mich lockt.

Wie kommt es denn, daß in unserer Zeit, noch ehe die Ökumene große Mode unter den christlichen Konfessionen geworden ist und ein tiefes Anliegen der ökumenischen Bewegung, die sich im Ökumenischen Rat zu Genf repräsentiert und auf katholischer Seite im Zweiten Vatikanischen Konzil ihre Bestätigung fand – daß ganz unabhängig von all dem und ihm eigentlich vorgreifend die Gestalt des Franz von Assisi alle fasziniert? Wie kommt es, daß unserer Zeit der Wissenschaft, dem ‹wissenschaftlichen Zeitalter›, wie man gerne sagt, dieser ganz und gar unwissenschaftliche Mann, der von manchen sogar ein Feind der Wissenschaft genannt wird, dennoch als eine Art Ideal erscheint? Wie kann es sein, daß heute, da wir uns doch einer eitlen und falschen Erwachsenheit nur zu gerne rühmen, trotzdem der kindlichste, manchmal – so will es doch scheinen – geradezu kindischen Spielen ergebene Mann unseren Gefallen findet? Woran mag es liegen, daß, obwohl wir doch in einer Zeit leben, in der alles geplant wird und – ob's gefällt oder nicht – geplant werden muß, dennoch der ‹Mann der Zukunft› nicht bei den Orden gesucht wird, die auf Stifter zurückblicken, deren Kennzeichen die planende Organisation war, sondern eben bei der franziskanischen Geistesart?

Ich will einen ganz unverdächtigen Zeugen, den Jesuiten Peter Lippert zitieren: «Das Organisationsprinzip, das von Benedikt über Dominikus und Ignatius auf die neueren Genossenschaften führt, scheint in seinen innern Möglichkeiten der Erschöpfung nahe – womit freilich nicht gegeben ist, daß es je überflüssig oder ersetzlich werden könnte. Aber das grundsätzliche Neue, das gerade heute von so vielen Seelen und in so vielen Versuchen einer Neugründung gesucht wird, findet sich wohl nur auf einer ganz andern Linie, der des ursprünglichen Franziskusideals: auf der Linie der freien Lebendigkeit und der freien Liebesgemeinschaft, auf der Linie des unmittelbar durch sich selbst, nicht erst durch konstruktives Wollen wirkenden Seins, auf der Linie der urwüchsig lebendigen und originellen und dabei durch eigenes inneres Gesetz und Maß geformten Persönlichkeit. Wenn Gott seiner Kirche dereinst den Orden der Zukunft schenkt, nach dem heute schon so viele unserer Besten sehnsüchtig Ausschau halten, dann wird er wohl das Gepräge der Franziskusseele tragen.» Lippert schrieb das in den «Stimmen der Zeit», 1927. Inzwischen ist viel geschehen – auch an geistiger Wandlung; trotzdem dürften seine Worte auch heute noch zutreffen!

Ich gebe zu: Vieles scheint dem zu widersprechen. Aber wir müssen uns von dem Äußern nicht täuschen lassen. Vielleicht sind die Kleinen Brüder des Charles de Foucauld dem «ursprünglichen Franziskusideal» näher als die heutigen Organisationen der Franziskanerfamilie. Schon der Name ‹kleine Brüder› entspricht nach heutigem Empfinden viel besser dem, was Franziskus meinte, als das uns unverständlich gewordene ‹Minderbrüder›. Aber auch die Lebensart, die Beschäftigung und sogar die Kleidung erinnern bei den Kleinen Brüdern doch viel stärker an Franziskus als die Franziskaner. Das gilt sogar von der eigenartigen Verknüpfung des Eremiten- oder Wüstenelementes mit dem aktiven, apostolischen Wirken und dem hohen Wert, der auf das einfache Zeugnis des Lebens vor aller Predigt gelegt wird. Ich will diese Linie nicht fortführen. Weder möchte ich die mir lieben Franziskaner beleidigen – sie konnten kaum anders werden, als sie ins Bett der Geschichte gezwängt worden sind – noch den Kleinen Brüdern ihren Charles de Foucauld rauben, der die Moslems gewiß unvergleichlich besser verstanden hat als Franz von Assisi. Aber trotzdem bestehen da sonderbare Parallelen – und vielleicht mußte es die Kleinen Brüder des Charles de Foucauld geben, um die Zweige der Franziskaner nicht nochmals schmerzlich zu entzweien. Man kann durchaus «das Gepräge der Franziskusseele» unter einem ganz anderen Namen tragen. Ich nenne das Beispiel der Kleinen Brüder nur deshalb, damit man nicht meine, es sei Spekulation und Abstraktion, vielleicht rückwärts gewandte Romantik, wenn man sagt, Franziskus lebe heute noch.

Was will also dieses Buch? Eine neue Lebensbeschreibung? Ganz und gar nicht. Ein Bericht über die neuesten Forschungen? Noch viel weniger. Eine neue Interpretation des ursprünglichen Franziskusideals? Selbst das nicht. Eine Streitschrift gegen die Verwässerungen des ersten Geistes? Eine Apologie der geschmähten, verfolgten, eingesperrten und mißhandelten Spiritualen gegen Päpste und Konventualen? Das ist alles schon geschrieben und bereinigt; was da an Fehlern tatsächlich geschehen ist, wird heute – und das ist echt franziskanisch, kein anderer Orden würde es so freimütig tun – von den franziskanischen Familien selbst offen zugegeben. Was also will dieses Buch? Es will nur einige Gedanken vorlegen, die der Tatsache nachspüren, weshalb Franz von Assisi heute eine zukunftsweisende Gestalt ist.

Dabei weiß ich natürlich, daß nicht alle, die von Franziskus schwärmen, ihn überhaupt kennen. Manche erinnert der Name Franziskus nur an Blümlein, Lämmer und artige Vögel – aber von der unwahrscheinlichen Härte seiner leidenschaftlichen Armutliebe wissen sie nichts. Andere, die ihn besser studierten, wollten aus ihm einen Antikatholiken machen; völlig zu Unrecht, wenn er auch ein echt christliches Anliegen der Reformatoren seiner und späterer Zeiten vertrat, das in der katholischen Kirche nur allzusehr vom rechten Platz abgedrängt war. Wieder andere glauben, ihn rein psychoanalytisch erklären zu können. Solche nur scheinbar oder nur zur Hälfte richtigen Interpretationen sollen höchstens am Rande Erwähnung finden.

Uns soll etwas anderes beschäftigen: unsere Zukunft, die wir an Franziskus, wie er wirklich war, messen wollen. Gewiß, er war ein Mensch seiner Zeit, und vieles war an ihm – es kann nicht anders sein – zeitbedingt. Jedoch kam ein Überzeitliches in zeitbedingter Gestalt in ihm zum Leuchten, wurde durchsichtig und erlebbar wie nie zuvor. Das kann zwar von jedem Heiligen gesagt werden. Aber nicht von jedem kann zugleich behauptet werden, daß dieses Überzeitliche gerade für unsere Zeit besonders aktuell sei; von Franziskus aber scheint mir das zu gelten. Das macht ihn zum Wegweiser in die Zukunft, mehr als andere. Die Zeichen der Zeit zu deuten, fordern uns seit den Tagen Johannes' XXIII. Papst und Konzil auf. Das Unerwartete und Überraschende für mich war, daß, je länger je mehr, die Beschäftigung mit Franz von Assisi mir die Zeichen der Zeit zu deuten half. Obwohl unsere Wende der Zeit nicht die gleiche ist wie jene, die sich vor siebenhundert Jahren vollzog, so steht trotzdem dieselbe Gestalt «auf einem kleinen Hügel in Umbrien über der Stadt, dunkel gegen die schwindende Dunkelheit». Sie steht mit erhobenen Händen, und um sie erschallt Vogelgesang, und hinter ihr ist die Morgendämmerung. Eben darum habe ich versucht, dieses Buch zu schreiben.

# Am Kinde gemessen

Mit einem Werk der Zerstörung muß ich beginnen. Viele glauben, der hl. Franz von Assisi sei ein durchsichtiger, einfacher Charakter, an dem es nichts Problematisches gebe. Ich war auch dieser Ansicht. Aber je mehr ich mich – betrachtend – in diesen Mann hineinzuleben versuchte, desto stärker fühlte ich mich auseinandergezerrt in fast unerträgliche Gegensätze, in nicht mehr nachvollziehbare Spannungen. Der Heilige wurde dadurch vor meinen Augen nicht kleiner, er wurde größer, denn dort, wo ich offensichtlich zerbrochen wäre, hielt er unbezweifelbar stand, er zerbrach nicht. Erst später fand ich, daß schon viele Autoren diese Beobachtung gemacht hatten.

Da ist einmal der bestürzende Gegensatz zwischen den Legenden und den Regeln. Otto Karrer läßt die Regeln aller drei Orden überhaupt weg, weil sie in einer «literarischen Sammlung» nicht am rechten Ort wären. Joseph Bernhart, dessen «Franz von Assisi. Leben und Wort» (1947) eines der tiefgründigsten Werke über den Heiligen darstellt, meint resigniert: «Vergleicht man die Erzählungen mit seinen eigenen Schriften, in denen fast nur der Gesetzgeber befiehlt, der Meister betet und beten lehrt, so fragt man sich: Redet beides von einem?... Ist dieser wohl auch jener?»

Ließe dieser Gegensatz sich noch erklären durch äußere Umstände – bei den Regeln mischten sich andere Federn ein, und das Schreiben lag dem Tuchhändlersohn überhaupt nicht –, so gibt es aber innere Zwiespälte, die offensichtlich viel tiefer liegen. Da ist der singende Bruder ‹Immerfroh›, der seinen Jüngern einschärft, niemals eine niedergedrückte Stimmung aufkommen zu lassen, weil der Teufel nichts mehr fürchte als einen fröhlichen Menschen. Aber ihm steht ein vom Leiden und Kreuz Christi völlig zerschmetterter Mann gegenüber –

und auch dieser ist Franziskus. Und was das Sonderbarste ist: es liegen nicht hintereinander Perioden der Melancholie und Zeiten des Jubels, sondern beides ist eng ineinander verflochten. Schon den jungen Neubekehrten treffen wir laut schluchzend durch den Wald gehen, weil sie unseren Herrn ans Kreuz geschlagen, genau damals, als er über die Höhe Umbriens einherschritt, Lieder der Troubadours singend; und sein jubelnder «Sonnengesang», der die ganze Welt mit Freude erfüllt hat, wurde in jener elenden Hütte verfaßt, in der die Ratten des Nachts über seinen gebrochenen Leib hinwegliefen, er selbst ganz erblindet war und der Schmerz über die Brüder, die sein Werk zerstörten, ihn innerlich und bis in die äußere Erscheinung dem Gekreuzigten anglichen. Niemand vermag diesen Gegensatz zu erklären.

Oder ein anderes: Franz war gewiß ein demütiger Mensch, bereit, einen jeden höher zu achten als sich selbst. Nicht mehr zu scheinen, als er wirklich war, darauf war er zutiefst bedacht. Seine Selbstbekenntnisse erscheinen uns oftmals grotesk. Als er bettelnd durch seine Vaterstadt zog, kam er einmal auch an einem Haus vorbei, in dem die Freunde seiner einstigen Zechgelage beisammen waren. Dort einzutreten schämte er sich, und er ging vorbei. Aber alsbald gereute ihn das. Er kehrte um, betrat den Kreis der Freunde und bekannte vor allen seine falsche Scham. Solcher Geschichten gibt es viele. «Ihr, wie die andern, die nach meinem Beispiel die Welt verlassen haben, haltet mich für einen heiligen Mann. Ich muß aber vor Gott und euch gestehen . . .» – und es folgten seine ‹Vergehen›, daß er während einer Krankheit Fleischbrühe zu sich genommen habe oder dergleichen.

Seine Anhänglichkeit an die kirchliche Obrigkeit ist geradezu verblüffend. Nirgends will er predigen ohne die Erlaubnis des Priesters, selbst wenn dieser ein völlig ungebildeter und nachlässiger Mann sein sollte. Er geht mit den zwölf ersten Gefährten zum Papst, um sich seine Gemeinschaft bestätigen zu lassen. Das geschah im Jahre 1210, zu einer Zeit, als solche Bestätigung kirchenrechtlich noch gar nicht vorgeschrieben war.

Zugleich ist derselbe Franz aber von einem Selbstbewußtsein bestimmt, das nicht weniger in Erstaunen setzt. Schon vor seiner Bekehrung verkündet er siegessicher in der Gefangenschaft der Perugianer: «Alle Welt wird mich einmal verehren», und nach der Bekehrung steigert sich sogar diese Selbstgewißheit. Wenn es gilt, sein Armutsideal rein zu erhalten, widersteht er ohne Zögern dem Bischof von Assisi, dem Papst sogar und seinem Freund, dem Kardinal Hugolin, den vor allen Brüdern öffentlich bloßzustellen er sich keineswegs scheut: Dem zu größerer Milde ratenden Kardinal «antwortete Franz nichts, sondern nahm ihn bei der Hand und führte ihn zu der allgemeinen Versammlung der Brüder», erzählt Bruder Leo im «Spiegel der Vollkommenheit». Bebend vor Erregung, sagte Franz: «Meine Brüder, meine Brüder! Der Herr hat mich auf den Weg der Einfalt und Demut gerufen; diesen Weg hat er mir in Wahrheit gezeigt für alle, die mir glauben und folgen wollen. Darum will ich nicht, daß ihr mir von irgendeiner Mönchsregel sprecht, sei sie vom hl. Benedikt oder vom hl. Augustin oder vom hl. Bernhard. Von keinem andern Weg und keiner Lebensform sollt ihr mir reden als von der, die *mir* der Herr gezeigt und geschenkt hat. Der Herr hat *mir* gesagt, ich solle auf *meine* Weise ein Tor für diese Welt sein. Er hat uns keinen andern Weg führen wollen als den Weg *dieser* ‹Wissenschaft›. Mit *eurer* Wissenschaft und Weisheit jedoch wird Gott euch zuschanden machen, und ich erwarte zuversichtlich die Vögte und Sendboten des Herrn, durch die er euch züchtigen wird. Einmal werdet ihr dann zu eurer Beschämung, ob ihr wollt oder nicht, zu eurer Berufung zurückkehren.» Das geschah wohl Pfingsten 1222 vor fünftausend Brüdern. Der Kardinal war höchst «betroffen und sagte nichts darauf. Alle Brüder aber fürchteten sich sehr.» Man wird nicht leugnen können – übrigens ist dieses apodiktische «Ich will» keine Seltenheit bei Franz –, daß dieses Selbstbewußtsein, das hier durchbricht, nicht weniger erstaunlich, ja erschreckend ist als die Exzesse und Übersteigerungen seiner Demutsäußerungen.

Ich könnte noch weitere Wesenszüge anführen – etwa seine Großzügigkeit, die ihresgleichen beim größten Herrscher nicht findet; aber daneben steht eine geradezu peinliche Kleinlichkeit im Bestehen auf irgendwelchen Einzelvorschriften, die uns lächerlich vorkommen. Doch ich will nicht fortfahren mit Beispielen. Die erwähnten genügen, um darzutun, daß alle Versuche, den hl. Franz mit einem Wort zu kennzeichnen, von vornherein verfehlt sind. Nicht einmal Heinrich Federer möchte ich beistimmen, der ihn charakterisiert als die «Harmonie in Person». O nein! Manchmal mag es so scheinen, aber dann öffnen sich Abgründe, die einen erschauern lassen

So stimmen sie alle und stimmen doch nicht, die stichwortartigen Charakterisierungen des hl. Franz: etwa der «Ritter Gottes» (Casutt) oder der «Troubadour» (Jörgensen) oder «der natürlichste unter den Heiligen» (Guardini) oder der «Adel der Seele» (Bernhart) oder «der Gehorsam» (Schneider) oder die «Wiederholung der Christus-Situation» (Sabatier) oder «das Kindhafte ist wohl der eigentlich originale Zug an diesem liebenswürdigsten aller Heiligen» (Schultz) oder eben einfach «il Poverello», der kleine Arme, wie seine Zeitgenossen ihn nannten. Ich sage, jedes dieser Stichworte hat sein Recht, es trifft durchaus einen Wesenszug, nimmt man ihn aber allein, dann erfaßt man keineswegs das Wesen des Heiligen. Er war gewiß ein ritterlicher Mensch durch und durch, und der Gedanke an König Artus' Tafelrunde hat das Verhältnis von Franz zu seinen Gefährten, ja den ganzen späteren Orden bis auf unsere Tage geprägt. Trotzdem ist Franz von Assisi etwa mit Ignatius von Loyola, den auch Ritter- und Minnedienst prägten, gar nicht zu vergleichen.

Das alles mußte vorausgeschickt werden, damit das Folgende nicht mißverstanden wird. Dieses Kapitel trägt die Überschrift: Am Kinde gemessen. Es soll damit das Kindhafte des Franz von Assisi nicht als der ihn erschöpfende, ja nicht einmal als sein hervorragender Wesenszug bezeichnet werden. Es mag sein, daß viele von dieser Art des Heiligen mächtig angezogen werden. Sie macht ihn sympathisch. Sie durchzieht auch sein ganzes Wesen. Er ist so gar nicht der kühl berechnende und aus Berechnung vollkommene Christ. Er ist kein ‹wohltemperiertes Klavier›. Kein gefügiges Werkzeug des Verstandes und Willens durch Training und Selbstbeherrschung. Keiner jener stets liebenswürdigen, ein bißchen öligen Menschen, die einen so niederdrücken, bei deren Umgang man sich im stillen wünschen mag: Ach, wenn er doch einmal fluchen würde! Und doch – ich weiß es wohl –, welchen Weg der heroischen Selbstverleugnung ist der Poverello von Gott geführt worden! Man denke nur an den Aussätzigen am Weg, dessen Hand er küßt, an die Pflege der Unheilbaren, an den Ekel vor den erbettelten Speisebrocken, die er essen sollte. Aber das alles war nicht einem Lehrbuch entnommen. Weit davon. Dahinter stand ein innerlich vernommenes Wort des Herrn: «Franz, ich werde dir zeigen, wie im Bitteren das Süße ist», und der ganze spontane Glaube, ja auch die kindliche Neugier, der Erlebnishunger, ein Neuland zu betreten, das Verlangen, den Herrn selbst zu erleben, auf Wegen, die Kühnheit und Mut verlangen. Nicht die Selbstüberwindung war das Ziel, der Hunger nach dem Gotterleben beherrschte das Tun.

Wenn ich hier vom Kinde rede, an dem ich Franz von Assisi und ebenso unsere Zeit ‹messen› möchte, dann denke ich an das Evangelium. Ich richte dabei mein Auge nicht so sehr auf das Kind Jesu, obwohl ich weiß, welche Rolle die Andacht zum Kinde Jesu im Lauf der Jahrhunderte gespielt hat, und zwar nicht nur in der zum Kitsch entarteten Weise frommer Institute, die dazu angetan war, einen gewissen Infantilismus, eine seelische Unterentwicklung als Ideal zu verherrlichen, sondern auch jene ernsthafte Bewegung, bei der wir Namen wie Berulle, Fénelon, Franz von Sales, Tauler, Ruysbroeck bis hin zur geradezu mannhaften, großen Therese von Avila und schließlich auch zur leidgeprüften ‹kleinen› Therese von Lisieux begegnen.

Hinter all dem stehen aber drei Worte des Herrn, die in erschreckender Weise die Haltung des Kindes als Vorbedingung zum Eintritt ins Himmelreich erklären.

Das eine Mal geht es um das ‹Aufnehmen› des Reiches. Das Reich ist ein Geschenk. Man muß die Botschaft hören, sie in sich eindringen lassen in völliger Bereitschaft, wie das Kind einfach annimmt, ohne jegliche Vorleistung und Vorbedingung. Der Vergleichspunkt ist wohl zu beachten. Es wird nicht einfach ‹das Kind› uns zum Vorbild gesetzt, etwa seine Unschuld, seine Niedlichkeit: ‹Ach, ein entzückendes Kind›, sagen die Verwandten und Freunde. Jesus fordert uns in keiner Weise auf, ein entzückendes Kind zu sein. Er fordert uns auch nicht auf, ‹unschuldig›, das heißt unerfahren, ungeschickt, unwissend, zu sein, wie die Kinder. Wenn heute so oft gesagt wird, es sei Pflicht der Christen, ihren Verstand zu gebrauchen, dann widerspricht auch das nicht der Bedingung Christi für den Eintritt ins Himmelreich. Wohl aber wird die totale Abhängigkeit und die hieraus sich ergebende Hilfsbedürftigkeit angesprochen. An dieser Stelle (Mark. 10, 13–16; Luk. 18, 15–17) fällt die Parallele zur ersten Seligpreisung auf: «Selig die Armen, denn ihrer ist das Himmelreich» (Matth. 5, 3). Der Arme im Sinne des Alten Testamentes wird hier unter dem Bild des Kindes wieder gepriesen. Das Vokabular hat sich geändert, nicht aber der Sinn. Höchstens kann man sagen, daß die Offenheit für die Gabe in dem neuen Bild noch deutlicher geworden ist und ein gewisser Hinweis auf den Vater im Himmel hier mitschwingt.

Handelt es sich bei dieser Stelle als Hintergrund um die Jünger, die den Kindern den Zutritt zu Jesus verweigern wollen, was den Herrn sichtlich mit Unmut erfüllt: «Laßt die Kleinen zu mir kommen . . .», so bildet bei Matthäus 18, 3.4 den Hintergrund die Frage, wer der Größte sei im Gottesreich. «Wahrlich, ich sage euch», rief er ärgerlich, «wenn ihr nicht umkehrt und wie die Kinder werdet, so werdet ihr nicht in das Himmelreich eingehen. Wer sich also klein macht, wie dieses Kind, der ist der Größte im Himmelreich.» Hier geht es deutlich nicht um das Kind-Bleiben, sondern um das Kind-Werden. Selbst die Jünger Jesu, die ihn lieben und sich für ihn einsetzen, die in seiner Nachfolge stehen, haben das noch nicht begriffen. Es muß ihnen drastisch vorgeführt werden. Gewiß, dieses Kind hat nichts an Leistung vorzuweisen, es ist noch ganz und gar offen für alle Entdeckungen, es läßt sich von Stunde zu Stunde überraschen und erwartet in allem, was ihm begegnet, Hilfe. Was das Kind von Natur in sich hat, eben das müssen wir erwerben, um in das Reich des Himmels einzugehen. Offenbar aus der Natur dieses Reiches heraus. Es wird zur Leistung, was im normalen Leben keine ist; zur Hochleistung sogar. In allen Tugendkatalogen und Systemen – sie sind alle nach den großen griechischen Meistern der vorchristlichen Zeit gefertigt – finden wir dieses Kind-Werden nicht aufgeführt; weder als eine besondere Tugend noch als Grundhaltung. Das erstaunt! Denn nach den Worten Jesu ist es eine unerläßliche Vorbedingung zum Eintritt in das Reich der Himmel.

Noch ein drittes Wort des Herrn ist hier zu nennen: der Lobpreis des Vaters, als die Jünger von ihrer ersten Missionsreise zurückkehrten: «Ich preise Dich, Vater, Herr des Himmels und der Erde, daß Du dies vor Weisen und Klugen verborgen, den ganz Kleinen aber geoffenbart hast. Ja, Vater, denn so hat es Dir gefallen. Alles ist mir von meinem Vater übergeben.» Mit den «ganz Kleinen» sind etymologisch die Kinder gemeint, die noch nicht einmal sprechen können. Deutlicher aber als in den beiden andern Stellen ist hier die Beziehung zum Vater spürbar. Wenn im Alten Testament Gott als Vater und die Armen zwar beide vorhanden sind, aber nicht verbunden werden, dann geschieht das hier doch recht deutlich. Das Reich des Himmels ist eben das Reich des Vaters, es wird dem Menschen geschenkt in einer Neugeburt, und diesem Sachverhalt entspricht die Kindeshaltung, die voll Vertrauen annimmt, im Bewußtsein der eigenen Kleinheit, Unfähigkeit, Hilflosigkeit, ohne daß sie mit großem Getöse und Geschrei betont würde, denn nicht auf ihr liegt das Hauptgewicht, sondern auf der aus dieser Kleinheit heraus vollzogenen fröhlichen Annahme, die nicht deutelt und verdreht, die nicht daran denkt, sich zuzuschreiben, was doch Geschenk ist, die mit der größten Selbstverständlichkeit ausführt, was darin sein mag an Befehl und Anruf.

Ich weiß nicht, weshalb die Väter des Zweiten Vatikanischen Konzils diese Verbindung von Armut und Kindsein in der Lehre Jesu Christi nicht beachtet haben. Sie zerbrachen sich den Kopf, was die Armut als evangelische Haltung heute zu bedeuten habe. Sie gerieten sogar in Streit darüber angesichts unserer Wohlfahrtsgesellschaft und der unterentwickelten

Völker. Sie sagten manches Kluge und Tiefsinnige zu diesem Problem. Aber den Ansatz beim Kind zu suchen, so wie es Jesus in die Mitte seiner Jünger stellte, darauf kamen sie nicht. Und doch, ein solches, ganz konkretes Handeln, wie es Jesus hier vornahm, sagt viel mehr, als irgendwelche philosophischen oder theologischen Überlegungen in begrifflicher Dürre zu sagen vermögen.

Muß ich nun eigens beweisen, daß Franz von Assisi diese evangelische Kindhaftigkeit in einzigartiger Weise besaß? Es gab vielleicht keinen Heiligen der Kirchengeschichte, der ihm in dieser Hinsicht vergleichbar wäre. Das «Dictionnaire de Spiritualité» (1960) sagt in lapidarer Kürze: «Im 13. Jahrhundert hat sich der Geist der Kindschaft gewissermaßen verkörpert im hl. Franz von Assisi und seinen ersten Gefährten.» Für sie ist er «der Weg der Vollkommenheit, den sie im Evangelium fanden». «In den Augen des Poverello ist das eine vornehme und starke Tugend: die reine und heilige Einfalt ... Franz zögert nicht, sie der Weisheit als Schwester beizugesellen.» So schreiben François de Sainte-Marie und Charles Bernard, die sich auf den heute bedeutendsten Franziskus-Forscher Frankreichs, Ivan Gobry, berufen, der auch die schon erwähnte Monographie geschrieben hat. Aber eigentlich bedarf es eines solchen Autoritätsbeweises nicht. Ein unbefangener Blick auf das Leben genügt.

Freilich müssen wir wohl auseinanderhalten, was man den kindlichen Sinn des Mittelalters, also den Lebensausdruck einer Kulturstufe nennen könnte, und das, was eben die im Evangelium gefundene christliche Grundhaltung der Kindschaft bedeutet. Auseinanderhalten heißt aber nicht trennen. Das eine geht in das andere über. Jeder Mensch steht in einer bestimmten Kulturwelt, verfügt über ihr Gedankengut, ihre Anschauungen, Ausdrucksweisen, und nur über sie. Selbst wenn Gott ihm sich selbst offenbaren will, ist er gewissermaßen genötigt, seine Wahrheit in diese Welt zu übersetzen. Das bereitet den Schriftgelehrten unserer Tage so viel Schwierigkeiten und reizt uns manchmal zu einem Lachen. Denn wenn wir sie persönlich kennen, sehen wir sofort, daß es Menschen sind, die sich in eine andere Umwelt als die ihrige nie und nimmer werden einfühlen können. Ihre Arbeit der Entmythologisierung ist daher von vornherein ein ungenügendes Stückwerk, trotz aller immensen Gelehrsamkeit, die sie dazu aufwenden. Um wirklich zu befriedigen, müßten sie nämlich einen fünffachen Prozeß durchmachen. Erstens sollten sie sich von ihrer eigenen Umwelt völlig loslösen können; zweitens sich in die Umwelt etwa der ersten Christenheit einleben; drittens in dieser Umwelt die göttliche Offenbarung erfahren; viertens, diese wieder von den Umweltbedingungen lösen; und fünftens, sie wieder in ihre heutige Umwelt transponieren. Nur ganz einfache Menschen werden imstande sein, gleichsam mit intuitivem Blick diese fünffache Schicht zu durchdringen – unreflektiert, einfach erschauend. So ist es auch hier: den Kleinen und Einfachen gibt es der Vater – vor den Weisen aber bleibt es verborgen. Bei Thomas von Aquin habe ich den Satz gefunden: «Zwar nehmen die Stolzen manches Verborgene mit dem Verstand wahr, auf den Geschmack aber kommen sie nicht. Wenn sie auch wissen, wie die Dinge sind, so wissen sie doch nicht, wie sie schmecken.» Aber gerade auf den Geschmack käme es an, um richtig transponieren zu können.

Ein Beispiel solch verstehenden Mißverstehens möchte ich hier zitieren. Julius Schultz schreibt in «Wandlungen der Seele im Hochmittelalter» (1936) über Franz von Assisi: «Das Kindhafte ist wohl der eigentliche originale Zug an diesem liebenswürdigsten aller Heiligen. Schon in seiner unheiligen Jugend fiel er durch wunderliche Tracht und Lebensart unter den Kameraden auf; als Gehilfe im väterlichen Tuchgeschäft vergnügte er sich gelegentlich damit, möglichst verschiedene und verschiedenartige Stoffe spielerisch zu einem Gewand zusammenzunähen. Tagelang lebte er in Wachträumen künftiger Größe, die er unbefangen den erstbesten hören ließ. Und wie er damals zeitweilig den Rittersmann spielen wollte, so spielte er später mit brennendster Herzensleidenschaft den Zeugen des Leidens Christi ... Oft hielt er mit Christus Zwiesprache und glaubte, die Antworten des göttlichen Mundes mit den Leibesohren ganz deutlich zu vernehmen: so intensiv dachte er sich in seine Vertrauensrolle hinein. Und die spielte er denn auch ohne Scheu vor der ganzen Welt, lief schreiend durch die Gassen, dankte mit lauter Stimme Gott, wenn ihn die Buben mit Kot beschmissen, und machte den Eindruck eines Tollen. Denn der völlige Mangel an Scheu vor den zwingendsten Konventionen, ein echtestes Merkmal krankhafter Infantilität, charakterisiert Franziskus wie kaum ein anderer Zug ... In einer Zeit, die zwischen Heiligkeit und geistiger Störung noch viel weniger scharf unterscheiden konnte als die kritische Gegenwart, verstehen wir die enorme Wirkung des gottestrunkenen Bettlers eben aus seiner kindlichen Unbefangenheit. Die aber paarte sich mit kindlicher Liebenswürdigkeit: Franz entwaffnete Kirchenfürsten und Stadtobrigkeiten, giftige Feinde und fremde Banditen, indem er sie mit seinen harmlosen kleinen Augen gläubig ansah und ihnen dabei das Unerwartete als selbstverständlich vortrug.»

Ich glaube, mancher Moderne wird ähnlich denken, wenn er die Geschichten über Franziskus liest. Er ist bezaubert von der Liebenswürdigkeit dieses Mannes, er findet das Spielerische entzückend und einzigartig, aber zugleich analysiert er mit kritischem Sinn und findet «geistige Störung» und «krankhafte Infantilität» als charakteristische Züge.

Nun will ich keineswegs von vornherein sagen, daß bei Heiligen nicht auch krankhafte Züge zu erkennen sind. Ich vermute sogar, sie lassen sich bei den meisten finden. Heilige sind außergewöhnliche Menschen. Gewiß, wir Christen sagen, daß bei ihnen das Außergewöhnliche eine deutliche Spur des Wirkens Gottes offenbare. Die katholische Kirche legt bei einem Heiligsprechungsprozeß größten Wert darauf, den «heroischen», das heißt außergewöhnlichen Grad der christlichen Tugenden festzustellen. Tatsächlich aber kann sehr wohl – und, wie ich meine – wird sehr wohl bereits in der natürlichen Veranlagung eine gewisse Exzentrik, eine Störung des Gleichgewichts, das wir ‹normal› nennen, sich vorfinden. An sie knüpft Gottes Gnade an, um den Menschen über sich selbst hinauszureißen. Denn jede Heiligkeit erhebt den Menschen über sich selbst. Freilich kann diese Exzentrik ebensogut in

Selbstgefälligkeit, maßlosen Stolz, brutalen Egoismus ausarten. Wenn sie aber in den Dienst am Nächsten, in Hingabe, in Selbstvergessenheit mündet, dann ist gerade diese gebändigte und doch nicht verkrampfte, diese harmonische und doch exzentrisch bleibende Außergewöhnlichkeit das göttliche Zeichen. Nicht das Außergewöhnliche an sich macht es aus, sondern das Außergewöhnliche am Außergewöhnlichen; daß es nämlich, obwohl Dissonanz, doch Harmonie, obwohl Verzerrung, doch Ausgleich, obwohl Zerstörung, doch Aufbau besagt. Das kann man etwa ‹erschmecken›, errechnen kann man es nicht, wie ich schon bemerkte.

Was ist übrigens ein ‹Normalmensch›? Professor Rudin geht in seinem Buch «Psychotherapie und Religion» (1964) dieser Frage nach. Er zeigt, wie vielseitig sie ist, je nachdem, wie man an sie herantritt, in biologisch-medizinischer, in psychologischer oder in anthropologisch-philosophischer Sicht, um dann – sehr mit Recht – darauf zu verweisen, daß es mit «einer dürftigen Abstraktion», die «das normale Menschsein als eine Essenz betrachtet, die milliardenmal in die Flasche eines zufälligen Phänotyps abgefüllt wird», nicht getan ist. Man darf weder «die immer je einmalige geschichtliche Situation, die den konkreten Menschen immer je anders mitprägt», noch auch die «unauswechselbare Einmaligkeit und Einsamkeit» eines jeden Menschen außer acht lassen, von der aus «die Rede vom Normalmenschen als Geschwätz empfunden wird, das den Menschen in die Uneigentlichkeit hinabstößt».

So gesehen, war vieles an der Kindhaftigkeit des Franziskus nichts anderes als eine Zeiterscheinung des hohen Mittelalters. Daß Franziskus, soweit er ein typisch mittelalterlich-kindlicher Mensch war, sich von anderen nicht unterschied, macht seine Eigenart gewiß nicht aus. Diese anthropologische Kindhaftigkeit dürfen wir nicht als evangelisches oder zukunftsweisendes Ideal betrachten. Darüber sind wir hinausgewachsen, und es ist gut so.

Schon etwas anders verhält es sich mit der rein natürlichen Veranlagung des Franz von Assisi. Ich muß hier auf die Zeit zu sprechen kommen, die vor seiner «Bekehrung» liegt. Freilich muß gleich gesagt werden, daß die «Bekehrung», von der er selbst noch in seinem «Testament» spricht, keineswegs eine Art Damaskus-Erlebnis war, das einen Saulus in einen Paulus verwandelt hätte. Die Bekehrung war vielmehr eine seelische Entwicklung, die sich über Jahre erstreckte.

Ich möchte überhaupt bezweifeln, ob jemals ‹Bekehrungen› schockartig erfolgen. Immer wird man feststellen, daß längst vor dem sogenannten Bekehrungserlebnis gleichsam viele Linien des inneren Erlebens auf dieses hin tendieren. Selbst bei Paulus heißt es, daß er schon lange zuvor gegen den Stachel «gelöckt» habe, und durch die Damaskus-Erscheinung war er noch keineswegs der spätere Apostel; dazwischen lag die Besinnungszeit in der Wüste. Auch die Wunder seelischer Wandlung fallen nicht wie Meteore vom Himmel! Ein Psychologe kann von einer langen Entwicklung sprechen, die sich durchaus natürlich erklären läßt, so gern auch mancher Fromme es sehen würde, schlüge Gott mit dem Holzhammer drein.

In Wahrheit ist es nicht so, sondern jegliches Menschenleben ist ein Weg, der Schritt für Schritt in kontinuierlicher Linie gegangen wird, und die Freiheit menschlicher Entscheidung liegt nicht an diesem oder jenem Punkt, auf den man mit Fingern weisen könnte, sondern in einer vielverschlungenen Linie, die ein dauerndes Frage-und-Antwort-Spiel darstellt zwischen Gott und Mensch, wobei Gott wie jeder Liebende gewiß unter tausend Namen auftreten mag. Die Linie aber macht das Leben aus; in der Linie liegt die Entscheidung, bei manchem vielleicht verborgen und niemals richtig offenbar bis ans Ende, wie eine Knospe, deren Deckblätter nicht springen. In der ‹Endentscheidung›, von der man heute gern redet, das heißt im Übergang zur Begegnung mit dem hüllenlosen Auferstandenen, mag dann die Knospe sich öffnen. Aber wo keine Knospe ist, kann sich nichts öffnen. Wo sich aber eine öffnet, da ist diese Endentscheidung buchstäblich das Ende, gleichsam die Geburt eines Wesens, das lange zuvor schon da war und im Dunkel langsam reifte.

So also müssen wir auch Franziskus sehen. Man sagt, er sei

ein leichtsinniger junger Mann gewesen, der im Kreis seiner Kumpane ein ungekrönter König war, wegen seiner sprühenden Einfälle, wegen der Trinkgelage, die er gab. Ein sich auslebender, geselliger Jüngling ohne ernsthafte und höhere Interessen. Sehen wir aber genauer hin, so war dem nicht so. Wenn ich es mit heutigen Verhältnissen vergleichen soll, dann war der junge Francesco – das «Französlein», wie ihn sein für die Troubadours Südfrankreichs begeisterter Vater, der vielreisende Pietro Bernardone, nannte – er war ein Beatle. Die Beatles sind ausgefallene Typen – aber keineswegs junge Menschen, die sich einfach ausleben. Auch das gibt es: bedauernswerte, haltlose, im Grunde asoziale junge Menschen. Aber das sind nicht die Beatles. Sie bedeuten einen Protest, ihre Wurzeln sind eine Weigerung, sich einer Gesellschaft, die sie eigentlich als verlogen, als eine Vergewaltigung empfinden, zu beugen. Daher ihr Erfolg; denn sie legen mit Nachdruck den Finger auf eine tatsächliche Wunde unserer Gesellschaft. Sie tun dies spontan und mit einer gewissen ursprünglichen Vitalität. Hunderttausende, die selbst nicht über die gleiche Kraft verfügen, aus dem Gefängnis des Herkömmlichen oder des mechanisierten Zwanges auszubrechen, jubeln ihnen doch zu, weil auch sie einen heimlichen Gefangenen in sich tragen, dem sie nur zu gern die Freiheit gäben, wenn nur nicht die schrecklichen Wächter des ‹man› vor der Türe stünden. Der englischen Königin haben Generale und verdiente Männer der Gesellschaft ihr Adelsdiplom empört zurückgegeben, als sie die Beatles in den Adelsstand erhob. Niemand aber protestierte, als Chichester die gleiche Ehrung widerfuhr. Und doch lagen die ‹Verdienste› beider gar nicht so weit auseinander, wenn man die Abseitigkeit ihres Handelns in Betracht zieht oder den Protest erwägt, den sie der heutigen Gesellschaft entgegenschleudern. Chichesters ‹Großtat› der Weltumseglung war eine Groteske in unserer Zeit. Sein Protest ist hoffnungslos rückwärts gewandt. Die Beatles dagegen protestieren im Grunde gegen die Unterjochung unserer eigenen Natur; ihr Protest ist liebenswürdiger, aber gefährlicher, denn er weist in die Zukunft.

Ein solcher Protest war auch das Leben des Francesco von Assisi. Kein Mensch hat sich schon damals gründlicher in ihm getäuscht als sein Vater. Gewiß, Vater und Sohn strebten danach, es dem Stand der Ritter und Vornehmen, die den ersten Platz in der Gesellschaft einnahmen, gleichzutun in der Vornehmheit der Häuser und Kleider; dahinter stand wohl letzten Endes das Streben nach Macht. Und doch, wie verschieden waren die Wege von Vater und Sohn. Ja selbst das Ziel. Für den Vater war der Weg das Geld; wie es erworben wurde, spielte keine so bedeutende Rolle. Im übrigen blieb er im Rahmen dessen, was nach außen hin den vornehmen Mann ausmachte: gutes Benehmen, ein bißchen höfische Art, Ritterlieder, französische Sprache. Der Sohn hingegen nahm all diese Dinge, die ihm anerzogen wurden, spontan von der inneren Seite. Er verkostete sie nach ihrem inneren Erlebniswert.

Zwei Beispiele: Da stand der junge Kaufmannssohn auf dem Markt und verkaufte die Tuchballen seines Vaters. Ein vornehmer Ritter interessierte sich, und nach Italienerart begann man zu handeln. In den lebhaften Disput mischte sich plötzlich ein Armer, der um irgendeine Kleinigkeit bat. Francesco wischte ihn ungeduldig ab, er solle warten. Als der Handel mit dem Ritter beendet war, sah er sich nach dem Armen um. Doch der Arme war verschwunden. Francesco war unglücklich. Er fragte die Umstehenden, wohin der Arme gegangen sei. Er ließ seinen Verkaufsstand mit aller Ware liegen und stehen und rannte ihm nach durch die engen und gewundenen Straßen des Städtchens. Er fand ihn nicht mehr. Darüber war er untröstlich. Mensch war Mensch, ob reich oder arm. Der eine hatte so gut ein Recht wie der andere. Das hätte der Vater niemals verstanden. Francesco liebte prächtige Kleider. Aber plötzlich konnte er sich ein Gewand anfertigen, in wirrem Nebeneinander kostbarste Tuchstücke und elende Fetzen aneinandernähen und so angetan herumspazieren. Ein Jux? Vielleicht doch mehr! Die Verachtung gegenüber dem äußern Schein. Die spontane Einsicht in den Satz ‹Kleider machen Leute› und das spontane Bedürfnis, diesen ‹Grundsatz› handgreiflich lächerlich zu machen!

Etwas später will er nach seiner langen Krankheit an einem Kriegszug in Süditalien teilnehmen, dort will er sich auszeichnen, und das soll ihm nach damaligem Brauch den Ritterschlag einbringen. Tag und Nacht träumt er jungenhaft von dieser Fahrt. Eine prächtige Rüstung hat er sich anfertigen lassen. Da trifft er ein paar Tage vor Abmarsch auf einen verarmten Adeligen, der auch mit möchte, aber keine Ausrüstung auftreiben kann. Francesco – ohne jedes Getue – gibt ihm seine Rüstung. Hier haben wir dasselbe Phänomen: Ritter sein ist eine innere Haltung, die Ausrüstung ist nur ein äußerer Ausdruck, der auch wegfallen kann. Seine sprichwörtliche Verschwendungssucht ist auch – wie mir scheint – nicht so sehr Leichtsinn als vielmehr eine Verachtung des Geldes, so als wollte er sagen: Das macht's ja nicht aus, der wahre Wert eines Menschen liegt ganz woanders.

Vom Geld im Leben des Heiligen werden wir noch manches sagen müssen, hier genügt es, darauf hinzuweisen, daß er niemals dem Geld verfallen war, daß sich nur die Art seiner Mißachtung geändert hat.

Das also war der Beatle Francesco. Ich habe noch keinen alten Beatle gesehen – Beatle sein ist etwas typisch Jugendliches, das will sagen: unmittelbar Spontanes, die soliden und gesetzten Leute Provozierendes, ja die entsetzliche Ehrlichkeit des Kindes liegt darin. «Das Kind», so sagte Heinrich Spaemann einmal, «ist ein einziger fröhlich-respektloser Angriff der Wirklichkeit auf die Unwirklichkeit, so entlarvt es den Unsinn und die Ohnmacht der Unwirklichkeit.» Entschuldigend sprechen die Erwachsenen von dem ‹enfant terrible› – und müssen es doch lieben.

Von diesem Kindhaften ist in Franz immer etwas geblieben. Auch die «Bekehrung» hat ihm das nicht geraubt. Ich finde es töricht und unverständig, hier von krankhaftem Infantilismus zu reden. Für den Psychologen mag das auf den ersten Blick so aussehen. Aber der Christ wird so nicht sprechen können. Nur die volle Offenheit vor Gott, die alle Wenn und Aber beiseite läßt, die von keinerlei Vorurteil dessen, was ‹man› tut, sich einschüchtern und hemmen läßt, öffnet das Tor zum Reich des Himmels. In der Erkenntnis der Wahrheit blieb Franziskus kein Kind. Darin lag geradezu seine Bekehrung. Es ist verblüffend, wie jeder der Begegnungen mit dem Herrn, in denen er ganz deutlich seine Stimme zu vernehmen glaubte, eine längere Zeit der intensiven Überlegung vorausging. Da war es eine lange Krankheit, dort die vielen Besuche in verborgener Höhle, in der, wie er seinem Freund sagte, «ein Schatz» verborgen lag, dann wieder das Leben im Versteck vor seinem ihn verfolgenden Vater. Später nicht weniger die langen Zeiten des Einsiedlerlebens, die so wesentlich zur Gestalt des Franziskus gehören. Man darf sich nicht täuschen lassen – in diesen langen Gebetsperioden wurde Franziskus zum Mann. Sie waren nämlich ein überaus hartes Ringen. Er kam aus seinen Gebetsstunden ganz verändert heraus. Er war schrecklich anzusehen. Trotzdem, so paradox es klingen mag: Im Sinn des Evangeliums *wurde* Franziskus in diesen inneren Kämpfen erst zum Kind, zu jenem Kind, von dem es heißt, wenn ihr nicht *werdet* wie die Kinder.

Vorher war Franziskus ein Verächter des Geldes – ein Almosengeber –, er hatte ein Herz für die Armen, er hatte auch ein Gespür für den inneren Sinn edlen Rittertums. Nachher war er selbst ein Armer, und die Armut war seine Verlobte. Als ihn der Bischof von Assisi darauf hinwies, daß seine radikale Armut doch allzu schwer sei, erwiderte Franz: «Herr, wollten wir etwas besitzen, so müßten wir auch Waffen zu unserer Verteidigung haben. Daher kommen ja die Streitereien und Kämpfe, die so mannigfach die Liebe Gottes und der Mitmenschen hindern. Darum wollen wir nichts Zeitliches in der Welt besitzen.» Die Antwort traf den Bischof ins Herz, denn er war ein höchst streitbarer Herr, wenn es um irdische Güter ging.

Jahre später, Franz sollte bald sterben und lag in schwerer Krankheit im Garten der Nonnen der hl. Klara, da war der Bischof, der Franz über alles bewunderte, in einen heftigen Streit mit dem Bürgermeister von Assisi verwickelt. Franz berief beide, Bischof und Bürgermeister, und die ganze Stadt auf den Platz vor dem Bischofspalast. Er schickte zwei Brüder dorthin. Sie sangen den sogenannten Sonnengesang, dem Franz eine neue Strophe beigefügt hatte: «Gelobt seist du, Herr, durch die, so vergeben um deiner Liebe willen und geduldig tragen Trübsal und Pein. Selig, die's überwinden in Frieden: du, Höchster, wirst sie belohnen.» Und was war die Folge? Der Bischof hatte den Bürgermeister exkommuniziert, der Bürgermeister hatte verboten, dem Bischof etwas zu verkaufen, von ihm zu kaufen oder einen Vertrag mit ihm zu schließen. Es war ein öffentlicher Skandal. Auf dieses schlichte Lied hin aber weinte der Bürgermeister und verzieh dem Bischof. Der Bischof aber sagte: «Bei meinem Amt geziemt es sich, daß ich demütig sei. Weil ich aber von Natur zum Zorn neige, mußt du freundliche Nachsicht mit mir haben.» Und beide umarmten sich.

Dieser Bischof erscheint wie ein Gegenbild zu Franz. Arnaldo Fortini meint von ihm aufgrund der Akten, er habe «offensichtlich am Irdischen con appetito sfrenato gehangen, Heiliges und Weltliches vermengt, Gebete und Opferkerzen für Rebberge und Maultiere gelobt und durch Abtretung eines Landstücks sich des Paradieses versichert». Wer sich ihm entgegensetzte, von dem meinte er: «Er sei verflucht wie Nathan und Abiron, die von der Erde verschlungen wurden.» Man meine nicht, dieser Bischof, der ein guter Seelenhirte war, sei ein Einzelfall gewesen; es gibt diesen Typus bis auf den heutigen Tag, und gar nicht so selten. Man muß ihn als Hintergrund sehen, um zu begreifen, was es für Franz bedeutete: zum Kinde werden, warum er die Armut als Freiheit ansah und weshalb ihm dies im Evangelium begründet schien.

Vielleicht wird man fragen, was das mit unserer Zeit zu tun haben soll. Die Rückkehr jedenfalls in das ‹kindliche› Mittelalter ist uns keineswegs aufgetragen. Wir mögen die Poesie dieser Kindlichkeit lieben und bewundern. Wir mögen es bedauern, daß dieser zauberhafte Hauch mittelalterlicher Einfalt uns heute entschwunden ist. Aber diese duftende Rose gedeiht in unserer Atmosphäre nicht mehr. Es ist sinnlos, den Versuch zu machen, sie künstlich in unseren Zeitläuften zu züchten.

Das könnte uns etwas bescheidener machen, die wir oft wähnen, in jeder Hinsicht den Früheren überlegen zu sein. Wir

*Zu Bild Seite 37*
Rietital mit den für die Gegend typischen Pappeln. Auf seiner ersten Missionsreise zog Franz durch diese Gegend und predigte Buße. «Mit Recht», sagt Jörgensen, «faßt man noch heute im Rietital die Predigt des Franz in jenen Tagen als eine Evangelisation in der eigentlichen Bedeutung des Wortes auf – eine Bekehrung vom Heidentum zum Christentum.»

*Zu den Bildseiten 38/39*
Franz kam einmal in eine Dorfkirche in der Umgebung von Assisi (am Osthang des Subasio) und fing an, sie auszufegen. Die Kunde durchlief sofort die ganze Gegend. Ein Bauer, Giovanni, ein einfältiger Mann, vernahm sie, als er gerade den Acker pflügte unweit der Kirche. Er kam sogleich herbei und sagte zu Franz: «Gib mir den Besen, ich will dir helfen.» Nach der Arbeit saßen sie beisammen, und Giovanni meinte: «Nun hat es Gott gefügt, daß ich dir begegnet bin. Ich möchte tun, was du für das beste hältst.» Franz erwiderte: «Wenn du unser Leben teilen willst, mußt du alles hergeben, was du hast, und es den Armen geben.»
Da ging Giovanni sogleich zu den Ochsen, die er stehen gelassen hatte, und führte den einen von ihnen zu Franz: «Gib ihn den Armen, er ist mein Erbteil.» Franz lächelte. Da kamen die Eltern und die noch kleinen Geschwister herbeigelaufen und verlangten jammernd den Ochsen zurück. Franz sprach zu ihnen: «Ich gebe euch den Ochsen zurück und nehme den Bruder.» So geschah es.

Bas-Relief aus der Unterkirche von San Pietro in Spoleto (5. Jh.).

*Zu Bild Seite 40*
Landschaft gegen die Marc Ancona. Als Franz drei Gefährten gewonnen hatte, beschlossen sie (Sommer 1209), sich zu verteilen. Franz nahm Egidio mit, und sie wanderten nach der Marc Ancona; die beiden andern in eine andere Gegend. Wie sie so dahinschritten, frohlockten sie laut im Herrn, und Franz sang «helle und laute Lieder zum Preis des Höchsten». Es waren Lieder in provençalischer Mundart. Sie waren überzeugt, daß sie den «Schatz im Acker» gefunden hatten, von dem das Evangelium spricht.

haben Fortschritte gemacht, es wäre töricht, dies zu leugnen oder wieder aufzugeben. Aber wir dürfen dabei nicht vergessen, daß jeder Fortschritt auch einen Preis verlangt. Dem Gewinn steht ein Verlust gegenüber. Niemand sollte das leugnen. Während des Zweiten Vatikanischen Konzils entstanden in der Weltöffentlichkeit Klischeevorstellungen vom Fortschritt der Welt, der Kirche und der Kirche in der gegenwärtigen Welt, die selbst dort, wo sie von ‹Dienst› sprechen, einem bedenklichen Hochmut nahekommen könnten. Sie erwecken nämlich den Eindruck, als sei alles Bisherige nur Finsternis und Dunkel gewesen. Es ist begreiflich, daß dieser Eindruck entstand. Jeder, der etwas erreichen will, schildert das Ungenügen des Bisherigen. Minderwertigkeitsgefühle sind noch immer Motoren gewesen für den Fortschritt.

Trotzdem müßte, nachdem sich der Durchbruch zum Neuen im Bewußtsein vollzogen hat, auch diesem gegenüber sich ein kritischer Geist einstellen. Im Namen des kritischen Geistes wollen wir die Schranken des Alten durchbrechen. Gewohnheit und Herkommen haben eine Menge solcher Schranken um uns aufgebaut. Neue, wirkliche Erkenntnisse haben wir durch die modernen Wissenschaften gewonnen, aber gegen gewisse Tabus des Vergangenen wagten wir trotzdem lange Zeit nicht anzugehen. Heute sprengt vor allem die Jugend diese Tabus und wischt sie hinweg. Tabus in der Auffassung der Autorität, der Moral, der Gesellschaftsordnung, der Geschlechterbeziehung und so fort. Das Establishment wehrt sich, aber die neuen Wissenschaften stimmen – oft widerwillig – zu. Noch bevor sich die Verhältnisse ändern, hat sich das Bewußtsein verändert. Jegliche Schranke wird zunächst einmal in Frage gestellt. Daß ‹es immer so war›, gilt nicht mehr. Daß ‹man› bisher so sagte, ist geradezu verdächtig. Daß die Kirche so sagt, gilt auch dem Gläubigen nicht viel. Das kritische Bewußtsein ist alles.

Aber was ist das kritische Bewußtsein? Ist es das völlig unbefangene Ansehen der Dinge? Ist es neuerdings nicht oft ein befangenes Urteil? Ist es die gegen alles ‹Man› gerichtete selbstverständliche Haltung des unbefangenen und damit einzig kritischen Kindes oder erneut ein blindes Jasagen zu allem, was eine Wissenschaft als ‹Hypothesen› oder ‹Modelle› aufgestellt hat?

Den kindhaften Geist des Mittelalters, der unbesehen alles hinnimmt, was ‹man› ihm sagt, besitzen wir nicht mehr und werden ihn nicht wieder besitzen. Aber die Unbefangenheit des unbestechlichen Kindes, seinen noch keineswegs manipulierten Sinn, dem das Nachlaufen hinter jeglichem Trend einfach fremd ist, müßten wir deshalb noch lange nicht verlieren. Manche meinen, sie seien restlos unbefangen, wenn sie etwa Gruppensex ausprobieren, aber wenn sie dann feststellen, daß sich etwas in ihnen heftig und andauernd zur Wehr setzt, flüchten sie zu Reflexionen, die von einer vorgefaßten Meinung bestimmt sind. Sie sagen, da wirke sich eben die falsche Erziehung durch das Milieu aus, in dem sie aufgewachsen sind. Woher wissen sie das? Es kann ja auch in dem Eros liegen, in dem Charme zwischen den Geschlechtern, der durch Gruppensex das Ichwerden eher verhindert, während er im Alleinbesitz eines Partners sich erfüllt. Ich meine, eine selbstkritische Kindlichkeit sollte nicht zeitgebunden sein, nicht einzig einer Zeit verhaftet. Vielleicht wird sie immer eine seltene Blume sein, aber doch immer eine Blume.

Erstaunlich ist nun, daß dem Franz von Assisi dieser *kritische* Kindessinn in höchstem Maß eigen war. Daher schon sein bereits genannter Aufstand nach Beatle- oder Hippieart vor der Bekehrung; daher seine Unbekümmertheit gegenüber allen – auch kirchlichen – Schranken in der Gestaltung seiner neuen Gemeinschaft. Es war das kritische Auge – nicht der Wissenschaft zwar, aber des Kindes, das ihn leitete. Er hat es nie verloren. Am schönsten leuchtet es auf, wo man es am wenigsten erwartet – in seiner Beziehung zu Klara, die sich die «Pflanze des Bruders» zu nennen liebte. Das war eine für die damalige Zeit völlig unannehmbare Beziehung, und doch wurde sie gerade von den einfachen Leuten durchaus verstanden. Sie war echter Eros; sublimiert ins Geistige; frei von allem animalischen Trieb, aber nicht frei von einer echten Mann-Frau-Begegnung. Franz wurde von Klara, der vornehmen Tochter eines Rittergeschlechts, verehrt, ja geliebt. Er hat die Liebe erwidert.

Die Liebe war nicht platonisch. Klara war ihm keine ‹Idee› des ewig Weiblichen etwa, nicht einmal eine Repräsentation der jungfräulichen Mutter des Herrn, wie wir das bei andern Heiligen in ihrer Beziehung zu Frauen finden. Sie war auch nicht jene leidvolle Realisierung des Kreuzes, die Paul Claudel immer wieder ergreifend darzustellen versuchte: schmerzvolle Trennung und Verzicht auf die mit allen Fasern Geliebte, die dann in einem höheren, geistigen, aber immer noch persönlichen Sinn wiedergefunden wird. Solch feine, aber überaus intellektuelle Prozedur wäre wohl nicht möglich gewesen.

Er hatte den evangelischen Rat, unverheiratet zu bleiben um des Himmelreiches willen, durchaus auf sich genommen. Manchmal möchte man glauben, er sei derart in seine mystische Welt eingetaucht, daß er von leiblichen Regungen der Sexualität gar nicht berührt wurde. Aber dann liest man die sonderbare Geschichte von den sieben Schneemännern, die der von sinnlichem Trieb Versuchte im Garten errichtete: Das ist die Frau, das sind die vier Kinder, das der Knecht und das die Magd – und wo bleibt die ungeteilte Hingabe an Gott? So überwand er das Aufbegehren des Fleisches. Und oftmals, wenn man ihn als Heiligen pries, soll er gesagt haben: Woher wißt ihr, daß ich nicht noch Kinder haben werde? Da war er also durchaus ein Mann aus Fleisch und Blut und unterschied sich nicht von andern Heiligen der Geschichte. Sein Verzicht auf die Heirat war ein Teil seiner Armut, fühlbar und reell, wie der Verzicht auf den Reichtum und das Geld.

Aber mit Klara war es eine andere Sache. Sie stand seiner ungeteilten Hingabe an seine Aufgabe nicht im Weg. Im Gegenteil, Klara ergänzte, barg und bestärkte ihn darin. Doch glaube man nicht, er habe in Klara nur den ‹Menschen›, den er für das Evangelium gewonnen hatte, gesehen, den Menschen, der zufällig eine Frau war. Keineswegs, er liebte in ihr die Frau, und er liebte sie als Frau. Man spürt den Unterschied, wenn man seine Liebe zu den Brüdern und auch sein Verhältnis zu den beiden Schwestern Klaras zum Vergleich heranzieht. Ja selbst die andere Frau, Jacoba de Septemsoliis, die in seinem Leben (und selbst in seiner Todesstunde) eine bedeutende Rolle spielt, steht ganz anders als Klara zu ihm. Die mütterlich besorgte, feinfühlige Verehrerin nennt er «Bruder Jacopa», sie ist ihm wie ein Bruder, den andern Brüdern vergleichbar, und darf deshalb sogar in die Klausur eintreten. Klara hat er nie ‹Bruder Klara› genannt. Zu Klaras Schwestern jedoch war er ebenso zurückhaltend wie zu Frauen überhaupt, obwohl sie unter dramatischen Umständen, die weit wildere Formen annahmen als bei Klaras Flucht, das Elternhaus verlassen hatten, um sich der Gemeinschaft der Klarissen anzuschließen.

Bei Klara aber hat man den Eindruck, daß nur die Rücksicht auf das «Geschwätz der Menschen» ihn nach einer ersten Zeit häufiger Besuche zum seltenen Gast werden ließ. Nur das unbestechliche Auge des Kindes konnte ihn vergewissern, daß hier ein einzigartiges Verhältnis waltete, das der Ehelosigkeit nicht im Wege stand. Nun war Klara ohne Zweifel eine überragende Frau. An Franz und von ihm hatte sie das Ideal ihres Lebens kennengelernt. Aber Jörgensen mag wohl recht haben, wenn er schreibt: «Keiner verwirklicht vollkommener die Ideale eines Mannes als ein Weib, das von denselben ergriffen wird ... Will man das franziskanische Leben in einer von allen notgedrungenen Zusätzen und fremden Einflüssen befreiten Gestalt sehen, muß man sich vor allem an seine große weibliche Schülerin, die heilige Klara von Assisi, wenden. Sie selbst liebte es, sich die Pflanze des Bruders zu nennen. Sie ist in der Tat die Blume des Franziskanertums.»

Tatsache ist, daß Franz zu Klara immer wieder sich hingezogen fühlt in allen schweren und entscheidenden Stunden seines Lebens. Da er zweifelt, ob er die Predigttätigkeit nicht aufgeben soll zugunsten eines rein beschaulichen Lebens, fragt er bei Klara an. Sie entscheidet: Du bist für die andern da. Bevor er die furchtbare Augenoperation durchmacht, kann er nicht umhin, von Klara Abschied zu nehmen. Fünfzig Tage liegt er in einer Bambushütte im Klostergarten von San Damiano, dem Kloster, in dem Klara Oberin ist. Härter und eindeutiger als Franz widersteht Klara den kirchlichen Behörden in der Armutsfrage, als die Regel gemildert werden soll: «Ich will vom Evangelium nicht dispensiert werden.» Umgekehrt bebt Klara vor Angst, als sie selber schwer krank ist und befürchtet, sie könnte noch vor Franz sterben. Der Gedanke ist ihr unerträglich.

Die Volkslegende hat besser als alle Theorie dieses Verhältnis wiedergegeben. Sie erzählt: Franz war mit Bruder Leo in Siena schlecht aufgenommen worden. Es war Abend, als sie todmüde Richtung Assisi die Stadt verließen. Franz dachte an ‹seine› Stadt und an Klara, die Tochter seines Herzens. Je tiefer die Nacht hereinbrach, desto größere Angst befiel ihn um Klara. Er wußte, daß Kardinal Hugolin den Klarissen seine eigene, den Benediktinerinnen ähnliche Regel aufnötigen wollte. Wird Klara stark bleiben? Sie stand allein. Franz hatte das Gefühl, seine Füße würden jeden Augenblick in die Erde versinken. Sie kamen an einen Brunnen. Sein Wasser war klar; vom Brunnenrohr fiel ein Strahl auf die Fläche des Wassers im Trog. Lange stand Franz unbeweglich über das Wasser geneigt. Dann plötzlich hob er freudig den Kopf und sagte zu seinem Begleiter: «Bruder Leo, Lämmlein Gottes, was meinst du, habe ich im Wasser gesehen?» – «Ich denke den Mond», antwortete der Bruder, «er spiegelt sich im Brunnen.» – «Nein, Bruder Leo, nicht unsere Schwester Mond [la luna] habe ich im Wasser gesehen, sondern durch die Gnade des Herrn sah ich das wirkliche Antlitz unserer Schwester Klara. Es war so rein und strahlte von so heiliger Freude, daß alle meine Zweifel auf einmal verflogen sind. Jetzt bin ich ganz sicher, daß sie in dieser Stunde jene tiefe Freude erfüllt, die Gott seinen Freunden schenkt . . .»

Eine solche Verbindung – über die räumliche Trennung hinaus – bezeugt jenes klare Auge, von dem das Evangelium sagt: «Wenn dein Auge klar ist, dann ist es dein ganzer Leib.» Das ist es, was gemeint ist mit dem johanneischen Jubelruf Christi bei Matthäus: «Vater, ich danke dir, daß du dies Kleinen geoffenbart, Großen aber verborgen hast.» Und das ist eben jene ‹Unterscheidung der Geister›, die nur den ‹Kindern› gegeben wird, die aber den Pansexualisten unserer Tage immer verborgen bleiben wird.

# Das Evangelium leben

Wir sind heute auf die Konzilskonstitution «Dei verbum» über die göttliche Offenbarung einigermaßen stolz. Wenn sie auch den anfänglichen Streit über das Verhältnis von Hl. Schrift und Tradition, der das Konzil in zwei feindliche Lager spaltete und die nichtkatholischen Beobachter in tiefste Enttäuschung zu stürzen drohte, offengelassen hat, wenn sie auch viele Wünsche und sogar dringliche Anliegen der gegenwärtigen wissenschaftlichen Schriftauslegung ohne Antwort läßt, so wird sie doch sogar von vielen Protestanten als einer der schönsten und auch für die Zukunft verheißungsvollsten Konzilserlasse angesehen. Es lebt in ihr ein Geist, der sich über kleinliche Streitereien erhebt, die dem Gelehrten zwar äußerst wichtig erscheinen, dem gläubigen Christen aber eher den Geschmack verderben. Und eben deshalb hat man das Empfinden, daß dieser Geist auch Leben zeugen kann. Ich sage ‹zeugen›, nicht mühsam und auf unendlich verschlungenen Wegen ‹errechnen›. Und wodurch erreicht das Konzil dieses Empfinden? Dadurch, daß es seine Aussagen möglichst schlicht der Redeweise und Aussagen der Hl. Schrift angleicht, und dadurch, daß es über die Hl. Schrift in echter und unbezweifelbarer Hochschätzung spricht. Niemand kann leugnen: Den Männern, die diesen Konzilstext geschrieben haben, ist die Hl. Schrift ein höchster Wert und eine oberste Norm. Einen ähnlichen Text gibt es nur noch im ersten Kapitel der Liturgiekonstitution, der aber auch weithin von der Hl. Schrift redet. Es gab einen ähnlichen in einer Fassung des sogenannten ‹Judenschemas›, aber leider hat sie durch spätere Bearbeitungen, die letztlich alle wesentlichen Aussagen wieder enthielten, gerade diesen Schmelz der sich selbst bezeugenden Aussage verloren. Die Kirchenkonstitution über die Offenbarung hat ihn jedoch gerade durch ein mehrjähriges Überdenken gewonnen. Man hat das der schon unter Pius XII. eingesetzten katholischen Bibelbewegung zugeschrieben, und ohne Zweifel entspringt genau an dieser Stelle eine, wenn nicht *die* Quelle der ökumenischen Bewegung innerhalb der katholischen Kirche.

Das ‹Zurück zu den Quellen› war zuerst ein Ruf der Wissenschaft, nachdem alle Bemühungen unter Leo XIII., die Scholastik neu zu beleben, trotz einiger Erfolge im ganzen doch keinen gangbaren Weg zu einem Gespräch mit der modernen Geisteswelt zu eröffnen vermocht hatten. Sonderbar genug: man griff nicht gleich auf die Hl. Schrift zurück, sondern zunächst auf die Zeit der Väter, in der, wie man nicht zu Unrecht sagte, der Strom der Offenbarung noch nicht jenes kanalisierte und eben dadurch eingeengte Bett späterer Zeiten in ihrer Weitergabe erhalten hatte. Diese Periode der ‹Väter-Renaissance› hatte ihren Höhepunkt in der sogenannten ‹théologie nouvelle›, die Papst Pius XII. durch das Rundschreiben «Humani generis» nicht zu ersticken, aber doch zu kanalisieren versuchte und tatsächlich abbremste. Jetzt erst trat die Bibelbewegung stärker in den Vordergrund. Sie hatte im Unterschied zur Vätererneuerung eine breitere und zugleich tiefere Motivierung. Breiter war sie, weil sie nicht nur die Kreise der Gebildeten oder Spezialisten erfaßte, sondern in unzähligen Bibelkreisen das ganze Volk der Glaubenden erfaßte; tiefer, weil die Bibel nicht nur ein Widerschein des Wortes Gottes, sondern dieses selbst war. Die Wissenschaft der Bibelerforschung folgte in der katholischen Kirche nur zögernd – weil sie durch viele Erlasse der römischen Behörden gehemmt war. Aber im Zeitalter der Wissenschaft konnte es nicht ausbleiben, daß eine Bewegung, die den ganzen Leib der Kirche allmählich in fiebrige Erregung versetzte, auch dieses Hindernis allmählich beseitigte. Pius XII. öffnete zögernd, aber unverkennbar eine Schleuse durch ein entsprechendes Rundschreiben; die Zusammensetzung der römischen Bibelkommission änderte sich schrittweise; die ganze Atmosphäre wurde freier.

Ohne Auseinandersetzung mit der Tradition konnte das nicht abgehen, denn schließlich betrachtete sich die Kirche als die lebendige Weitergabe der göttlichen Offenbarung, eine von ihrem Stifter ihr zugesagte authentische Weitergabe, die nicht nur Behütung eines Buches, sondern auch seine Auslegung und Deutung und sogar seine Frucht und Verwirklichung in sich schloß. Dieser Beistand des Stifters erstreckte sich auf die gesamte Kirche, auf alle in ihr Geeinten. Die Autorität in ihr hatte nur Ausdruck des Gesamtbewußtseins, niemals diesem entgegengesetzt zu sein. Sie schuf nicht Tradition, sie war für sich allein nicht Tradition, sie war nur eine dienende Funktion innerhalb der Tradition.

So gesehen, wurde die Hl. Schrift selbst ein einzigartiges Element der Tradition. Nicht die Autorität der Kirche hat die Hl. Schrift verfaßt. Mögen Autoritätsträger unter den Verfassern der Hl. Bücher vorhanden sein oder nicht, was ihnen ihren besonderen und einzigartigen Wert verleiht, ist nicht die Autorität in der Kirche, sondern eine einzigartige Hilfe und Ausprägung der Versicherung Christi: «Ich werde bei euch sein alle Tage», die er einzelnen in dieser Kirche in souveräner Freiheit gewährt hat. Bei den Schriften des Alten Testamentes ist dies in bezug auf ihre Verfasser und die Autoritäten des Alten Bundes nicht anders, denn auch in diesem Zeitpunkt war der verheißene Messias in seinem Volk bereits innerlich wirksam.

Wie aber auch immer: die Einzigartigkeit der Hl. Schrift als einer für alle Christen und alle Zeiten mit nichts anderem vergleichbaren geschichtlichen Heilstat Gottes, an der sich alles christliche Leben nicht nur emporranken mußte wie an einem Richtstock, aus der vielmehr direkt die lebenspendenden Kräfte flossen, so daß sich die Hl. Schrift nicht der Kirche und schon gar nicht der Autorität in der Kirche gegenüberstellen ließ, diese ihre Einzigartigkeit wurde deutlicher erlebt. Man wurde sich bewußt, daß diese zeugnishafte Niederschrift der Taten und Worte Gottes zum Lebensstrang und Zellenaufbau des Gottesvolkes gehörte, an dem nicht nur die Echtheit allen christlichen Tuns und Lebens wie an einem irgendwo deponierten Meterstab zu messen war, sondern durch den und aus dem immer neues Leben hervorging. Die Hl. Schrift ist innerhalb der Kirche das Sichtbarwerden jenes ihr zugesagten immerwährenden Beistandes Christi, genauso – ja sogar noch mehr – wie die der Kirche unverlierbar beigegebenen sichtbaren sakramentalen Zeichen und Strukturen. Sie gegeneinander auszuspielen oder auch nur begrifflich klar zu trennen, ist ein kaum mögliches Unterfangen, da sie, ineinander verschlungen, ein Lebensganzes ausmachen, dem sofort das Leben entweicht, sobald ein ‹Teil› gesondert betrachtet wird.

Ich will nicht sagen, daß all dies der Kirche nicht stets bewußt gewesen sei. Trotzdem gab es im Lauf der Geschichte Akzentverschiebungen. Sie grenzten manchmal – zumal für das Bewußtsein der einfachen Gläubigen – an eine Verkehrung der richtigen Ordnung. Man ‹ernährte› den Glauben aus Katechismen und Definitionen der Kirche, aus Predigten und der Erbauungsliteratur populärer Art. Gewiß blieben die Texte der Sonntagsliturgie, doch waren auch sie nur ein schmaler Ausschnitt. Das Ganze der geschichtlich anwachsenden Offenbarung Gottes kam kaum zu Geltung. So wurde die Hl. Schrift zum geheimnisvollen Buch, zum verschleierten Bild, das direkt anzusehen eigentlich nicht erwünscht und eher gefährlich erschien. Diese Zeit, bedingt vielleicht durch die Igelstellung der katholischen Kirche gegenüber der Reformation, ist heute vorbei.

Sie ist derart vorbei, daß nunmehr sich ein neues Hindernis ganz anderer Art dem Bibelleser entgegenstellt. Die Wissenschaft hat sich der Bibel bemächtigt, denn in der Bibel sind «Gottes Worte» – durch Menschenzunge formuliert – menschlicher Rede ähnlich geworden, wie einst des ewigen Vaters Wort durch die Annahme menschlich-schwachen Fleisches dem Menschen ähnlich geworden ist. So ist es überaus schwierig, herauszufinden, was nun (entsprechend unserem Denken) ein Abschnitt des Neuen oder schon gar des Alten Testamentes wirklich sagen will. Ein neuer Schleier legt sich über die Hl. Schrift, den unmittelbar anzusehen höchst gefährlich erscheint, es sei denn, man nähere sich ihm im Raumanzug moderner Geschichts- und Sprachwissenschaft. Nicht leichter erscheint es, die Bibel zu lesen, als den Mond zu besuchen. Die

Kirche zwar nennt in der Konzilskonstitution «Dei verbum» die Hl. Schrift «die höchste Richtschnur ihres Glaubens», und sie fordert ohne Einschränkung: «Der Zugang zur Hl. Schrift muß für die an Christus Glaubenden weit offen stehen.» Das «Studium des Hl. Buches» soll «die Seele der hl. Theologie sein», «alle an Christus Glaubenden» sollen durch häufige Lesung der Hl. Schrift sich das alles übertreffende Wissen Jesu Christi aneignen, denn «die Schrift nicht kennen heißt Christus nicht kennen (Hieronymus)».

Das alles ist recht und gut – aber dieses ‹Gespräch mit dem Vater im Himmel› scheint doch äußerst schwierig, wenn ich zum Verständnis jeder Zeile dieses ‹Briefes Gottes› an mich ein Buch von Erklärungen voll schwer begreiflicher Fremdwörter lesen muß. Wird damit nicht von neuem der reine Quell versiegelt? Und weil die hier berufene Wissenschaft überdies voller Hypothesen, Mutmaßungen und Zweifel ist, wie jede andere Wissenschaft auch, wird dadurch nicht vielleicht sogar unser Glaube ein schwankender und papierener Glaube, dem nicht viel «Glaubensstärke» und «Leben» innezuwohnen scheint?

Die hier aufgeworfene Schwierigkeit greife ich nicht aus der Luft, sie lastet ganz konkret auf vielen Gläubigen, die sich nur zögernd und zweifelnd die Hl. Schrift in die Hand drücken lassen. Man sollte den Einwand nicht schnell als unbequem und belanglos beiseite schieben. Es ist zwar nur ein praktischer Einwand, aber es kommt ja für Christen darauf an, in ein wirkliches und fruchtbares Gespräch mit dem in der Hl. Schrift redenden Gott zu gelangen. Da kann eine praktische Schwierigkeit schwerer wiegen als viele theoretische ‹Probleme›.

Und in der Tat, hat nicht das gleiche Zweite Vatikanische Konzil von der Notwendigkeit der vielen *Charismen* in der Kirche, die Gott in freier Souveränität vergibt, gerade in unserer Zeit gesprochen? In den Reden der Bischöfe klang mehrfach die Sorge auf, daß solche Charismen bei den Laien heute wie ausgestorben seien. Manche führten das darauf zurück, daß sich durch die Überspitzung des autoritären Prinzips in den letzten einhundertfünfzig Jahren die Charismen der Laien nicht recht entfalten konnten. Das mag wohl sein. Aber vielleicht müßte man die Antwort noch verdeutlichen und sagen: Wir haben den Laien die Hl. Schrift zuwenig in die Hand gegeben. Gerade aus dem «Nachsinnen der Gläubigen», aus der «Erwägung im Herzen» über die Hl. Schrift, in der Gott mit ihnen ein «Gespräch» führt, erwachsen die besonderen Gnadengaben und Initiativen der Geistlichen wie der Laien, ähnlich wie die Hl. Schrift selbst aus solcher «Erwägung» erwachsen ist. Sie ist nämlich nicht Lehrbuch, sondern lebendiges Zeugnis ... Aber eben, wie soll das heute noch geschehen?

Hier nun sehe ich im Poverello von Assisi ein einzigartiges Beispiel; denn seine Beziehung zum Evangelium ist von solcher Unmittelbarkeit und Dichte wie bei keiner anderen religiösen Gemeinschaft. Diese Behauptung mag wohl auf den ersten Blick als eine Übertreibung erscheinen, und ich will zugeben, daß ich sie auch selbst dafür hielt, wenn ich sie in Büchern und Artikeln von Vertretern der franziskanischen Familie gelegentlich las. Schließlich ist, so sagte ich mir, ein jeglicher Orden auf die Nachfolge Christi nach dem Evangelium verpflichtet. Jeder Ordensstifter hat versucht, das Evangelium in seine Zeit und seine besonderen Verhältnisse zu übersetzen. Manche haben dann ihre Stiftung auf ein bestimmtes Ziel gerichtet, wie etwa Krankenpflege, Schule, Loskauf der Gefangenen, aber immer im Geist des Evangeliums; andere haben kein spezielles Ordensziel gewählt, sondern einfach entsprechend ihrer Situation das Evangelium nach den ‹evangelischen Räten› zu verwirklichen gesucht. Alle aber – sogar die modernen Laieninstitute, die keine Ordensfamilien sind und bewußt keine sein wollen – leben nach den sogenannten ‹evangelischen Räten›. Das ist der allen gemeinsame Kern. Deshalb sagt auch das Dekret des Konzils über die zeitgemäße Erneuerung des Ordenslebens: «Letzte Norm des Ordenslebens ist die im *Evangelium* dargelegte Nachfolge Christi. Sie hat allen Instituten als oberste Regel zu gelten.»

Das alles ist sehr wahr und richtig – und doch weist Franz von Assisi eine ‹evangelische› Note auf, eine Unmittelbarkeit zum Evangelium, die sich auch auf seine Stiftung übertragen hat, wie sie den andern nicht eignet. Vielleicht kann man es ganz schlicht so sagen: *Franz wollte überhaupt nichts anderes als das Evangelium leben.* Wir sind gewohnt, in ihm den ‹Poverello›, den Mann der Armut, zu sehen. Tatsächlich hat er einmal einen ähnlichen Ausspruch über die Armut getan wie später Ignatius von Loyola über den Gehorsam. Trotzdem wäre es ebenso falsch, in Franziskus einen Fanatiker oder auch einen Theoretiker der Armut zu sehen, wie es falsch ist, den Kern von Ignatius' Spiritualität im Gehorsam zu erblicken. Ignatius sagt zwar in seinem Gehorsamsbrief, in allen andern Tugenden sollten sich die Jesuiten von andern Orden eher übertreffen lassen als im Gehorsam. Das war ihm sicher ernst. Trotzdem war dieser Gehorsam für ihn eigentlich nur der unerläßliche Schutzmantel für eine höchst persönliche und je einmalige Nachfolge Christi aufgrund der Unterscheidung der Geister. Ebenso sagte Franziskus: «Uns muß das Beispiel der Armut des Gottessohnes noch mehr als alle andern Ordensleute verpflichten.» Auch hier geht es nicht um die Armut an sich, sondern er spricht ganz offensichtlich nur deshalb so, weil er dies im Evangelium gefunden zu haben glaubt. Was er eigentlich will, ist das Evangelium und nichts als das Evangelium.

Auf vielfache Weise läßt sich das dartun. Ich will es nur skizzieren.

Die Stunde der Bekehrung schlug für Francesco eigentlich erst in jenem Erlebnis von Spoleto, wohin er mit andern gezogen war, um sich, dem Bürgerssohn, die Anerkennung als Ritter im Dienst eines weltlichen Herren zu verdienen. «Wer kann dir denn Besseres geben, der Herr oder der Knecht?», glaubte er den Herrn sagen zu hören. «Warum hängst du dich dann an einen Menschen, der selbst nur ein ‹Knecht› ist, anstatt zu dem zu gehen, der wirklich der Herr ist?», so hörte er weiter. Das war offenbar der Durchbruch eines inneren Lichtes, nach dem er in seiner langen Krankheit nach dem mißglückten Zug gegen den Erbfeind Assisis, Perugia, vergeblich gesucht hatte, so sehr war sein Denken durch Umwelt und Erziehung auf völlig anderer Bahn eingefahren gewesen. Es war gewissermaßen sein ‹Turmerlebnis›: eine keineswegs theoretische, sondern ganz existentielle Erkenntnis. Oder sollen wir sagen: seine ‹Damaskusstunde›? Wir wissen nicht, ob Franziskus die Bekehrung des Saulus damals schon kannte. Doch die Parallele legt es nahe. Auch der fünfundzwanzigjährige Franz fragt: «Herr, was willst du, das ich tun soll?», und er erhält zur Antwort: «Geh nach Assisi zurück. Ich will dein Gesicht [einen Traum, der ihn zur ‹Ritterfahrt› bewogen hatte] in geistlicher Weise erfüllen.»

Das geschah im Jahre 1205. Was nun folgt, sind teils malerische, teils dramatische Ereignisse. Sie haben viel zur Reifung des jungen Mannes beigetragen; sie haben eine ernste Note in sein bis dahin spielerisches Dasein gebracht und an die Stelle der romantischen Träume die harte Wirklichkeit gesetzt. Über all diesem Wirbel vergißt man leicht, um was es im Grunde bei Francesco in dieser Zeit geht: er wartet darauf, was er tun soll, und – er findet die Lösung nicht. Das war eine qualvolle Zeit.

Die Biographen haben hier, wenn ich nicht irre, durch allerhand ‹Anachronismen› das Ganze durcheinandergebracht. Sie erzählen, daß Franz, von Spoleto zurückgekehrt, bei allen Gelagen und Umzügen, wie dies Studenten und überhaupt junge Leute, zumal in kleinen Städten, gerne tun, anders war als früher. Er benahm sich wie ein Verliebter. Er war nicht mehr bei der Sache. Die andern bemerkten das wohl, neckten ihn damit, und er gab es offen zu: «Jawohl, ihr habt recht, ich bin verliebt», und eifernd fügte er bei: «Meine Braut ist adeliger, schöner und reicher als irgendeine, die euch je unter die Augen gekommen ist.» Flugs wissen die Biographen, daß diese Braut «die Braut Armut» ist. An sie habe Franz gedacht. Damit ist die ganze innere Entwicklung dahin. Hätte dies damals für den jungen Mann schon festgestanden, hätte ihn nichts davon abhalten können, sogleich allen Reichtum von sich zu tun. Das aber tat er nicht. Wer war also die Braut? Es war eben jene Erfüllung seines Gesichtes oder die wahre Gottesverehrung, die ihm versprochen war und auf die er noch wartete! Er war verliebt in seine Braut, die er noch nicht kannte, die ihm aber sicher angesagt war von dem, der wirklich der Herr ist.

Nicht anders ist das Erlebnis mit dem Aussätzigen. Es bringt ihm sicher eine innere Erfahrung für sein ganzes Leben, aber eine Antwort gibt es nicht. Er redet von einem «Schatz in einer Höhle» – und täglich geht er stundenlang dorthin. Nur ein Freund weiß davon. Was aber geschieht in der Höhle? Franz betet und singt mit Gott. Der «Schatz» ist weder die Armut noch irgendeine andere ‹Tugend›. Er ist das, was Franz nach des «wirklichen Herrn» Willen tun soll. Es muß etwas Großes sein, das ist ihm klar. Aber was? Oft kommt er ganz verstört aus der Höhle. Er findet die Antwort nicht.

In dieser verzweifelten Lage denkt er an eine Pilgerfahrt nach Rom, und weil er ein Mensch ist, bei dem Seele und Leib noch ganz selbstverständlich eins sind, geht er tatsächlich dorthin. Vielleicht wird ihm die ‹Lösung› an den Gräbern der Apostel aufgehen. Reichlich nahm er Geld mit. Als er sah, daß die andern vornehmen Pilger so karge, wohlberechnete Gaben am Altar Petri niederlegten, warf er mit vollen Händen das Geld hin, denn ein Zorn hatte ihn erfaßt gegen die Knausrigkeit der reichen Leute. Er schämte sich, einer von ihnen zu sein. Er zog für einen Tag seine reichen Kleider aus, setzte sich als Bettler unter die Bettler, war einer von ihnen. Waren sie nicht bessere Menschen? Anderseits stieß ihn in der Kirche von Assisi eine alte Betschwester fürchterlich ab. So wollte er auch nicht sein und werden. So wandelte sich allmählich sein Denken. Das bisher Bittere wurde ihm süß, das Süße bitter. Zweifellos hat er hier innere Fortschritte gemacht. Aber die Lösung, die verheißene geistliche Erfüllung des Lichtes von Spoleto war das alles nicht.

Es mag sein, daß ihm der Bischof von Assisi, Guido, zu dieser Wallfahrt geraten hatte, denn die Biographen erzählen einmütig, daß er in jener Zeit den Bischof oft aufsuchte, um von ihm Rat zu holen. Der Bischof, der, wie ich schon erwähnte, in weltlichen Dingen ein oft sonderbares und geradezu geldgieriges Verhalten (natürlich im Interesse der Kirche) an den Tag legte und überdies ein sehr zornesmütiger Mann war, behandelte Franz überaus klug. Er war ein ausgezeichneter Seelenführer. Seine Ratschläge waren offenbar sehr einfühlsam, denn es heißt, daß Franz oft getröstet von ihm ging. Anderseits griff Guido dem Wirken Gottes nicht vor. Er hoffte gewiß, Franz werde sich entschließen, ein Geistlicher oder Ordensmann zu werden. Doch sprach er nie davon und ließ seinem Schützling alle Freiheit. Er bewunderte diesen jungen Mann voll Staunen, und seine Sympathie war restlos auf seiner Seite. Später sollte dies in der Affäre mit Klara und andern Händeln (man denke an den erzählten Streit mit dem Bürgermeister) Franz sehr zum Vorteil gereichen. Das war ein Bischof, der trotz vieler grober Fehler doch vor den Charismen in der Kirche größten Respekt hatte, selbst dort, wo das den Bischof mit den Vornehmen der Diözese oder der öffentlichen Meinung in Schwierigkeiten brachte. Wie aber auch immer, die Lösung brachte auch der Bischof nicht.

Am deutlichsten zeigt sich dies in jener Reihe von Begebenheiten, die mit dem Gebet vor dem Kreuzbild in der kleinen Kirche San Damiano anheben und mit der hochdramatischen Szene enden, in der Franz dem Bischof sogar seine Kleider vor die Füße legt. Im allgemeinen ist man der Ansicht, hier sei der entscheidende Wandel im Leben des Franz von Assisi geschehen. Doch dem ist nicht so. Freilich, von nun an beginnt ein neues Stadium im Prozeß des Suchens nach der «Herrin», der «Braut» oder der «geistlichen Weise», wie Franz Gott dienen will; der Suche nach seinem eigentlichen Auftrag und seiner eigentlichen Sendung.

Was war geschehen? Vom Kreuz her glaubt er, der halb Verzweifelte, die Worte zu hören: «Geh und richte meine Kirche wieder auf. Sie ist, du siehst es ja, ganz zerfallen.» Man kann sich fragen, ob der hochgemute Jüngling nicht an die katholische Kirche seiner Zeit gedacht haben könnte, als er dieses «meine Kirche» vernahm. Uns liegt dieser Gedanke viel näher als das zerfallene und im übrigen für die Seelsorge anscheinend gar nicht so sehr benötigte Kirchlein von San Damiano. Für Franz aber war das anders. Alles abstrakte Denken lag ihm fern. Er erlebte alles konkret und ganz persönlich. Im Franziskus-Buch von Erich Rohr OFM – es ist die, wie mir scheint, am besten durchbetrachtete Einführung in die Spiritualität des Heiligen (1966) – wird darauf hingewiesen, daß das Denken des hl. Franz «nicht gern» von abstrakten Begriffen ausging. Auf diesen Charakterzug müssen wir noch später zu sprechen kommen. Für unseren Gedanken genügt der Verweis auf diese Eigenart, damit wir begreifen, daß «meine Kirche» für Franz zunächst die konkret vorhandene kleine Damianskirche war.

Vielleicht hat er das als seine ‹Probe› im Dienst Gottes angesehen, so wie zur Erlangung der Ritterswürde eine Probe der Treue und Gefolgschaft verlangt wurde. So fragte er nicht lang, ob das sinnvoll und zweckmäßig, eine große Sache wäre oder nicht. Er war froh, eine konkrete Aufgabe vor sich zu haben, und mit der ihm eigenen Großzügigkeit machte er sich ans Werk. Er befahl dem an der Kapelle diensttuenden Geistlichen, ein ewiges Licht vor dem Kreuz zu brennen. Er verkaufte einen riesigen Stoffballen seines Vaters in Foligno und zugleich das Pferd, mit dem er dorthin geritten war. Das Geld bot er dem Priester zur Restaurierung des Kirchleins an. Der Mann war höchst verblüfft und erschreckt. Manche vermuten heute, es sei ein Waldenser gewesen. Vielleicht saß er – mehr oder weniger strafversetzt – an dem armseligen Posten. Das Geld konnte ihm größte Schwierigkeiten bereiten. Er wollte nichts davon wissen. Aber Franz legte es kurzerhand auf ein Fensterbrett der Kapelle. Er bat auch den Priester, von nun an bei ihm wohnen zu dürfen. Dem stimmte der Priester zu. Franz dachte: Wie auch immer, jetzt fängt es dann an. Was? Ja, das wußte er eigentlich selbst noch nicht. Das würde schon noch kommen. Jetzt kam es einzig darauf an, die ‹Probe› zu bestehen!

Bekanntlich und begreiflicherweise war der bald darauf heimkehrende Vater wütend über die Verrücktheiten seines Sohnes. Franz, keineswegs ein Held, auch das zeigt seine Unsicherheit, versteckte sich im Wald. Irgend jemand brachte ihm dorthin etwas Nahrung. Nach Wochen schließlich faßte er Mut. Totenblaß und ausgemergelt wagte er sich hervor. Innerlich aber war er fröhlich, denn das sollte ja die Probe seiner Treue sein. Er ging durch das Städtchen, wie ein Irrer anzusehen. Die Kinder johlten und bewarfen ihn mit Dreck. Das ertrug er, ohne auch nur die geringste Regung zu zeigen. Der

Vater stürzte aus dem Haus, schleppte den Sohn in die Wohnung, verprügelte ihn tüchtig. Welcher Vater hätte das nicht getan? Dann sperrte er ihn ein. Als er wieder auf Geschäftsreise mußte, legte er dem Sohn auch noch Ketten an Hände und Füße. Der Verrückte sollte zur Vernunft gebracht werden. Das klingt reichlich barbarisch – aber von Tiefenpsychologie wußte man damals nichts, und eine Schocktherapie ist im Grunde nicht viel humaner. Doch da war die Mutter Pica, und weil sie an den Sohn glaubte, ließ sie ihn wieder los.

Wesentlich maßvoller war die zweite Begegnung, als Pietro Bernardone abermals zurückkehrte. Hier muß die Mutter schon mildernd gewirkt haben. Aber der Vater eilte zum Kirchlein, wo sein Sohn friedlich vor der Türe saß. Ein heftiger Wortwechsel entspann sich. «Meinetwegen kannst du deiner verrückten Idee nachlaufen», schrie der Vater außer sich, «aber das Geld muß zurück, und ich will mit der ganzen Geschichte nichts mehr zu tun haben.» Doch Franz wollte mit dem Geld nicht heraus. Das Geld gehöre nicht mehr ihm, es sei Eigentum der Kirche. So kam die ganze Geschichte vor den Bischof, zumal Franz ein weltliches Gericht nicht mehr anerkannte, er stehe jetzt im Dienst der Kirche. Daß der Bischof ein geheimer Freund des jungen Bernardone war, wissen wir schon. Es kam zur Gerichtsverhandlung auf öffentlichem Platz. Der Bischof befahl dem Jüngling, das Geld herauszugeben, und bemerkte bissig: «Gott will nicht, daß seiner Kirche mit Gut geholfen werde, das vielleicht ungerecht erworben wurde.» Der Hieb des streitbaren Kirchenmannes saß. Franz ermahnte er, auf Gott zu vertrauen, der ihm den Dienst an seiner Kirche entgelten werde. Franz kam nun der drohenden Enterbung durch den Vater zuvor: er zog seine Kleider aus und legte sie mit dem Geld vor die Füße des Bischofs. Zum Vater aber sagte er: «Mein Herr, nicht nur das Geld, das ihm gehört, auch die Kleider, die sein sind, will ich zurückgeben.» Dann wandte er sich zum Volk und rief: «Ihr alle hört und versteht. Bis heute habe ich Pietro Bernardone meinen Vater genannt; aber da ich vorhabe, dem Herrn zu dienen, geb ich ihm sein Geld zurück, das ihm so Sorgen macht und ihn aufbringt, und auch alle Kleider, die ich von ihm hatte. Denn von nun an will ich sagen: ‹Vater unser im Himmel› und nicht ‹Vater Pietro Bernardone›.»

Das war eine Szene! In Aufmachung und Stil würdig edler Rittergeschichten. Die Maler haben es nicht versäumt, sie immer und immer wieder darzustellen. Giotto an ihrer Spitze. Aber mit diesen Ereignissen, in die der Jüngling mehr hineingeschlittert war, als daß er sie suchte, war sein Problem nicht gelöst. Was war doch mit dem verheißungsvollen Auftrag: «meine Kirche» wieder aufzurichten? Vom Vater war er enterbt, über eigenes Geld verfügte er nicht. Es blieb ihm also nichts anderes übrig, als mit eigner Hände Arbeit das Werk zu tun. Wie – das wußte er nicht. Von einer klaren Sendung zeigte sich noch immer keine Spur.

Das zeigt zunächst die ziemlich planlose Wanderung, die nun folgt, bis nach Gubbio, wo er einen Freund besucht, der ihn nach Pilgerart kleidet, mit Rock, Ledergürtel, Sandalen und einem Stab. Den Räubern, die ihn auf dem Weg nach Gubbio verprügelt, bis auf die Hosen ausgezogen und in eine Schneegrube geworfen hatten, hatte er zwar gesagt: «Wißt, ich bin der Herold des großen Königs.» Was das aber bedeutete, wußte er nicht. Nun, er kehrte nach San Damiano zurück. Der Geistliche dort nahm ihn auf und gab ihm recht zu essen. Franz arbeitete, bettelte Steine – baute an der Kirche. Je länger das ging, um so stärker wurde sein Zweifel: das konnte es doch nicht sein, was von ihm erwartet wurde! Er nahm von dem Geistlichen kein Essen mehr an, sondern bettelte es sich zusammen, damit nicht alles so leicht und unbeschwert sei. Nach der ersten Kirche restaurierte er eine zweite, nach der zweiten eine dritte. Die Sache wurde immer problematischer.

Ich verstehe es gut, daß ein geistlicher Pilgerführer zu Lehrerinnen, die dem Dritten Orden angehörten, sagte: «Was Franziskus wollte, hat er selbst nicht gewußt, und die Seinigen wissen es heute noch nicht.» Der gute Mann kannte sicher nur die eben erzählten, tatsächlich recht verwirrenden Einzelheiten und hatte sich nicht die Mühe genommen, die Linie von Franz' seelischer Entwicklung zu erkennen. Er hatte vielleicht auch die eine oder andere der vielen kleinen Broschüren gelesen, wie sie in Assisi feilgeboten werden; sie suchen dem Pilger die einzelnen Orte zu erklären, die er in Assisi besichtigen kann: die Grabstätte etwa mit den herrlichen Bildern von Giotto und Cimabue, das Geburtshaus, die alte Bischofskathedrale, San Damiano, Portiunkula – aber welch gegensätzliche Assoziationen verbinden sich damit! Nie hatte ich selbst bei einem Heiligen so viel Mühe, mich in seine seelische Entwicklung einzufühlen, wie beim hl. Franz, denn mit ein bißchen poetischer Erdennähe, mit dem Angerührtsein von überraschender Liebenswürdigkeit, mit ein paar schönen Regungen in der Mischung von Bewunderung und Mitleid, mit einem echt dichterischen Legendenkranz, der genau in die zauberhafte Landschaft Umbriens paßt, ist es ja noch nicht getan, sosehr – ganz gewiß – das alles eben auch dazugehört. Aber wie erstaunte ich, als ich einem hochgelehrten und von mir sehr geschätzten Dominikaner sagte, ich wolle ein Franziskus-Buch schreiben, und er spontan erwiderte: «Saint François? Alors, c'est la confusion complète», die totale Verwirrung. Ja, so sieht es aus.

Vielleicht versteht man jetzt, warum ich in diesem Kapitel anscheinend so lange vom Thema abgewichen bin. Es geschah, um die Linie anzuzeigen, der Franz gefolgt ist in seiner Entwicklung. Ich wollte den Leser daran teilnehmen lassen, denn nur wer diesen verschlungenen Weg mit Herzklopfen über den Ausgang mitgegangen ist, kann nun die an sich ganz schlichte und vielleicht geradezu primitive, aber eben doch entscheidende Schlußgeschichte, die die Lösung der geheimnisvollen Verheißung von Spoleto brachte, annähernd verstehen. Sie prägt viel mehr als alles Vorausgegangene seinen weiteren Lebensweg, sie bestimmt den eigenen Charakter seiner Stiftung, der sie von anderen unterscheidet, und trotz aller späteren Verwischung und Überlagerung mit ihr fremden Elementen beeinflußt sie bis auf den heutigen Tag alles, was wir ‹franziskanisch› zu nennen pflegen, sei es in der Theologie, in der Pastoral, in der Lebensauffassung oder Spiritualität. Es ist im übrigen nichts Neues, was ich da sage. Ein Hilarin Felder und andere haben es längst gesehen und gesagt – aber vielleicht ist es ihnen nicht ganz gelungen, ihre Erkenntnis so zu formulieren, daß sie auch ‹eingeschlagen› hätte, denn sie machten ein Abstraktum daraus – und das paßt einfach nicht zu einem Franz von Assisi.

Nun also: Es war ziemlich genau vier Jahre nach dem Traum von Spoleto (vor Mitte 1205, denn der Führer der papsttreuen Truppen in Apulien, zu denen sich Franz begeben wollte, der Normanne Walter von Brienne, starb im Juni dieses Jahres) und geschah am 24. Februar 1209. Die Restaurierung von Portiunkula durch Franz war so gut wie beendet. Man feierte in der Liturgie das Fest des Apostels Matthias. An solchen Tagen kam ein Priester, die Messe zu lesen. Franz feierte mit. Nach dem Meßbuch jener Zeit wurde das Evangelium *Matthäus 10, 7–20* verlesen. Der Priester muß es schön langsam verlesen haben, denn Franz (der bestimmt kein Meßbuch besaß) verstand jedes Wort. Er konnte offenbar Latein verstehen, wenn er es auch nur fehlerhaft zu schreiben verstand. Ich will dem Leser die Mühe ersparen, die Stelle nachzuschlagen, und sie ganz zitieren. Eine bloße Inhaltsangabe genügt nämlich nicht:

«Geht und verkündet: Genaht hat sich das Reich des Himmels! Heilt Kranke, weckt Tote auf, macht Aussätzige rein, treibt Dämonen aus! Umsonst habt ihr empfangen, umsonst gebt! Verschafft euch weder Gold noch Silber, noch Kupfer für eure Gürtel – auch keine Tasche für unterwegs – auch nicht zwei Röcke, noch Schuhe, noch Stab; denn der Arbeiter ist seiner Nahrung wert. Kommt ihr in eine Stadt oder ein Dorf, so fragt, wer darin würdig ist, und bleibt dort, bis ihr weiterzieht! Tretet ihr aber in das Haus, so sagt ihm den Gruß: Friede diesem Haus! Und wenn das Haus würdig ist, soll euer Friede darauf kommen, ist es aber nicht würdig, so soll euer Friede zu euch zurückkehren. Wenn man euch nicht aufnimmt und eure Worte nicht anhört, so geht fort von jenem Haus oder jener Stadt und schüttelt den Staub von euren Füßen! Wahrlich ich sage euch: Es wird dem Lande Sodoma und Gomorrha erträglicher ergehen am Tag des Gerichtes als jener Stadt! – Seht, ich sende euch wie Schafe unter die Wölfe. Seid darum klug wie die Schlangen und ohne Falsch wie die Tauben! Nehmt euch in acht vor den Menschen, denn sie werden euch den Gerichten übergeben und in ihren Synagogen euch geißeln. Vor Statthalter und Könige werdet ihr geführt werden um meinetwillen, ihnen und den Heiden zum Zeugnis. Wenn sie euch aber überliefern, so habt nicht Sorge, wie oder was ihr reden sollt, denn es wird euch gegeben werden in jener Stunde, was ihr zu sagen habt. Denn nicht ihr seid es, die reden, sondern der Geist eures Vaters ist es, der in euch redet.»

Als Franz dies hörte – ohne Zweifel hatte er dieses Evangelium schon oft gehört –, fiel es plötzlich wie Schuppen von seinen Augen. Er war wie außer sich. Kaum war die Messe vorbei, bat er den Priester, ihm das Evangelium nochmals vorzulesen und zu erklären. Der Priester tat es. Neuere Forscher vermuten, er sei ein Waldenser gewesen. Sicher ist jedenfalls, daß sich auch die Waldenser mit Vorliebe auf diese Stelle der Hl. Schrift stützten, wenn sie ein «Leben nach dem Evangelium» forderten. Sicher ist auch, daß eben darum ihr Gruß lautete: «Der Friede sei mit dir.» Sicher ist drittens, daß in der Jugendzeit des Franz Bernardone ein Waldenser Bürgermeister von Assisi war. Die resolute Behauptung früherer Biographen, Franz habe nichts von den Waldensern gewußt und es bestehe keinerlei Verbindungslinie zwischen ihm und dieser Erwekkungsbewegung, kann also nicht aufrechterhalten werden. Trotzdem bleibt bestehen, daß sich nirgends die geringste Andeutung dafür findet, daß Franz zu irgendeinem Zeitpunkt auch nur daran gedacht haben könnte, sich von der Kirche zu trennen, so viele Schwierigkeiten ihm auch kirchliche Autoritäten bereitet haben.

Doch bleiben wir beim Ereignis von Portiunkula. Mit einem Schlag war das Suchen, das seit Spoleto ihn wie eine dunkle Wolke überschattet hatte, beendet. «Das will ich! Das ist es, was ich suche! Von ganzem Herzen verlange ich das zu tun.» Sofort setzte er es in die Tat um. Bisher war er immer noch so gekleidet, wie ihn sein Freund in Gubbio ausstaffiert hatte: Pilgergewand, Ledergürtel, Pilgerstab, Reisetasche, Schuhe. Das alles tat er nun weg, machte sich selbst ein armseliges, rauhes Gewand, nahm zum Gürtel einen Strick, und fertig war die Ausrüstung. Nicht genug damit, er begann mit Erlaubnis des Bischofs zu predigen im Freien und in der Kirche. Er grüßte alle Welt: «Der Herr gebe euch den Frieden», kurz, er hatte seine Lebensform gefunden. Das muß auch auf andere so gewirkt haben. «Er schien ein ganz anderer als früher», sagt selbst sein Biograph Thomas von Celano. Hatte man ihn zunächst einfach – wie sein Vater – als Verrückten betrachtet, später zwar nicht mehr belästigt, aber doch mitleidig belächelt, wendete sich jetzt plötzlich das Blatt, und es begannen andere sich ihm anzuschließen.

Der erste war Bernhard von Quintavalle, ein angesehener, bedächtiger Kaufmann. Seine Frage an Franz war: «Ich möchte über alle meine Güter, die der Herr mir verliehen, so verfügen, wie es dir am besten scheint.» Franziskus antwortete: «Morgen früh gehen wir zur Kirche, und aus dem *Evangelienbuch* wollen wir hören, was der Herr seine Schüler zu tun geheißen hat.» Sie gingen mit noch einem Dritten, Peter Catani, einem Rechtsgelehrten, tags darauf in die Nikolauskirche am Marktplatz (sie ist heute Polizeikaserne). Neben dem Altar lag das Evangelienbuch, damit jeder, der wollte, darin lesen konnte. (Das war im Jahre 1209!) Sie sagten: Wo sollen wir denn aufschlagen? Auch Peter Catani, obwohl er in der berühmten Universität Bologna studiert hatte, kannte sich in der Hl. Schrift nicht aus, denn erst seit der Synode 1967 versucht die katholische Kirche das Kirchenrecht mit der Hl. Schrift in Einklang zu bringen! Also betete Franz zu Gott, er möge ihnen beim Aufschlagen des Buches seinen Willen kundtun. Sie schlugen dreimal auf und trafen auf die Stellen Matthäus 19,21, Lukas 9,3, Matthäus 16,24. Da lasen sie: «Wenn du vollkommen sein willst, geh hin, verkauf, was du hast, und gib es den Armen», dann: «Nehmt nichts auf den Weg, weder Stab noch Tasche, noch Brot, noch Geld», und endlich: «Wer mein Jünger werden will, verleugne sich selbst, nehme sein Kreuz und folge mir.» Da rief Franz begeistert: «Brüder, das ist unser Leben, das ist unsere Regel – für uns und für alle, die sich uns anschließen wollen.»

Da mag nun schon manches Legendäre mit hereinspielen. Die Quellen stimmen in dem Bericht nicht völlig überein. Ich gebe die Geschichte nur deshalb wieder, weil sie auf jeden Fall dieses zeigt: Das Erlebnis von Portiunkula bedeutete für Franz nicht eine Erzählung, die zufällig aus der Hl. Schrift stammte, es enthielt für ihn gewissermaßen die Offenbarung seines Lebensweges, das Ende seiner Zeit des Suchens, die Erfüllung der Verheißung von Spoleto. Die Hl. Schrift als Wort Gottes war ihm als seine Wegführung bewußt geworden. Deshalb wird er von nun an immer sagen: Er und seine Gefährten wollten ein «Leben nach dem Evangelium» führen. Dieses Bewußtsein war in ihm so stark, daß er damit alle seine Gegner entwaffnete, daß er bis zur Verzweiflung darum kämpfte, eigentlich nur die Hl. Schrift als einzige Norm seiner Gemeinschaft beizubehalten. Man soll auch nicht sagen: Das sei erst allmählich in ihm herangereift in der folgenden Zeit. Es entspricht den Tatsachen nicht.

Die Zäsur ist völlig deutlich. *Vor* Portiunkula sind es Träume, Gesichte, bestimmte Erlebnisse, Ratschläge des Bischofs, Gebetserleichterungen, die Franz langsam und unter großen Schwierigkeiten heranreifen lassen, ohne ihm jedoch volle Klarheit darüber zu geben, was Gott eigentlich von ihm wollte. *Nach* Portiunkula ist schlagartig völlig klar: Seine Sendung besteht in einem «Leben nach dem Evangelium». Es kommen alsogleich Jünger. Auch sie nehmen auf sich: ein «Leben nach dem Evangelium». Von hier her bestimmt sich alles Weitere. In seinem «Testament» noch, das er kurz vor seinem Tod aufschreiben ließ, lesen wir: «Und nachdem mir der Herr Brüder gegeben hatte, zeigte mir niemand, was ich zu tun hätte, sondern der Allerhöchste selbst hat mir geoffenbart, daß ich nach der Weise des heiligen Evangeliums leben sollte.»

Bezeichnend ist das «zeigte mir niemand». Zweierlei klingt hier wohl an: Ganz bestimmt hat sich Franziskus in seiner Not vor dem Portiunkula-Ereignis an den Bischof Guido gewandt, den für ihn zuständigen Vertreter der offiziellen Kirche. Guido aber zeigte ihm nicht, was er tun sollte. Das war nicht nur klug, es war auch religiös richtig. Der Bischof sah nämlich deutlich, daß dieser junge Mann unter einer besonderen Führung Gottes stand. Er hütete sich, da unehrerbietig einzugreifen. Seine Aufgabe als Oberhirte bestand in diesem Fall nur darin, Franz vor möglichen eindeutigen Abirrungen, die er hätte begehen können, zu bewahren und ihn zu bestärken, dem Ruf Gottes unentwegt zu folgen. Daß es Stunden der Mutlosigkeit, des Zweifels und der Versuchung gab, das ganze sonderbare Leben wieder aufzugeben, geht deutlich aus den vorhandenen Biographien hervor. Man denke etwa an die Begegnung mit der alten Betschwester, bei deren Anblick sich Franz sagte: «Willst du wirklich so eine werden?» Nach dem Portiunkula-Erlebnis war der Bischof offensichtlich überrascht, und dem sehr weltzugewandten Mann schien die Idee seines Schützlings nicht realisierbar, zumal als sie anfing, auf mehrere Personen überzugreifen. Obwohl er sicher über die Waldenser im Bilde war und man hätte erwarten können, daß er wegen der ‹Bedenklichkeit› eines solchen Weges, der im Konflikt mit der Kirche und in ‹bedrohlichen› Irrtümern (wie der Manichäismus etwa) hätte sein Ende nehmen können, sich verpflichtet fühlte, ein Veto einzulegen, tat er das keineswegs. Er gab sogar die Predigterlaubnis. Aber einen Weg zeigte er nicht. Das zweite, was hier anklingt, ist dieses: Mag auch vielleicht der Priester in Portiunkula ein Waldenser gewesen sein, er war es nicht, der Franz den Weg wies. Er mag die Bibelstelle ausgelegt haben, aber in keiner Weise muß er Propaganda für seine Bewegung gemacht haben, sonst hätte Franz nicht auf seinem Sterbebett so unbefangen sagen können: Was ich zu tun hätte, zeigte mir niemand. So war er wirklich allein auf die Hl. Schrift verwiesen.

Ein Jahr darauf zählte die Gemeinschaft der Brüder bereits zwölf. Franz war inzwischen auch das Wort von San Damiano – «Geh und richte meine Kirche wieder auf. Du siehst doch, sie ist ganz verfallen» – im Lichte des Evangeliums klargeworden. «Meine Kirche», das war nicht ein Wegkirchlein, es war die Kirche Christi, seine Stiftung. Sie war zerfallen – ohne Glanz, voller Risse, kein Leben mehr spendend. Warum? Wir wollen später noch davon reden. Hier genüge die Sicht des jungen Mannes. Das Evangelium galt nicht mehr! Für Franz existierte das Problem, welches der ‹Sinn› des Evangeliums sei, überhaupt nicht. Dafür beschäftigte ihn um so mehr das andere Problem: Wieso war das Evangelium nicht mehr wirksam? Man *lebte* nicht nach dem Evangelium! Das war der Zerfall. Das Mittel, dem zu begegnen, war nicht weniger einfach: Jemand mußte wieder beginnen, das zu tun. Schlicht, einfach, ohne Deutelei, ohne Abstriche, ohne Zusätze: *das Evangelium leben* – und sonst gar nichts. Das hieß es: die Kirche wieder aufrichten. Darin bestand seine Sendung – es war nicht bloß eine persönliche, es war eine universelle Sendung.

Das Geniale an Franz scheint mir der *Mut zum Selbstverständlichen und Einfachen*. Genie und Simplifikator wohnen nahe beisammen. Der erste Blick unterscheidet sie nicht. Und doch sind sie zugleich die denkbar größten Gegensätze. Das Genie stellt nämlich fest, daß die ‹selbstverständliche› Grundlage tatsächlich nicht mehr trägt. Niemand will es glauben, denn alle sind überzeugt, daß die Grundlage selbstverständlich auch trägt. Sie verbessern darum bei Schwierigkeiten dies und jenes, verstricken sich in überaus komplizierte und gescheit durchdachte Abhilfsmaßnahmen und wundern sich schließlich, daß der gewaltige Aufwand an Geistesschärfe und oft auch an materiellen Mitteln den gewünschten Erfolg doch nicht erbringt.

Genau das aber war die Lage in der damaligen Kirche. Es war eine Zeit des Umbruchs. Sie war in manchem mit der heutigen vergleichbar. Im kirchlichen Gefüge zeigte sich diese Situation der Wandlung durch allerhand Reformversuche an. Sie begannen schon mit der ‹Gregorianischen Reform›, deren Beginn bei den von Heinrich III. eingesetzten Päpsten (200 Jahre vor Franziskus) lag und deren Höhepunkt Gregor VII. (1073–1085) bedeutete. Es wäre viel zu einfach, in ihr nur einen Machtkampf zwischen Kaiser und Papst zu sehen. Im ganzen wird man sagen können, daß in jenen ersten Jahrhunderten nach dem Jahr 1000 das Abendland die Stufe primitiver Einheitskultur verließ, zu größerer Differenziertheit und wacherer

Reflexion vorstieß. Dabei war das Grundanliegen durchaus religiös. In diesem Prozeß betätigten sich nicht wenige Päpste als ehrliche Reformer.

Zu ihnen ist auch Innozenz III. (1198–1216) zu rechnen, auf den nun Franziskus stieß. Man hat diesen jugendlichen Papst – er war bei seiner Thronbesteigung erst siebenunddreißig Jahre alt – oft den mächtigsten Papst der ganzen Kirchengeschichte genannt. Dadurch verleitet, sah man in ihm nur den Menschen des Machtdenkens, für den das Religiöse lediglich ein Mittel zum Zweck bedeutete und dem ein eigentliches religiöses Denken völlig abging. So eindeutig kann man dies sicher nicht sagen. Anderseits müßte man blind sein, wollte man leugnen, daß Lothar von Segni Freude an der Macht gehabt habe. Das Spiel der Politik war sein Lebenselement. Der einstige Student von Paris und Bologna war nicht nur ein kluger Kopf, der vielleicht beste Rechtsgelehrte seiner Zeit. ‹Vater des Rechts› (pater iuris) nannte man ihn. Er verstand es nicht nur, theologisch scharfsinnig und zugleich elegant zu argumentieren; der kleine Mann mit den scharfen Augen und einer stets würdevollen Haltung liebte das politische Spiel. Es fehlte ihm aber, wie so oft bei Leuten mit überscharfem Verstand, die Wärme des Herzens, die Spontaneität des gütigen Vaters. Daher erklärt es sich, daß ein griechischer Zeitgenosse über ihn sagen konnte, er sei nicht Petrus', sondern Konstantins Nachfolger; daß auch Will Durant in seiner großen Geschichte der Zivilisation urteilen konnte: er sei «eher ein Stoiker als ein Christ gewesen».

Trotzdem darf man auch die andere Seite seines Wesens nicht vergessen. Hatte er nicht, ehe er Papst war, ein Werk geschrieben: «Über die Verachtung der Welt», und darin die Hinfälligkeit alles Irdischen eindrucksvoll und tief dargestellt? War es nicht sein Bestreben – ganz im Gegensatz zu seinen Vorgängern –, den allüberall aufkommenden Armutsbewegungen, soweit es der Glaube irgendwie zuließ, entgegenzukommen? Freilich machte er dabei mehr schlechte als gute Erfahrungen. Persönlich lebte er jedoch einfach und streng. Auch scheute er nicht davor zurück, die 1500 Konzilsväter des vierten Laterankonzils (1215) mit einer Begrüßungsansprache herauszufordern, die an Reformeifer nichts zu wünschen übrigläßt: «Ihre wichtigste Ursache hat die Verderbnis des Volkes in der Geistlichkeit. Hieraus entstehen die Übel des Christentums: der Glaube schwindet, die Religion wird entstellt . . .»

Man kann also nicht aus der Begegnung von Franz und Innozenz III. eine Theaterszene mit bengalischer Beleuchtung machen unter der Überschrift ‹Zwei Welten begegnen sich›. Wie es falsch ist, Franziskus zum grundsätzlichen Pazifisten zu erklären, obwohl sich manche seiner Worte und Taten, stünden sie für sich allein, dahin interpretieren ließen, so ist es auch abwegig, Innozenz als ein kaltes, berechnendes Machtungeheuer darzustellen, auch wenn manche seiner Handlungen in diese Richtung weisen könnten. Mit solchen Vereinfachungen ist niemand gedient. Sie haben zur Folge, daß man für die Gegenwart Forderungen aufstellt, die radikal tönen und ein großes Wunder verheißen, in Wirklichkeit aber nur Theaterdonner bedeuten. So etwa, wenn man die von der Geschichtswissenschaft längst als groteske Übertreibung erwiesene Geschichte nacherzählt, wonach Innozenz III. dem ärmlichen Franz bei seinem ersten Papstbesuch erwidert haben soll: «Geh, Bruder, such die Schweine auf! Zu ihnen passest du besser als zu den Menschen. Wälz dich mit ihnen im Dreck, gib ihnen die von dir verfaßte Regel und richte deine Predigt an sie!» – um fortzufahren: «So verroht waren Papst und Kurie, daß sie nurmehr für Sinneseindrücke empfänglich waren», und daraus die Forderung an Paul VI. abzuleiten, daß er nun die von Innozenz versäumte Stunde der totalen Revolution, der «totalen Umwandlung der Kirche in eine franziskanische», herbeiführen müsse, wenn er ein «wirklicher» Heiliger Vater sein wolle (so Karl Ipser in «Franziskus. Der himmlische Kommunist», 1967). Solche Theatercoups haben die Kirche noch nie reformiert.

Aber auch die andere – von der Malerei so häufig und eindrucksvoll variierte – Szene scheint mir die wahre Situation in bedrohlicher Weise zu verdunkeln. Sie berichtet von einem Traum des Papstes, in dem die Kirche zu wanken und einzustürzen schien. Ein kleiner, unscheinbarer Mann kam daher, stemmte seine Schultern gegen die fallenden Mauern und richtete das Gebäude wieder auf. Verwundert erwachte der Papst und wußte seinen Traum nicht zu deuten. Als er jedoch des Giovanni Bernardone, Francesco genannt, ansichtig wurde, erkannte er die Züge des Mannes im Traumgesicht und bestätigte seinen Orden. Diese Geschichte ist erbaulich und schön. Sie paßt auch gut zu dem Erlebnis in San Damiano. Sie stellt die Bedeutung des franziskanischen Werkes plastisch dar. Das alles ist wahr.

Trotzdem ist sie unwahrscheinlich, denn ein vom Papst als Offenbarung gewerteter Traum hätte eine Bestätigung der Regel zur Folge gehabt und nicht nur eine Duldung. Außerdem scheint Innozenz III. nicht geneigt gewesen zu sein, Träumen und Gesichten eine Bedeutung einzuräumen. Wir sagten schon, ihn kennzeichnete ein Denken, das man in seiner Nüchternheit fast der Stoa entlehnt glauben könnte, wie überhaupt die Kreise, denen er entstammte, der Mutterboden wurden für jene sonderbare ‹Vorrenaissance› seines Mündels Friedrich II., des späteren Kaisers. Dies wurde allerdings zunächst von der Gotik hinweggeschwemmt, aber gemeinsam waren dem Papst und seinem Schützling und späteren Gegenspieler ein gewisser Horror vor allem, was eine Tendenz zu Aberglauben, Schwärmerei, Pneumatik vermuten ließ. Im vierten Laterankonzil (1215) wandte er sich scharf gegen den Verkauf falscher Reliquien und gegen die «unsinnigen und überflüssigen Ablässe, welche gewisse Prälaten ... sich zu gewähren nicht schämen, wodurch sie die Schlüssel der Kirche lächerlich machen und die Erfüllung der Buße ihrer Kraft berauben»; wie auch Friedrich II. das Gottesgericht und den Zweikampf im Prozeßrecht abschaffte. Dieser Geist der Nüchternheit, der seiner Zeit weit voraus war, beeindruckte noch Papst Johannes XXIII., in dessen «Geistlichem Tagebuch» (dt. 1967) wir einen eigenen Hinweis auf Innozenz III. finden, den der Roncalli-Papst, schon achtzigjährig (1961), «wieder» hervorholt und «so reich an pastoralen Lehren» findet. Wie sehr er allem, was nach Wundersucht schmeckte, im Gegensatz zu Pius XII., mißtrauisch begegnete, seien es Andachten oder fromme ‹Bewegungen›, ist bekannt. Überdies ist nachgewiesen, daß die Traumgeschichte relativ spät eingeschoben wurde. Sie mag also als Legende im strengen Sinn des Wortes ihre Geltung haben. Das besagt: Sie schildert richtig eine Situation. Geschichte ist sie aber nicht.

Viel wahrscheinlicher klingt jene andere Version des Zusammentreffens zwischen Franz und Innozenz III., nach der durch Vermittlung Bischof Guidos von Assisi zunächst der Benediktiner Kardinal Johannes Colonna, den Innozenz zum Bischof von Sabina ernannt hatte, sich mit den zwölf Bettelmönchen abgab. Es dauerte einige Zeit, bis er sich von der Echtheit ihres Vorhabens überzeugt hatte, was angesichts der damals allüberall aus dem Boden schießenden Reformbewegungen, in denen sich alle möglichen geistlichen und auch sehr ungeistlichen, orthodoxen und heterodoxen, überlegten und emotionellen Tendenzen mischten, verständlich ist.

Dann aber trat er beim Papst für Franziskus ein, und seine Freundschaft mit Innozenz wie sein Ansehen bei den Kardinälen – er galt als das Haupt der Reformpartei – wurden zum Schutzwall der jungen Pflanzung. Der Beweis aber, den er vorbrachte, ist aller Beachtung wert. Er soll zum Papst gesagt haben: «Ich habe einen sehr vollkommenen Mann gefunden, der nach *den Worten des heiligen Evangeliums leben* und in allem die *evangelische Vollkommenheit* beachten will. Mir scheint, der Herr will durch ihn den Glauben der heiligen Kirche in der ganzen Welt erneuern.» Der Kern der Aussage liegt offensichtlich darin, daß Franz nach dem Evangelium leben will.

Nun, der Papst ließ die Brüder von Assisi zu sich kommen. Franz legte sein Programm vor. Diese erste Regel ist verlorengegangen, und alle Rekonstruktionsversuche sind von fraglichem Wert. Sicher aber ist das eine, daß es keine ‹Regel› im Sinne anderer Ordensregeln war, sondern eine Zusammenstellung aus Abschnitten der Hl. Schrift. Daran sollte nicht gedeutet, nichts sollte daran abgestrichen und nichts dazugesetzt werden. Das mußte revolutionierend erscheinen, denn damit *fiel hinweg*, was alle Orden für unerläßlich hielten: daß wenn auch der einzelne nichts besaß, doch die Gemeinschaft Besitz haben mußte. Es fiel ferner hinweg, daß diese Brüder in festen Klöstern zusammenlebten. Die ‹heilige› Welt der Ordensbrüder als gesonderte Lebensgemeinschaft neben der profanen Welt der Menschen schien aufgelöst. Dem Papst mochte das etwas naiv und unrealistisch erscheinen, weshalb er diese ‹Regel› als gar zu streng einstufte. «Ihr müßt auch an jene denken, die nach euch kommen werden und vielleicht nicht mehr denselben Eifer haben.» Wie schon zuvor dem Kardinal gegenüber blieb Franz jedoch fest. Er wußte wohl, daß jedes Nachgeben zur Folge gehabt hätte, im wesentlichen eine der schon bestehenden Ordensregeln zu übernehmen. Aber gerade das wollte er nicht. Um keinen Preis!

Welch einen Aufschwung zur Erneuerung der Kirche bedeuteten etwa die Zisterzienser; und wie rasch fielen sie durch den Reichtum ihrer Klöster wieder zurück! Der hl. Bernhard starb im Jahre 1153. Ihm verdankten die Zisterzienser, ein Reformzweig der Benediktiner, der 1098 seinen Anfang nahm, einen märchenhaften Aufstieg. Innerhalb von zwanzig Jahren hatte sich die Zahl ihrer Klöster von 30 auf 343 gesteigert. Um 1300 soll es sechzigtausend Zisterziensermönche in 639 Klöstern gegeben haben. Obwohl die Regeln streng auf äußerste Entsagung und Einfachheit verpflichteten, geschah es aber schon vier Jahre nach Bernhards Tod – in seinem Kloster Clairvaux –, daß die Mönche körperlich nicht gern arbeiten wollten; sie kauften sich Sarazenensklaven – und hatten wegen ihres kollektiven Reichtums keinen guten Ruf bei den Laien. Bekannt ist der Ausspruch von Richard Löwenherz, der dem Priester Fulbo von Neuilly auf seine Kreuzzugsermahnungen erwiderte: «Ihr wünscht, ich solle meine drei Töchter – Überheblichkeit, Habgier und Unkeuschheit – von mir weisen. Ich vermache sie denen, die sie am meisten verdienen: meine Überheblichkeit den Templern, meine Habgier den Mönchen von Cîteaux, meine Unkeuschheit den Geistlichen.»

Der Ausspruch muß um das Jahr 1200 gefallen sein, als Franz ein Jüngling war. Die Situation, die er schildert, war beiden, Franz und Innozenz, nur zu gut bekannt. Innozenz zog

*Zu Bild Seite 73*

Franz hatte in Ancona das Wort des Herrn verkündet. Dann zog er weiter. In der Nähe von Osimo trafen er und Bruder Paolo auf dem Feld einen Hirten, der eine Herde von Ziegen und Böcken weidete. Nebenher aber lief bescheiden ein Lämmlein und weidete friedlich. Franz blieb stehen. Mitleid ergriff ihn. Er sagte zu Paolo: «Siehst du, wie das Schäflein mitten unter Ziegen und Böcken so zahm dahingeht? So wandelte unser Herr unter den Pharisäern und priesterlichen Würdenträgern. Komm, laß uns das Schäflein kaufen, damit wir es aus dieser Gesellschaft befreien.» Sie hatten kein Geld und nichts, aber ein Kaufmann, der vorüberzog, kaufte das Lämmlein für sie. Nachher gaben sie das Tier den Klarissen von San Severino. Diese hüteten es lange Zeit, und aus seiner Wolle woben sie für Franz einen Habit. Gerade vor einem Ordenskapitel erhielt der Selige die Kutte. Mit «großer Geistesfreude» nahm er das Geschenk an und bat alle, sich mitzufreuen.

*Zu den Bildseiten 74/75*

Einmal merkte Franz, daß ein kranker Bruder (der Priester Silvestro) sich nach Trauben sehnte, aber nicht wagte, darum zu bitten. Sogleich ging er mit dem Bruder zum Weinberg, setzte sich neben den Bruder bei der Rebe und begann mit ihm Trauben zu essen, «damit sich der Bruder nicht schäme, allein zu essen».

*Zu den Bildseiten 76/77*
Die ganze Fastenzeit pflegte Franz in der Einsamkeit zu verbringen. So war er an Fastnacht 1211 am See von Perugia, am Trasimenischen See (unser Bild). Dort kannte er einen ihm ergebenen Mann, den er bat, ihn auf eine völlig unbewohnte Insel zu führen, und zwar in der Nacht vor Aschermittwoch, damit niemand etwas merke. Franz nahm nur zwei kleine Brote mit. Er barg sich in einer dichten Hecke, wo das Getier eine Art Zelt errichtet hatte. Am Gründonnerstag holte ihn der Mann wieder zurück. Franz hatte ein halbes Brot gegessen, damit er auf sein Fasten nicht eitel werde.

*Zu Bild Seite 78*
Blick auf Assisi. Als Franz vor seinem Tod nach Portiunkula, das vor der Stadt liegt, getragen wurde, ließ er die Träger anhalten, und Assisi zugewandt, segnete er die Stadt, die er so sehr liebte: «Gesegnet seist du, heilige Stadt, von Gott, auf daß viele Seelen gerettet werden durch dich und in dir viele Diener Gottes verweilen werden; und viele von dir sollen auserwählt werden, ins Königreich des ewigen Lebens einzugehen.»

daraus den Schluß, die Disziplin müsse gestrafft und der Glaube vertieft werden. Franz schlug das Evangelium auf, und es war ihm klar: Das Evangelium muß *gelebt* werden. Dabei wußte er wohl, daß es galt, auch die Ausbildung der Kleriker und Priester zu reformieren. Er dachte nie daran, sie öffentlich – wie alle Reformer seiner Zeit – zu kritisieren. Die Hilfe, die er leisten wollte, war aber auch hier, einzig das Evangelium vorzuleben!

Der Papst entließ zweifelnd den sonderbaren Evangelisten. Er rief ein Konsistorium (eine außerordentliche Versammlung der Kardinäle) ein, dem damals eine ganz anders entscheidende (‹kollegiale›, würden wir heute sagen) Bedeutung zukam als in unseren Tagen. Er trug den Fall vor. Die Kardinäle verhielten sich zunächst ablehnend, wie es nicht anders zu erwarten war. Zu viele Erneuerungsgruppen geisterten schon über die Bühne. Fünf Jahre später, am vierten Laterankonzil (1215), sollte feierlich die Errichtung neuer Orden verboten werden! Auch Dominikus mußte sich dem beugen und nahm die Regel der Augustiner Chorherren an. Doch in diesem Konsistorium erhob sich der Kardinal Colonna, der erste jener stolzen Reihe der Colonna, die in der Geschichte folgen sollte, und sagte: «Ehrwürdige Brüder! Dieser Mann wünscht nur, daß wir ihm erlauben, *dem Evangelium nachzuleben.* Wenn wir nun erklären, daß dies die menschlichen Kräfte übersteigt, dann behaupten wir, es sei unmöglich, das Evangelium zu befolgen. Damit aber verspotten wir Christus, den Urheber des Evangeliums.» Da verstummte der Widerspruch.

Nochmals rief der Papst Franz und die Brüder zu sich. Franz aber erzählte ein Märchen – es war die Art, wie er sich weit besser als in abstrakten Begriffen auszudrücken vermochte: «Einst lebte an einem öden Ort ein sehr schönes, aber sehr armes Weib. Die sah der König des Landes, und sie fand Gnade vor seinen Augen. Er begehrte sie zur Ehe, in dem Glauben, sie werde ihm schöne Kinder gebären. Als aber die Ehe eingegangen und vollzogen war, gebar das Weib viele Söhne. Und sie fing an, bei sich zu denken und zu sagen: Was soll ich arme Frau mit all den Kindern, die ich bekommen habe? Ich habe keinen Besitz, von dem sie leben können! Da sagte sie zu den Söhnen: Fürchtet nicht, denn ihr seid die Kinder eines Königs. Geht an seinen Hof, und er wird euch alles geben, was ihr nötig habt! Als sie aber zum König gekommen waren, wunderte er sich über ihre Schönheit und sah, daß sie ihm ähnlich waren. Er sagte zu ihnen: Wessen Söhne seid ihr? Sie erwiderten, sie seien die Söhne der armen Frau an dem öden Ort. Da umarmte sie der König und sagte: Fürchtet nicht, denn ihr seid meine Kinder! So viele Fremde speise ich an meinem Tisch, wieviel mehr euch, die ihr meine rechtmäßigen Söhne seid! Und er ließ der Frau in der Wüste sagen, sie solle ihm alle ihre Kinder an den Hof schicken, so daß er sie ernähren könne!» Das war das Märchen. Die Deutung fügte Franz allsogleich bei. Er rief: «Herr Papst!» (So einfach redete man damals noch den Papst an.) «Jenes arme Weib in der Wüste bin ich. Gott hat in seiner Gnade auf mich gesehen. Ich habe ihm Söhne in Christo geboren. Und der König der Könige hat mir gesagt, daß er für meine Nachkommen sorgen werde, denn wenn er alle Fremdlinge ernährt, gebührt es sich noch viel mehr, daß er die Kinder des Hauses ernährt. Gott schenkt den Sündern zeitliche Güter wegen der Liebe, die sie zu ihren Kindern haben; wie reichlich wird er dann alle seine Gaben über jene ausschütten, die *sein Evangelium* befolgen und denen er es deshalb schuldig ist?» Daraufhin habe der Papst das Leben der ersten Minderbrüder mündlich gebilligt. Das genügte jedenfalls, daß am vierten Laterankonzil den Franziskanern als «schon bestehenden und gebilligten Orden» keine andere Regel auferlegt wurde.

Wieviel nun an dieser Version geschichtlich und wieviel fromme Ausschmückung sein mag, völlig klar ist dieses: Franz wollte das Evangelium leben, und weil er das wollte, wurde sein Vorhaben gebilligt.

# Armut – die Zukunft der Kirche

Viele, die heute Franziskus als die Idealgestalt des Heiligen der Zukunft ansehen, werden – versteckt oder offen – dazu bewogen, weil sie in ihm einen Sozialreformer erblicken. Dabei berufen sie sich gern auf jenen Vertrag aus dem Jahre 1210, in dem die Adeligen (Maiores) und die Bürgerlichen (Minores) in der Stadt Assisi übereinkamen, eine alte Fehde zu begleichen. Der Adel verzichtete gegen einen bescheidenen Grundzins auf seine Lehensrechte. Die Bewohner der zu Assisi gehörenden Dörfer wurden den Städtern gleichgestellt, die Leibeigenen befreit. Den aus politischen Gründen Verbannten wurde Amnestie zugesagt. Dieser Vertrag, dessen Urkunde noch erhalten ist, wurde die ‹Magna Charta› Assisis.

Ohne Zweifel zeigt sich in diesem Dokument der Umbruch jener Zeit. Er war eine der Nebenwirkungen der Kreuzzüge. Diese bewirkten einerseits eine weitgehende Einigung der europäischen Länder und Völker. Denn mehr als je zuvor bildeten sie jetzt das Reich, und eine Bewegung, die in einem Land entstand, konnte leichter auf andere übergreifen. Zugleich aber haben die Luxusgüter des Orients neue Bedürfnisse geweckt, die – wie der Engländer James Meyer OFM wohl richtig bemerkt – «sozial betrachtet, die Augen der damaligen Generation ebenso blendeten, wie etwa Auto, Radio, Flugzeug und so weiter die Menschen unseres Zeitalters gefangennehmen». So nahmen Handel und Verkehr einen ungeahnten Aufschwung, und in ihrem Gefolge gelangte die Geldwirtschaft zu einer beherrschenden Macht. Daraus ergab sich der Gegensatz zwischen den Neureichen und dem alten Adel. Es ergab sich auch ein Umschwung des Denkens; um reich zu werden, mußte man bis dahin Macht erlangen. Macht, das bedeutete Herrschaft über Land, kleine oder große Regierungsgewalt. Der

Reichtum war nur eine Funktion der Macht. Nun aber konnte man reich sein, ohne irgendeine Regierungsgewalt zu besitzen. Das Symbol dafür war das Geld. Es zerbrach ein ganzes Sozialgefüge, indem es sich aus den alten Strukturen herauslöste, selbständig machte. Wie ein Krebsgeschwür mußte es dem in der alten Ordnung Befangenen erscheinen. Das Geld schien nicht hineinzupassen in diese Ordnung, und damit wurde es zum Symbol der Losgelöstheit von aller Ordnung, auch der sittlichen. Zügellosigkeit, Entwertung aller bisherigen Werte schienen zu drohen – denn eine neue Sozialordnung, in der das Geld seinen anerkannten Wert besaß, konnte sich niemand recht vorstellen.

Ein Sozialreformer hätte nun einen solchen Plan vorlegen müssen, wenigstens in großen Umrissen. Aber daran hat Franz von Assisi in keiner Weise gedacht und in dieser Hinsicht auch niemals nur den geringsten Versuch unternommen. Ob er auch nur am Vertrag von Assisi im Jahre 1210 beteiligt war, wissen wir nicht. Dieser Vertrag scheint vielmehr einer Notsituation der in ihrem Verhältnis zu Perugia bedrängten Stadt entsprungen zu sein. Militärisch geschlagen, aller Hilfsmittel beraubt, konnte sich Assisi nicht auch noch blutige Auseinandersetzungen innerhalb seines Gemeinwesens leisten. Alle mußten zusammenstehen, um sich des übermächtigen Gegners zu erwehren. Nicht also die Predigt des Francesco, sondern der Notstand in Assisi scheinen die eigentliche Triebfeder dieses Vertrages gewesen zu sein. Die fromme Geschichtsschreibung hat freilich immer wieder – nicht nur in diesem Fall – versucht, alle erfreulichen Ereignisse dem Wirken der Kirche oder ihren Heiligen zuzuschreiben, hat aber damit nicht nur die wahren Perspektiven verzerrt, sondern auch fast unüberwindliche Hindernisse aufgetürmt, die eigentliche Bedeutung der Heiligen richtig zu erfassen. Sie hat damit die Kirche und die Heiligen recht eigentlich sterilisiert und ihr Fruchtbarwerden verhindert.

Trotzdem ist der Hintergrund, den ich eben angedeutet habe, wohl wichtig, um zu verstehen, weshalb der Poverello geradezu einen Haßkomplex gegen das Geld besaß, der ihn niemals verließ. Obwohl er mit dem Geld sehr gut umzugehen wußte, wie seine Bekehrungsgeschichte zeigt, wollte er später nicht das geringste damit zu tun haben. Seine Gefährten durften niemals Geld annehmen, wenn sie bettelten oder arbeiteten, auch nicht, um andern zu helfen. Das Geld war ihm soviel wie der Kot auf der Straße, und in höchst drastischer Weise suchte er diese seine Haltung auf die Mitglieder der franziskanischen Gemeinschaft zu übertragen. Viele höchst schmerzliche und grausame Erlebnisse wären Franziskus erspart geblieben, wenn seine Feindschaft gegenüber dem Geld weniger schroff gewesen wäre.

Man muß sich also fragen, woher sie kam. Vergeblich wird man versuchen, auf Vernunftgründe zurückzugreifen. Franz war ein Mann der unmittelbaren Erfahrungen und Erlebnisse mit einem überaus feinen Sinn für die konkrete Situation, ein Mann der Intuition. Wenn wir heute so gern von den Zeichen der Zeit reden, die man im Lichte des Glaubens erkennen müsse, dann ist das natürlich keine neue Forderung, die wir da an den Christen stellen. Sie bestand zu allen Zeiten, wird aber jeweils dann, wenn die ‹Zeit› sich ändert, von besonderer Wichtigkeit, während sie zu Zeiten, die wie ein träger Strom dahinfließen, weniger Beachtung finden muß und tatsächlich oft fast völlig vergessen wird. Nun, das anhebende dreizehnte Jahrhundert war eine Zeit des Umbruchs. Vielleicht kann man durchaus sagen, daß ein Mann mit ausgeprägt religiösem Sinn intuitiv im Geld die Veränderung wahrnahm. Für ihn wurde das Geld zum Symbol für einen ganzen Komplex höchst vielfältiger Veränderungen. Ein Wissenschaftler nach unserem Verständnis hätte vor Bäumen den Wald nicht mehr gesehen bei der Analyse aller hier in Betracht kommenden Elemente. Er hätte sehr gescheit und höchst exakt seine Leser erst recht verwirrt und wäre selbst ratlos geblieben. Aber eben das ist das Genie des Propheten, daß er mit einem intuitiv erschauten, ganz konkreten Begriff eine ganze Zeit bezeichnen kann.

Ich glaube nun, daß man heute mit ruhiger Sicherheit Franziskus als echten Propheten bezeichnen kann, und zwar gerade in seiner Signalisierung des Geldes als der bedrohenden Macht einer heraufziehenden neuen Epoche. Walter Dirks meint in seinem berühmten Buch «Die Antwort der Mönche» (1968), Franz habe den Kapitalismus bereits gespürt; nicht als System zwar, wohl aber als «Kraftquelle der Seele», und deshalb habe er dem Geist des Geldes seine Liebe zur Armut entgegengeworfen. Er habe gefühlt, daß gerade in der *Menschlichkeit* des neuen Reichtums die Gefahr lag. «Es handelt sich nicht um eine ‹moralische› Gefahr im gewöhnlichen Sinn.» Gerade der Kaufmann werde sich jahrhundertelang (gerade) durch seine moralischen Qualitäten von den hemmungslos lebenden Großen absetzen. «Aber sein *Herz* wird gefährdet sein. Die Säkularisierung der kommenden Jahrhunderte wird vom Bürger ausgehen, und seine Redlichkeit wird eine Rechtfertigung des Abfalls sein.» In der bürgerlichen Existenz werde man «eine sehr menschliche Form der gottlosen Existenz gefunden haben».

Ich glaube, daß an dieser geistvollen Deutung mehr als nur etwas sehr Richtiges ist. Es dürfte unleugbar sein, daß weder die Welt noch die Kirche bis zur Stunde mit dem «Geist des Geldes» fertig geworden sind. Man kann gewiß auch eine Verbindungslinie zum Zeitalter des sogenannten Frühkapitalismus ziehen; aber so ganz wohl wird einem dabei doch nicht, denn das Geld hat seine Bedeutung grundlegend geändert. Es ist zum unerläßlichen Bestandteil unseres gesamten Wirtschaftslebens geworden. Ohne Geld kann der Ärmste nicht leben. Seinen Beigeschmack von unredlichem Erwerb hat es völlig verloren. Und vor allem ist ihm die Bedeutung von Luxusgütern so gut wie restlos genommen. Das Geld ist heute viel eher der Ausdruck von Stabilität, Ruhe und Ordnung als von Bewegung und Revolution, wie das zur Zeit des Franziskus der Fall war. Vielleicht, ich möchte es vermuten, will Walter Dirks all dem auch nicht widersprechen. Das Geld ist der symbolische Ausdruck der Weltgeborgenheit. Zur Zeit des Franziskus war das etwas Neues, später wurde es etwas Normales, heute ist es zum Zeichen der Weltmanipulierbarkeit geworden – in jedem Fall besagt es einen Verlust von unmittelbarer Verwiesenheit an Gott. Das ganze Problem der selbstgemachten Welt taucht hier auf.

Es mag schon sein, daß Franziskus diese Bedrohung durch das Geld im Sinne einer Verweltlichung gespürt hat. Er war ja zuerst ein reicher junger Mann – er gebrauchte es, keineswegs im modernen Sinne, als Mittel, um noch reicher zu werden, er fand es mehr oder weniger verächtlich, schon vor seiner Bekehrung, aber es diente ihm als *Mittel,* um Ansehen und Anhänger und, überhaupt, um gesellschaftliche Ziele zu erreichen. Das änderte sich nach seiner Sinneswandlung; er suchte es jetzt zu frommem Zweck zu gebrauchen – das verwickelte ihn in die höchst unangenehmen Auseinandersetzungen mit seinem Vater –, auch sah er, wie etwa sein Bischof in Geldfragen, ich erwähnte es schon, höchst unchristlich handeln konnte. Das alles mochte wohl einen Anti-Geld-Komplex in ihm erzeugen. Gut und recht. Es widerspricht aber ganz und gar dem Charakter und der Eigenart des Poverello, aus einem Erlebnis der Verneinung, der Angst, des Abscheus, des Hasses, der Mutlosigkeit, der Ahnung von Gefahr heraus zu handeln. Was ihn zu allen Zeiten so anziehend macht, ist das gerade Gegenteil von all dem. Ihn hätte Papst Johannes XXIII. – in diesem Punkt dem Franziskus sehr ähnlich – niemals unter die «Unglückspropheten» eingereiht, die er am Anfang des Konzils als gutmeinende, aber völlig falsche Ratgeber bezeichnete.

Franziskus war ein durch und durch positiv eingestellter Mensch. Der Sieg des Guten war ihm eine Selbstverständlichkeit. Die Haltung der ‹großen Besorgnis› kannte er nicht, die heute so viele einsichtige und auch bedeutende Menschen erfüllt und dazu verleitet, Warnrufe nach allen Seiten ertönen zu lassen und Schutzmauern zu errichten. Infolgedessen kann ich es nicht recht glauben, daß die Armut, die als des hl. Franz hervorstechendes Kennzeichen erscheint, der erkannten oder erspürten «Gefahr» einer Säkularisation entsprungen sei. Wäre diese Erklärung richtig, dann hätte seine Armut etwas von trutziger Düsterkeit an sich gehabt. Sie würde uns vielleicht großartig erscheinen, aber doch auch schaurig, wie etwa die Engelsburg in Rom, das Symbol letzter Zuflucht des Papstes. Es ist wahr, daß manche Interpreten des hl. Franz voll Ingrimm über den kitschigen Naturfreund, den manche fromme Seelen aus ihm gemacht haben, die Grausamkeit seiner Armut derart betonen, daß sie wirklich wie so eine aus der Angst geborene Trutzmauer erscheint. So richtig es nun auch ist, sich gegen den Kitsch zu wenden und die unwahrscheinliche Härte der franziskanischen, ursprünglichen Armut zu unterstreichen, so verkehrt ist es trotzdem, sie unter das Zeichen der Abwehr zu setzen, denn er liebte sie – nicht wie ein Ritter seinen höchst unbequemen Panzer, nicht wie ein Raumflieger seinen grotesken Raumanzug, weil sie darin geschützt und auch ‹sehenswert› werden. Er liebte sie, weil ihm das «Leben ohne Eigentum» begehrenswerter erschien als das Leben mit Eigentum – und das wiederum nicht nach dem Motto des Papstes Gregor des Großen, der meinte, dem Teufel müsse man wie ein Ringkämpfer nackt entgegentreten, damit er nichts habe, woran er uns fassen könne.

Für Franz von Assisi war die Armut eine *Stilfrage.* Er liebte sie, weil er dadurch Gott beweisen konnte, daß er ihm vertraute – rückhaltlos. Mehr noch, er liebte die Armut, weil er dadurch auch den andern Menschen sein Vertrauen auf ihre Güte beweisen konnte. Nicht das ‹Vivere pericolosamente› reizte ihn, wie die Faschisten, die das an alle Mauern Italiens schmierten, um sich dann – echt menschlich – als zum Töten höchst ungeeignet zu erweisen, sondern die höchst persönliche und existentielle Verbundenheit mit Gott und Menschen. Darum jubelte er, als er das Evangelium von der Aussendung der Jünger ohne Stab und Tasche, die Anweisung «und esset, was man euch vorsetzt» vernahm. «Das ist es», rief er aus, «was ich suche!» Darum lehnte er auch das *Arbeiten* keineswegs ab, er setzte es sogar an die erste Stelle, denn es bedeutete ein Denandern-Nützen; darum war er selig, wenn er andere beschenken, ihnen helfen, ihnen Freude machen konnte, und garnierte dieses Schenken und Austeilen keineswegs mit Ermahnungen über den ‹rechten Gebrauch›. Er erfuhr im «Leben ohne Eigentum», wie er es nannte, gewissermaßen tagtäglich und stündlich sowohl *Gott* wie seine *Nächsten,* und zwar von ihrer sympathischsten Seite: er demonstrierte ihnen unter Einsatz seiner ganzen Persönlichkeit *sein Vertrauen auf ihre Großzügigkeit!*

Ein Zweites kam noch dazu, das einem Menschen unserer Tage sofort einleuchtet: Durch ein solches Leben erwies er sich als *glaubwürdig.* Es wird vielfach übersehen, daß des Franziskus ganzes Denken, wie wir heute sagen würden, missionarisch ausgerichtet war. Er war sich einer ‹Sendung› zutiefst bewußt, einer einzigartigen Sendung, die ihn von allen andern unterschied. Gerade darum konnte er aufs höchste erregt werden, wenn die kirchlichen Obrigkeiten ihm eine der schon bestehenden Ordensregeln aufnötigen wollten. Er hatte bestimmt nichts gegen die alten Orden, es läßt sich keine Spur irgendeiner Polemik gegen sie feststellen. Aber seine Aufgabe war eine besondere, die sich nicht mit dem Weg der andern deckte.

Es genügt also keineswegs, die franziskanische Armut nach der allgemein üblichen Art darzulegen, etwa als *Freisein* für Gott. Natürlich kannte Franziskus diese Auslegung auch und hat sie gelegentlich sogar mit großem Geschick ausgespielt, wie bei seiner berühmten Antwort an den Bischof von Assisi. Doch darin lag nicht der Kern seiner Armutsliebe, nicht die Eigenart seines Weges, nicht der Glanz und nicht der Charme, die heute noch irgendwie alle franziskanische Armut umspielen. Herausforderung Gottes, seliger Appell an seine Großmut, autorisiert vom Evangelium selbst, und eben dadurch schlagender Beweis der Glaubwürdigkeit, diese in letzter personaler Tiefe verankerte Überzeugung möchte ich als die franziskanische Armut ansprechen.

Damit reimt sich auch, daß Franziskus so gern die Stelle von den «Schafen und den Wölfen» zitierte; sie ist der Hinweis darauf, daß der Christ als Christ, das heißt als Zeuge göttlicher Botschaft, eben nicht abgestützt sein kann auf menschliche Sicherung.

In die gleiche Linie gehört auch die sonderbare Reserve, die Franziskus der damals aufblühenden Wissenschaft entgegenbrachte. Es war nicht seine Sache, sich theoretischen Gedankenführungen hinzugeben. In diesem Sinne war er ohne Zweifel kein spekulativer Theologe. Die sonderbarsten Geschichten werden erzählt, die seine Abneigung gegen die theologische Wissenschaft bezeugen sollen; nicht als hätte er die Theologie als solche geschmäht, kritisiert, etwa als leeres Gedankenspiel abgetan. Ganz im Gegenteil, er konnte mit Worten der Anerkennung von ihr reden. Aber seine Jünger suchte er auf höchst drastische Weise von der Wissenschaft fernzuhalten. Das führte zu erbitterten Auseinandersetzungen, die nicht zuletzt zu seiner Absetzung als Leiter des Ordens beitrugen. Trotzdem beharrte er bis zu seinem Tode auf seiner Meinung.

Es ist nicht ganz leicht, herauszuschälen, worin diese bestand. Vieles ist darüber geschrieben worden. Mir scheint, und kaum jemand wird dem widersprechen, daß des Franziskus Verhältnis zur Wissenschaft nur im Zusammenhang mit seinem Verhältnis zum Geld gesehen werden darf. Es handelt sich um genau die gleiche innere Haltung, um dasselbe personale Erlebnis, das ein rein positives ist: sein Christuserlebnis. Vielleicht ist das nicht einmal ganz korrekt. Richtiger müßte man sagen: sein Gotterlebnis.

Damit würde er ja nun in höchstem Ausmaß modern; denn gegenüber einem ‹Gott über uns›, den wir in unfaßliche Begriffe fassen, über den wir in blasser Abstraktion ‹theologisch› sprechen und den wir sodann von der Theologie her (die bestenfalls den Verstand zur Akrobatik olympischer Spiele geschult hat) auf das praktische Leben rückprojizieren, gegenüber solchem unerlebbaren und höchstens rein gedachten Gott will der heutige Christ und Mensch Gott erleben können, glaubhaft ihm begegnen. Es geht um ein ganzmenschliches Erkennen Gottes, das mehr ein Erkanntwerden im biblischen Sinne ist, das aber gerade darum vom Leben nicht abgetrennt werden kann. Mit Karl Rahner kann man wohl erwarten, daß die Frömmigkeit der Zukunft mystagogisch sein wird. Aber gleich muß einem Mißverständnis gewehrt werden: Es geht hier nicht, oder jedenfalls nicht in erster Linie, um mystische Erlebnisse im Sinne eines streng übernatürlichen Eingreifens durch Gott, wie es einigen eigens Berufenen zuteil werden mag. Es geht vielmehr um jenes Erahnen und Berühren, eben um jene den ganzen Menschen ergreifende Einführung in die letzte Wirklichkeit, die sich als ein Du enthüllt. Wir suchen sie heute vor allem im andern Menschen, in der selbstlosen Hingabe an ihn – und das scheint dem Mysterium der Inkarnation sehr wohl zu entsprechen.

Beim Lesen der Texte über Franziskus, die sein Inneres enthüllen, ist mir mit Staunen aufgefallen, wie sehr seine Frömmigkeit theozentrisch und nicht christozentrisch war. Sogar in der Erscheinung jener Lichtgestalt, die ihm die Wundmale einprägte, bleibt es ungewiß, ob sie Christus oder einen Cherub, einfach einen Boten darstellen soll. Christus ist für Franziskus Durchgang, die Mitte ist der Vater, Urgrund aller Dinge. Es ist ein kosmisches Bewußtsein, das den Mann aus Umbrien erfüllt. Das macht seinen Sonnengesang so unvergleichlich beschwingt, obwohl ihm rein literarisch kein außergewöhnlicher Rang zukommen mag. Durch diese Betrachtungsweise erhalten alle Dinge, Sonne, Mond, Wetter und Wind, Quelle und Feuer, Erde und Blumen ihre persönliche Note. Sie werden als Gaben gesehen, als Boten, die nicht nur eine Botschaft zu überbringen haben, die vielmehr mit ihrer ganzen Existenz Botschaft *sind*. Darum nennt er sie Bruder und Schwester. Er erlebt sie als vom gleichen Vater hervorgegangen, und deshalb ist etwas vom Vater in ihnen. Sie bedeuten eine Anrede des Vaters an ihn, und indem er sie anredet, antwortet er dem Vater. Man kann dies eine Vereinfachung nennen, gewiß! Letzte Tiefe ist darin trotzdem enthalten. Nichts ist daran von kitschiger Sentimentalität. Nichts auch von Pantheismus, wie manche es in Franziskus hineininterpretieren wollen. Und doch ist eine unerhörte Weltbejahung in des Poverello ‹Kosmologie› enthalten, wie sie in dieser Ausgeprägtheit ihresgleichen sucht. An der Welt und in der Begegnung mit Menschen erlebt er tatsächlich Gott auf ganz einfache und schlichte Weise.

Hätte Franz von Assisi des Teilhard de Chardin «La messe sur le monde» gehört oder gelesen, er hätte jubelnd mit eingestimmt, obwohl ihm die Entwicklungsgedanken des neuzeitlichen Forschers ganz fremd erschienen wären. Mühelos hätte er den Kern des Gedankens als erlebte Realität bestätigt, der manchem unserer Tage durch eine Menge methodologischer und anderer wissenschaftlicher Fragen, die in ihrer Weise gewiß berechtigt sind, verstellt wird.

Die Fruchtbarkeit dieses seines Gott- und Weltverständnisses erlebte Franz bei seinen Predigten und Liedern tagtäglich. Niemand konnte sie bestreiten. Nicht nur das schlichte Volk war davon hingerissen; gerade Gebildete zeigten sich, etwa in Bologna, von seinen spontanen Durchblicken erschüttert. Es wird zu wenig beachtet, daß der Großteil der ersten Jünger und Gefährten Gebildete und nicht sogenannte primitive Leute waren!

Will Durant hat gewiß recht, wenn er in seiner Kulturgeschichte den Höhepunkt des «Zeitalters des Glaubens», das er von Konstantin bis Dante (325–1300) ansetzt, bereits durchsetzt findet von den Samenkörnern des folgenden «Zeitalters der Vernunft». Es war nicht nur die Welle von Übersetzungen aus dem Arabischen und Griechischen, die den Westen nunmehr überflutete – und auch nicht nur die *Muße*, die das Aufkommen von Schulen (‹schola› bedeutet schließlich Zeit-Haben) durch den anhebenden Wohlstand begünstigt, wodurch das Zeitalter der Vernunft entstand. Das waren vielmehr modifizierende Begleitumstände im Endeffekt und Bedingungen oder Voraussetzungen, ohne die ein solcher Neuanfang nicht entstehen konnte. Tief innerlich aber war es eine Grenze, an die das Zeitalter des Glaubens gelangt war. Das Höchstmögliche im Rahmen einer bestimmten Kultur und Denkform war erreicht, es zeigt sich in Gestalten wie Joachim von Fiore, Franziskus und Dante, die innigst zusammenhängen. Zugleich aber schwappt es schon über in eine phantastische Zukunft, die jedenfalls die alten Kategorien sprengt. Darin sind sich die reinsten Früchte des Zeitalters des Glaubens und die ersten Ansätze des Zeitalters der Vernunft einig. Aber in der Richtung des weiteren, des neuen Weges trennen sie sich. Die Vernunft tritt auf als Gegenpol des Glaubens, ja oft als Feind. Mit dem Sprengen der alten Formen wird der alte Glaube abgetan, der sie beseelte. Zur Zeit des Franz von Assisi war dies bereits deutlich.

Am nächsten war ihm Bologna, die damals berühmteste Universität des Westens. Eine theologische Fakultät gab es gar nicht, wohl aber eine Rechtsfakultät. Theologie schien Rechtswissenschaft zu sein – mit stark antikirchlichem Einschlag. Bernhard von Clairvaux beklagt sich, daß die Welt widerhalle vom justinianischen Gesetz und auf das Gesetz Gottes niemand mehr hören wolle! Daneben stand die Medizin, und es wurde ein geflügeltes Wort jener Zeit, daß wo drei Ärzte wären, zwei davon Atheisten seien. Zu dieser Zeit entfaltet sich bereits der Hof von Foggia Friedrichs II., des exkommunizierten ‹Weltwunders›, wie seine Zeit diesen genialen Rationalisten nannte. Und in Frankreich lehrte schon ein Jahrhundert zuvor der Rationalist Abälard (1079–1142), jener Professor, der zwar kaum ein Dogma des Glaubens offen leugnete, aber den Glauben selbst in Frage stellte, da er glaubte, alles beweisen zu müssen und zu können. So richtig uns heute sein Satz erscheint: «Wer einem Glauben ohne Verstehen das Wort redet, sucht oft nur seine Unfähigkeit zu verdecken, den Glauben verständlich zu unterrichten», so modern es klingt, wenn in dem «Dialog zwischen einem Philosophen, Juden und Christen» des Christen Vorzug einzig in der «Hoffnung» gesehen wird, so erschrickt dennoch auch ein Christ unserer Tage vor der Kühnheit des Abälard, der es unternimmt, jegliches Geheimnis aufzulösen. Geheimnis gibt es für ihn nicht. Die Studenten folgen ihm in Scharen. Von Paris ferngehalten, errichtet er sich in der Einsamkeit eine Klause zwischen Fontainebleau und Troyes aus Halmen und Röhricht, und Hunderte von Studenten folgen ihm in die Wildnis, schlafen auf Binsen und Stroh, essen Grütze und Kräuter des Feldes. Drei Jahre lang hält dieser Zustand an. Es war eine richtige Trunkenheit der Vernunft, die jene Zeit erfaßt hatte.

Nochmals möchte ich bemerken, daß es sehr einseitig wäre, diesen Einbruch des *Verstandes* in die Glaubenswelt des frühen Mittelalters einzig auf das Kennenlernen der arabischen Philosophie zurückzuführen. Es geht vielmehr um einen *inneren* Reifungsprozeß – eine Entwicklungsphase, mit der wir es zu tun haben. Auf eine zweifache Weise suchte jene Zeit die neue Problematik zu meistern. Die eine könnte man durch das Schlagwort kennzeichnen: Taufe des Aristoteles. Dem rationalen Denken wurde sein Recht eingeräumt. Damit war ein Weg beschritten, dessen Ende gar nicht abzusehen war. Zunächst freilich trat dies keineswegs hervor. Die geniale Synthese von Wissen und Glauben eroberte sich das Feld. Das großartige Gebäude scholastischer Theologie nahm von der Kirche Besitz. Die Daten lieferte die Offenbarung – die Methode, nach der die Daten verarbeitet wurden, Aristoteles: das nüchtern logische Denken, die Abstraktion und streng rationale Kombination. In diesem Sinn war Theologie eine Wissenschaft; nicht als hätte sie es unternommen, den Glauben zu beweisen. Sie setzte ihn voraus.

So verbanden sich zwei Arten des Denkens und Erkennens, die ihrer inneren Struktur nach völlig voneinander verschieden sind. ‹Verschieden› bedeutet nicht, daß sie einander widersprechen müssen, aber es frägt sich doch, ob sie nicht seelische Haltungen bedingen, die in ein und demselben Menschen nur schwer nebeneinander bestehen können. Und wenn erst eine ganze Zeit von solcher Haltung (sei es der einen oder der andern) geprägt sein sollte? Konnte es dann nicht geschehen, daß man etwa in ein atheistisches Zeitalter geriet?

Es ist erstaunlich, welchen Agnostizismus Thomas von Aquin an den Tag legt, wenn es darum geht, zu sagen, was wir mit der Vernunft allein über Gott aussagen können. Wohl hält er daran fest, daß wir das Dasein Gottes beweisen können, was er aber ist, entzieht sich völlig unserer Kenntnis. So in der «Summa theologica»: «Ist das Dasein eines Dinges einmal erwiesen, dann können wir weiter fragen nach seiner Daseinsweise, um so schließlich zu seinem Wesen vorzudringen. Bei Gott können wir freilich nicht wissen, was er ist, sondern höchstens, was er nicht ist. Deshalb können wir auch bei Gott nicht untersuchen, wie er ist, sondern nur, wie er nicht ist.» Und noch härter in seinem Kommentar zum Römerbrief: «Eines bleibt in diesem Leben völlig unbekannt, nämlich was Gott ist.» Es handelt sich hier bei Thomas um das Bemühen, Gott in einen Begriff zu fassen. Dies ist tatsächlich unmöglich.

Ist aber geistige Erkenntnis nur in Begriffen möglich? Schon in der Hl. Schrift weigert sich Gott, in einem ‹Begriff› von sich zu reden. «Ich werde dasein; als der ich bin, werde ich dasein.» So offenbart er sich in der Begegnung mit Moses. Aber noch mehr: Wollte man den Glauben reduzieren auf geglaubte ‹Wahrheiten›, die sich in Begriffe fassen lassen, dann möchte er wohl allzu leicht an seinem Wesentlichsten vorbeigehen. Hier ist – wie mir scheint – des Franziskus intuitive Angst vor der ‹Theologie› anzusetzen. Er war der Mann des intuitiven Gotterlebens. Seine Reform bestand nicht in der Analyse, die entmythologisiert nach dem Maßstab der Vernunft. Dabei entmythologisierte auch er, wie schließlich ja auch die Hl. Schrift bereits die Vielgötterei entmythologisiert. Auch Franz entmythologisiert den Volksaberglauben seiner Zeit. Aber sein Maßstab ist die Gabe der ‹Unterscheidung des Geistes›, ist die Erfahrung der *Echtheit* seiner religiösen Erlebnisse. Diese Echtheit ist ihm in Dingen des Glaubens weit sicherer als rationale, wissenschaftliche Erkenntnis. Er fühlt sie bedroht und in der Gefahr der Entfremdung. Es ist im Grunde – so möchte ich meinen – genau dasselbe, was dreihundert Jahre später Ignatius von Loyola mit dem ersten Wahlmodus in seinen Geistlichen Übungen meinte und auf den hin er seine ganzen Exerzitien anlegte, womit er allerdings ebenso mißverstanden wurde wie Franz von Assisi. Des Ignatius Schöpfung bog man um in ein soldatisches Exerzierreglement, Franz von Assisi in einen die Realität der Welt nicht beachtenden Spiritualismus. In Wahrheit aber suchte Ignatius eine Methodologie zu der in Begriffe nicht mehr faßbaren, rational nicht mehr erreichbaren, letzlich allein auf das untrügliche Erlebnis der Echtheit gegründeten Erkenntnis des konkreten Willens Gottes, die er ausdrücklich höher stellte als die rationale Analyse – und Franziskus verteidigte mit Leidenschaft das *Allerreellste* an der Realität, das er erfahren und erlebt hatte: den in allen Dingen verborgenen und alle Realität tragenden Gott, dessen erlebbare Realität er durch die Wissenschaft, wie sie ihm begegnete, bedroht fühlte, besser: bedroht sah! In Wirklichkeit waren beide Realisten, lag beiden dieselbe – nicht rationale – Erkenntnis am Herzen.

Wie ein Reaktionär mag Franz von Assisi in seiner Reserve gegenüber der Wissenschaft erscheinen. Selbst viele seiner Jünger verstanden ihn in diesem Punkt nicht, wichen von ihm ab und suchten es bald nach seinem Tode den Dominikanern, die eifrig daran waren, die Wissenschaft zu taufen, gleichzutun mit dem Segen der Kirche. Ob sie dabei nicht den eigentlichen Auftrag der Franziskaner verkannt haben?

Freilich haben die Franziskaner – bei all ihrer wissenschaftlichen Leistung – tatsächlich das Wissen um die tiefere Erkenntnis ihres Poverello und Gründers, ja das Heimweh nach dieser Erkenntnis niemals verleugnet. Von Bonaventura, dem größten Franziskanertheologen, wird erzählt, er habe den hl. Thomas, die ‹Sonne› der dominikanischen Wissenschaft – sie waren Zeitgenossen –, gefragt, wie er eigentlich zum «Ens a se» (zum «Sein an sich») beten könne. Gott sei kein philosophischer Schluß, er sei lebendige Gegenwart! Vielleicht auch ist es kein Zufall, daß während die Schule der Dominikaner immer mehr einem leeren Spiel mit Begriffen sich näherte – sie schienen Artisten des Intellekts, bewundernswert zwar, aber doch der Atmosphäre eines Zirkus näher als der Wirklichkeit –, die Franziskaner zu Bahnbrechern der Naturwissenschaften wurden. Man denke nur an Roger Bacon. Gar nicht zufällig dürfte es auch sein, daß die intellektuellen Franzosen den Dominikanern, die wirklichkeitsnäheren Engländer den Franziskanern ihre Sympathie entgegenbrachten. Bis heute jedenfalls bemühen sich die Schulen der Franziskaner, mehr als alle andern, um eine ‹theologia cordis›, um eine Theologie des Herzens. So mißverständlich und widersprüchlich dieser Ausdruck sein mag, so zielt er doch auf jene Geistesgabe ihres Stifters, die zu beleben ihm wichtiger erschien als die Taufe der Vernunft.

Vielleicht erscheinen manchem Leser diese bewußt etwas überspitzten Andeutungen – mehr wollen und können diese Zeilen nicht sein – als eine ganz unpassende Abschweifung vom Thema dieses Kapitels. Doch sie sind es nicht. Nie wird man die Armut des Poverello verstehen, gleichsam nachempfinden können, wenn man den ärmlichen und verflickten Habit des Heiligen von Assisi nur mit Rührung betrachtet. Auch alle Erzählungen über seine Armutspraxis, die in unseren Augen gelegentlich etwas ganz Fremdes und Bizarres haben, helfen hier nicht. Man muß sich schon bemühen, die seelische Mitte dieses einzigartigen Mannes zu finden. Von dort aus ordnet sich freilich alles – so möchte ich meinen – fast mühelos. Alle Perspektiven verschieben sich, das Widersprüchliche wird zu tragenden Bogen, das Bizarre zur jubelnden, ganz selbstverständlichen Gewißheit. Befremdlich wäre, wenn es fehlen würde . . .

Zu dieser Mitte aber gehört unerläßlich die Art, wie Franziskus Gott erkannte, erlebte, mit ihm verkehrte, bei ihm daheim war. Wie Stroh mochte ihm daneben das rationalistische Gebaren der neuen Wissenschaften erscheinen. Erst wenn er sah, wie manche seiner Jünger – gar nicht die schlechtesten – auf ihren Wanderzügen kleine Bibliotheken wissenschaftlicher Werke in ihrem Tornister mit sich herumschleppten, weil sie anders den damals heutigen Menschen das Evangelium nicht ‹lebensnah› verkünden zu können glaubten, krampfte sein Herz sich zusammen. «Wie erbärmlich!» schrie es in ihm auf. Nein, tausendmal nein! Das war *sein* Weg nicht. Sein Weg, den Gott ihn geführt hatte, damit es der Weg für viele werde. Sein Weg, der die zerfallene Kirche wieder aufrichten sollte.

Es war, von uns aus gesehen, eine nicht zu verantwortende Armut, die Franz seine Jünger lehren wollte. Oder sagen wir vorsichtiger, eine uns unverständliche Armut, die wir seinem schlichten Gemüt zugute halten; über die wir in Lebensbeschreibungen meist rasch hinweggleiten oder die wir umfunktionieren, durch vielerlei Unterscheidungen und ‹So war es nicht gemeint›. Der gelehrte Antonius von Padua, früher spanischer Chorherr, wird dann ins Feld geführt. Noch zu Lebzeiten des Franz stieß er zu den Brüdern. Franz hatte ein eigenartig respektvolles Verhältnis zu ihm. Er hatte nichts dagegen, daß Antonius eine Professur an der Universität von Bologna annahm. Ein noch erhaltener Brief bezeugt es. Des hl. Franz Freundschaft zum hl. Dominikus bildet ein weiteres Beweisstück, obwohl wir über die Freundschaft selbst recht wenig wissen. Fast scheint es, als habe Dominikus den hl. Franz bewundert; an wenigstens einem der großen ‹Kapitel› in Assisi hatte er wie ein Beobachter teilgenommen; von ihm hat er auch das Prinzip übernommen: nicht nur der einzelne solle kein persönliches Eigentum haben, sondern auch der Orden keine Häuser besitzen. Aber inwiefern Franz Gegenrecht hielt und sein Denken und Handeln von Dominikus beeinflussen ließ, wissen wir nicht. Jedenfalls in der Armutsfrage hat Dominikus die Gedanken des Franz – soweit ich sehe – in keiner Weise beeinflußt. Man kann höchstens sagen: Sie haben sich darüber nicht ernsthaft zerstritten. Das aber erstaunt nicht, denn niemals hat Franziskus seine Ideen andern aufgedrängt oder als die in seiner Zeit einzig richtigen dargestellt. Darin unterscheidet er sich sehr von manchen Erneuerungsbewegungen unserer Tage, die ich bewundernswert finde und an denen mich nur jene Intoleranz stört, mit der sie ihren Weg als den einzigen oder zumindest als den besten verkünden. Franz tat dergleichen nie. Er hatte seinen Weg, er war überzeugt, daß ihm dieser von Gott gewiesen war; deshalb war er sehr intolerant, wenn ihm jemand diesen seinen Weg verstellen wollte; aber andere Wege war er höchst gerne bereit, daneben anzuerkennen.

Das zeigt, will mir scheinen, untrüglich, daß er seinen Weg nicht aus irgendeiner Ideologie herleitete. Ideologien sind immer intolerant; sie dulden keine konkurrierende Ideologie und können sie nicht dulden, weil deren Existenz ein Loch im System aufzeigen würde. Das Loch aber bewiese die Brüchigkeit des Systems. Franz lebte nicht aus einer Ideologie, er lebte aus einer inneren Erfahrung, die eben seine Erfahrung war, die er auch als mitteilbar erfuhr; sehr zögernd anfangs und staunend, erst allmählich jubelnd und dankerfüllt; niemals aber als die zwingend einzig mögliche Erfahrung ...

Aber kehren wir zur Frage der Armut zurück, ich meine jener Armut an Wissenschaft, die Franz von seinen Jüngern, wie es scheint, offensichtlich verlangte. Aus Afrika zurückgekehrt, erfuhr er, daß die Brüder – den Dominikanern nacheifernd – in Bologna ein Studienhaus eröffnet hatten. Er tat nichts Eiligeres, als dieses Haus aufzugeben. Den letzten Mann, selbst die Kranken, ließ er daraus entfernen. Studienhäuser, das erschien ihm als der Anfang vom Ende. Das ist ein Beispiel von vielen. Die ganze Auseinandersetzung mit dem Bruder

Elias – Elias von Cortona, wie man später sagte – ließe sich auf diese Frage zurückführen.

Ich glaube, es gibt keine andere Lösung dieses Vexierbildes als diese: Franz hatte ein Wissen um Gott aus der gelebten Erfahrung. Das hatte so starke, leuchtende Farben, daß ihm daneben das Bücherwissen blaß erschien und nicht geeignet, ihn zu bereichern. Es ergibt sich also das Paradox, daß er an Wissenschaft arm sein will, um seinen Reichtum an Wissen nicht zu verlieren. Franz erlebte Gott in allem und vor allem im Gebet. Sein Gebet war keineswegs ein Nachdenken über religiöse Fragen. Es war – soweit wir etwas darüber wissen durch die gelegentlichen zufälligen Beobachtungen nächster Gefährten – ein direktes Gespräch: Anrede, Frage, Forderung, immer äußerst konkret im Gegenstand und äußerst persönlich im Ich zum Du. Er «rang» mit Gott, so wie uns das in der Bibel vom Kampf des Jakob mit dem Engel und von Moses und von den Propheten in verschiedenartigsten Bildern erzählt wird.

Bei Antonius konnte Franz mühelos feststellen, daß dieser im letzten aus einer ganz ähnlichen Erfahrung lebte wie er selbst. Nicht aufgrund wissenschaftlicher Überlegungen hatte er sein behagliches Chorherrendasein aufgegeben, sondern ein ‹Ruf› hatte ihn gelockt, der seine ganze Person betraf, und von daher war er geprägt. Ich kenne das Leben des Antonius nur bruchstückhaft. Aber es genügt, seine Predigten einzusehen, um zu bemerken, wie die Wissenschaft bei ihm Hilfe und Mittel geblieben ist. Die tragende Kraft seiner Verkündigung war sie nicht. Und sie war es auch bei Franziskus nicht. Das erwartete und erhoffte er von seiner Gemeinde. Ich weiß, wie gefährlich ein solcher Weg sein kann, selbst wenn man wähnt, sich einzig an die Hl. Schrift zu halten, und selbst dann, wenn man sich dem Urteil der Kirche unterwirft; trotzdem ist dieser Weg in der Geschichte der Kirche nie verödet – und er wird auch nicht veröden im ‹Zeitalter der Wissenschaften›, wie wir uns heute nicht ohne berechtigten Stolz nennen. Doch davon haben wir später zu reden.

Hier stellt sich nur noch die eine Frage: Steht diese geistige Armut – wenn man sie einmal so nennen will – in einem Zusammenhang mit der Armut an irdischem Besitz und deren Grundlegung, so wie wir sie beschrieben haben, oder sind das zwei seelische Grundhaltungen, die eigentlich nichts miteinander gemein haben?

Ich möchte meinen, sie hängen zusammen. War die Wurzel der Besitzarmut die Herausforderung der Großmut Gottes und des Mitmenschen, so setzte das ein Vertrauen ohnegleichen in Gott voraus. Dieses Vertrauen aber war kein leeres Gerede, kein frommer Spruch, denn es folgte ja ein höchst konkreter Sprung in das Ungesicherte. Das Vertrauen war also keineswegs ein blindes Vertrauen, es war sehend. Was aber kann das für ein Sehen gewesen sein, wenn nicht ein Sehen Gottes? Nicht eines abstrakten, sondern eben des erfahrenen Gottes. Damit sind wir aber bei genau dem gleichen Grunderlebnis wie bei der geistigen Armut. Es sind zwei Blüten des gleichen Baumes. Sie sind nicht identisch, gewiß! Man kann sich vielleicht auch fragen, ob, wer die eine sich zu eigen macht, auch die andere in seinem Leben realisieren muß. Ich möchte die Frage bejahen, auch wenn ich wohl sehe, daß die Geschichte mir nicht recht gibt. Aber muß denn die Geschichte so stilrein sein? Ist sie nicht meistens ein Kompromiß? Und bleibt sie nicht immer ein Schrei nach der reinen Gestalt?

Franz hat einen Anfang gesetzt; es war ein Anfang der Nachfolge. Er war nicht wirkungslos in seiner Zeit; aber – es ist wahr – zur vollen Entfaltung kam er nicht. Die harten Kämpfe mit den Spiritualen zeigen es deutlich. Teils unterstützt, teils auch verfälscht von den Joachimiten mit ihren großartigen Visionen der Zukunft, wurde ein Teil der franziskanischen Armut anscheinend zu einer Kümmerpflanze. Woher wissen wir eigentlich, daß das durchaus nicht in Ordnung ist? Ein Thema kündigt sich an. Zwei Grundmelodien klingen auf. Die eine wird durchgespielt in allen Variationen. Schließlich verebbt sie; nicht um endgültig zu verklingen, vielmehr um mit Hilfe der andern, die nun anhebt, gewandelt in größerer Fülle neu zu erstehen. Das anscheinend Verkümmerte hat nun die ihm günstigen Möglichkeiten der Entfaltung erhalten. Jetzt bricht es auf. Ich frage: Ist das nicht eine Möglichkeit?

Ohne Zweifel steht, in der Dynamik der Geistesgeschichte gesehen, die Reform des Poverello von Assisi in der Umwelt der bekannten Gregorianischen Reform, die ihren Namen Papst Gregor VII. (1073–85) verdankt, in Wirklichkeit freilich bereits mit den sogenannten deutschen Päpsten, also etwa dreißig Jahre zuvor begann, in Leo IX. (1049–54) ihren ersten großen Vertreter fand, ihren deutlichen Niederschlag aber mit Innozenz III. (1198–1216), also der Zeit des Franz von Assisi erreichte. Man kann diese Reform als die Zeit ansehen, in der sich die Kirche von der Übermacht weltlicher Herrschaft befreien konnte, doch gerät man mit solch schmalspuriger Deutung in die Gefahr, die tieferen Dimensionen zu übersehen. Es ging bei dieser Reform letztlich doch darum, das Verhältnis von Kirche und Welt vom Glauben her neu zu bestimmen. Dazu gehörte auch das Verhältnis von Glaube und Wissenschaft, die Frage, die um Glaubenserfahrung und rationale Durchdringung der Glaubensdaten kreiste. Es gab in diesem Strom der Reform zweifellos Persönlichkeiten von Gewicht, die einer strikten Ablehnung der Wissenschaft das Wort redeten, wie etwa Petrus Damiani (gest. 1072). Der Unterschied zu Franz von Assisi besteht meiner Ansicht nach darin, daß diese Wissenschaftsgegner – sie nannten sich Antidialektiker – eben doch wieder ein System aus ihrem Glaubensgut zu machen versuchten, was Franz, wie wir gesehen haben, völlig fremd war. Er stand einfach unter dem schöpferischen Wirken des Geistes Gottes, der ihn die Offenbarung der Hl. Schrift unmittelbar als hier und jetzt gesprochenes Wort erleben ließ.

Es fragt sich, ob und inwiefern in der Johanneischen Reform ein ähnlicher Prozeß sich aufzeigen läßt. Es mag dabei sehr kühn erscheinen, die ein Jahrhundert überschreitende Gregorianische Reform, deren feste Ergebnisse bis in unsere Zeit reichen, mit der Johanneischen in Parallele zu setzen, die erst ein paar Jahre und noch kein Jahrzehnt umfaßt. Doch scheint es, daß durch das Zweite Vatikanum eine Entwicklung in Gang gebracht ist, deren Ende zwar nicht abzusehen ist, die aber doch auch Unwiederbringliches in ihrem Strombett mit fortführt.

In diesem Kontext ist es vielleicht nicht ohne Interesse, zu beachten, daß soeben (Mai 1969) Papst Paul VI. den fünfundsechzigjährigen französischen Kardinal Jean Villot zu seinem Staatssekretär ernannte, dessen Doktorarbeit der Reform Gregors VII. gewidmet war. Wenn man bedenkt, daß auch im Vatikanum II je länger, je mehr das Verhältnis von Kirche und Welt – sogar ein wenig gegen die Tendenz der fast allgewaltigen systematischen Theologen – in den Vordergrund rückte und zum alles überrauschenden Schlußakkord wurde, der, über sich hinausweisend, die stärkste Dynamik für die Zukunft versprach und bisher auch entfaltet hat, dann erscheint diese Nominierung eines aller Diplomatie im gewohnten Stil unkundigen und abholden Mannes zum ersten Beamten der päpstlichen Ministerien nicht ohne Bedeutung. Begreift man die Kirche in Analogie zum Staat als primär gesellschaftliche Körperschaft, dann ist Villot der denkbar schlechteste Ministerpräsident. Sein Freund und Weihbischof war bis vor kurzem der einzige ‹Arbeiterbischof› Ancel. Eine diplomatische Schulung oder Karriere hat er nicht durchgemacht, wie sie geradezu Voraussetzung zu sein scheint für diesen Posten. Man muß sich nur die Staatssekretäre der Kirche in diesem Jahrhundert ansehen, um sich davon zu überzeugen. Jede dieser neuen Persönlichkeiten brachte eine reiche diplomatische Erfahrung mit und hatte spätestens im vierten Lebensjahrzehnt diese Laufbahn eingeschlagen.

Es ist erstaunlich, daß die Weltöffentlichkeit die völlig neuartige Berufung eines Mannes wie Villot zum Staatssekretär kaum beachtete. Daß Papst Paul VI., der zögernde und sehr bedächtige, anderseits auf symbolträchtige Handlungen geradezu erpichte Mann, hier absichtslos oder (wie eine erschrekkend platte Presse schrieb) aus «Franzosenfreundschaft» und im Bestreben zu «internationalisieren» gehandelt habe, widerspricht jeder ernsthaften Analyse. Der Wahrheit näher dürfte es schon sein, wenn man vermutet, daß diese Ernennung auf ein gewandeltes Kirchenbild hinweisen soll. Was das Konzil

*Zu Bild Seite 103*

Franz sagte zu den Vögeln, die unbeweglich am Boden saßen: «Viel verdankt ihr Gott, meine Geschwister! Er ist euer Schöpfer, und überall sollt ihr ihn loben. Er gab euch die Freiheit, überall hinzufliegen, zweifache und dreifache Kleidung gab er euch... Ihr seid ihm verpflichtet, denn er hat euch die Luft zugewiesen. Ihr sät nicht und erntet nicht, und Gott ernährt euch, er gibt euch Bach und Quelle zum Trinken, Berge und Täler als Zuflucht und hohe Bäume zum Nisten; und wenn ihr auch nicht nähen und weben könnt, kleidet er euch und eure Kinder trotzdem. Er muß euch sehr lieben, da er euch so viel Gutes tut. Hütet euch also, meine Geschwister, daß ihr nicht undankbar seid, sondern Gott immerdar lobt.»

«Vogelpredigt», Fresko von Benozzo Gozzoli, um 1420–1497, in der Apsis der Franziskus-Kirche in Montefalco (heute Nationalmuseum).

*Zu den Bildseiten 104/105*

Vom Heiligen Land zurückgekehrt (Sommer 1220), ritt Franz, müde von der langen Reise, auf einem Esel; sein Begleiter, Bruder Leonardo von Assisi, ging hintendrein. Auch er war müde und dachte: «Meine Eltern und seine Eltern waren gleichen Standes – er aber reitet, ich gehe zu Fuß und führe seinen Esel!» Kaum hatte er das gedacht, stieg Franz vom Esel herunter und sagte: «Bruder, es ist nicht in Ordnung, daß ich reite, du aber zu Fuß gehst. Du bist schließlich aus vornehmerem Hause als ich.» Da bat der Bruder den seligen Franz um Verzeihung.

*Zu Bild Seite 106*

Manchmal hob Franz von der Erde ein Holzscheit auf, legte es über den linken Arm, nahm mit der Rechten einen Stecken, der ihm zum Bogen diente, strich über das Scheit, als spiele er Geige. Dazu sang er französische Lieder unseres Herrn Jesus Christus. Zuletzt brach er in Tränen aus, alles verschwamm in reiner Seligkeit. Er vergaß, was er in Händen hielt, und war zum Himmel entrückt.

Der «heilige Wald» (bosco santo) von Monteluco in der Nähe von Spoleto.

theoretisch ausgeführt hatte, sollte an weithin sichtbarer Stelle realisiert werden: Nicht der staatsähnliche Körperschaftscharakter der Kirche ist ihr primärer Charakter, sondern ihre spirituelle Note; aber auch sie nicht in spiritualistischer Trennung von der Welt, sondern in konkreter Durchdringung der Welt. ‹Dienend›, sagt man heute.

Villot hat sich schon während des Konzils als Gegner aller Fürsten- und Hofzeremonien bemerkbar gemacht. Ohne jedes Zeichen seiner bischöflichen Würde, ja sogar ohne Bischofsring bewegte er sich im Vatikan. Der Schweizergarde erschien dies derart fremd, daß sie dem also entmythologisierten Subsekretär des Konzils den Zutritt zur gemeinsamen Sitzung der Sekretäre verweigerte. Das mag äußerlich erscheinen und belanglos, ist es aber nicht, wenn man den Papst so nimmt, wie er ist. Vieles, was er nur in einem langen Weg kleiner und kleinster Schritte erreichen zu können glaubt, drückt er gern in einer umgreifenden symbolischen Gebärde aus. Ich glaube, eine solche liegt hier vor – eine Gebärde und auch ein Schritt konkreter Verwirklichung. Wir sind heute so sehr an ‹rechtlichen› Veränderungen – wir nennen sie ‹Strukturwandlungen› – interessiert, daß uns personale Veränderungen unwichtig erscheinen. Und doch, was bedeuten denn Strukturwandlungen, wenn die neuen Träger der alten Struktur entnommen sind? Was zuerst geändert werden muß, sind die Träger der Gewalten, dann die Struktur! Die vollkommenste Dienststruktur kann zur grausamsten Despotie werden, wenn sie von Despoten gehandhabt wird; aber ein Mann des Dienstes wird eine despotische Struktur erträglich machen und auch verändern, weil sie ihm, der in ihr als Despot erscheint, unerträglich ist.

Damit komme ich auf ein Konzilsthema, das mit dem Poverello von Assisi aufs innigste verflochten ist. Ich meine die Armut in der Kirche, die arme Kirche, die Kirche der Armen. Obwohl die drei Ausdrücke nicht dasselbe besagen, wurden sie doch ziemlich unterschiedslos von den Konzilsvätern gebraucht, als wären es Synonyma! Das Thema stand am Anfang des Konzils und war in aller Mund. Es zog sich dann in einer kleinen, aber weltumfassenden Gruppe von Bischöfen und

Experten zusammen, während die große Mehrheit sich in Dispute über systematische Theologie und Strukturfragen verfing, erlangte aber gegen Ende wieder Bedeutung.

Nirgends war so deutlich der Gegensatz – oder sagen wir lieber: der Unterschied – zwischen systematisierbarer und nicht systematisierbarer Reform greifbar wie in der Armutsfrage am Konzil. Selbst die Bischöfe, die von der Armutsfrage am heftigsten bewegt wurden, erfaßten nicht sogleich diesen Unterschied. Sie fanden sich zusammen in einer Konferenz, die sie die ‹kleine Ökumene› nannten – andere, Außenstehende, wie der Berichterstatter von «Le Monde», Henri Fesquet, nannten sie die ‹Katakombengruppe›. Während alle andern Gruppen entsprechend der Verschiedenheit der Interessen und Sprachen sich auf mehr oder weniger nationaler Grundlage trafen, waren hier grundsätzlich Vertreter aller Kontinente und Länder zu finden; ‹Ökumene› wurde in ihrem ursprünglichen Sinn gebraucht: ‹die ganze bewohnte Erde›.

Tatsächlich aber überwogen Mitglieder aus der dritten Welt, der südlichen Halbkugel, den Entwicklungsländern. Doch finden wir unter ihnen auch uns wohlbekannte Namen wie die Kardinäle Liénart und Gerlier (Frankreich), Léger (Kanada), Lercaro (Bologna) und auch – ehe er Papst wurde – Montini (Mailand); von den europäischen Bischöfen vor allem die Franzosen Ancel, Stourm, Boillot, Garrone – der spätere Kardinal –, Hughes, Gujot, Martin, Théas, Gouyon, Gand und Guerry, der spätere Kardinal Duval (Algier), der ‹Saharabischof› Mercier und der Belgier Himmer (Tournai). Die größte Anzahl stellten die Südamerikaner, geführt von dem unermüdlichen charismatischen Helder Pessôa Câmara, Erzbischof von Olinda e Recife, einem sehr innigen Freund Montinis, und dem Kolumbianer Botero (Medellin, wo später nach dem Papstbesuch in Bogotá die Reformgruppe der lateinamerikanischen Bischöfe den Sieg errang für die Planung der Zukunft).

Es fehlten aber auch nicht Afrikaner, wie etwa Erzbischof Zoa (Yaounde, Kamerun), Blomjous (Tanganjika). Ebenso fast die ganze Gruppe der Melchiten von den Ostbischöfen,

Maximos IV Saigh an der Spitze. Indien, China, Japan stellten wenigstens einige Vertreter.

Interessanterweise spielte in dieser Kleinen Ökumene die Frage, die offiziell das Konzil in spekulativ theologischer Hinsicht zerriß und in Progressive und Konservative spaltete, kaum eine erhebliche Rolle. So fanden sich bekannte Konservative wie der Jugoslawe Franič, der Engländer Dwyer, die Spanier Gonzales Martin Marcello (damals Bischof von Astorga, seit 1967 Erzbischof von Barcelona, der sich – obwohl nicht Katalane – die Herzen der Arbeiter eroberte durch sein mutiges Auftreten gegen jede Unterdrückung durch die Polizei) oder Gonzales Moralejo Rafael (damals Weihbischof von Valencia, seit 1967 ohne Posten wegen seiner Haltung gegenüber dem Regime) im Belgischen Kolleg ein, wo sie eifrige Verfechter der Kirche der Armen wurden. Man kann es mit Händen greifen: Im offiziellen Konzil ging es um die Reform des Systems, sei es der Theologie, sei es des Rechtes, hier um die charismatisch erfahrene oder erfahrbare Verwandlung der Lebensform- und -gestaltung. Natürlich trafen sich diese beiden Ströme in den Konsequenzen, teils mit gleichem, teils mit ungleichem Ergebnis. Das Entscheidende aber war der verschiedene Ansatzpunkt: theologische Wissenschaft oder Spiritualität.

Das will nun wieder nicht heißen, daß die Theologen von der Gruppe der Kleinen Ökumene ausgeschlossen gewesen wären. Im Gegenteil: die Armutsverteidiger bestürmten direkt oder auf dem Umweg über Studenten der Theologie die hervorragendsten Konzilstheologen aller Fakultäten. So etwa den Exegeten Lyonnet S. J., den Soziologen Häring CSSR, den Askeseprofessor Mendizabal, den Moralisten Fuchs, den Experten für Mystik, Mollat, den Pastoraltheologen Grasso, den Dogmatiker Alszéghy, den Soziologen Diez Allegria. Die Dominikaner Congar und Chenu suchten das Thema zu klären, der große Reformsoziologe Lebret arbeitete vorwiegend für Südamerika, der Belgier Houtard (später ein Freund von Camilo Torres) vertiefte sich in die Problematik der Frage und diente den Bischöfen als Berater. Im ganzen freilich blieb das

Ergebnis all dieser Anfragen und Antworten mager. Abgesehen davon, daß manche Professoren sich als ‹nicht zuständig› erklärten, von ‹terra incognita› (noch nicht erforschtem Gebiet) sprachen oder schlankweg sagten: ‹Mit unseren Fächern hat das nichts zu tun›, waren auch die Beiträge jener, die eine Antwort versuchten, eher hilflos und unbefriedigend.

Ich möchte es trotzdem nicht versäumen, einige Dokumente zum Abdruck zu bringen, die den Gedankenkreis der Armutsbischöfe ein wenig umreißen. Dabei bin ich mir einer gewissen Einseitigkeit wohl bewußt, aber die Wiedergabe auch nur aller Interventionen, die von dieser Bischofsgruppe am Konzil vorgetragen wurden, würde ein ganzes Buch füllen. Es gab sowohl in der ersten wie in der zweiten Session Zeiten, in denen täglich wenigstens ein Bischof in dieser oder jener Form, auf dieses oder jenes Gebiet bezogen (etwa die Liturgie, die Kirche, die Heiligkeit, die Ökumene, das Verhältnis zur Welt), von der Armut als Reformthema sprach. Die charismatische Art dieser Sprecher erkannte man sofort, sie unterschied sich erheblich von der Sprache der übrigen, die sich dogmatisch oder pastoral oder moralisch, exegetisch oder psychologisch oder juridisch immer an eine Wissenschaft anschlossen, während sie zumeist aus gelebter Erfahrung sprachen, höchst unkonventionell und doch äußerst konkret, aber nur schwer in eine Formel, in ein Schema zu pressen, wie es das Konzil ja schließlich tun mußte. Man könnte sagen, die Interventionen dieser Bischöfe waren für einen Konzilstext zu existentiell. Daher lösten sie bei manchen Unwillen aus, denn sie schienen den Fortgang der Arbeiten eher zu hemmen als zu fördern.

Man muß sich vorstellen, wie eine solche Konzilsdebatte vor sich ging. Nehmen wir als Beispiel die Liturgiereform. Es standen einander gegenüber die Immobilisten, die keinerlei Veränderung wünschten, und die Reformer. Auch die Reformer stammen aus liturgischen Instituten, in denen man alle Formen, welche die Liturgie in ihrer Geschichte erlebt hatte, sehr genau kannte. Schicht für Schicht, wie einer sagte, wollte man alle Übermalungen vorsichtig ablösen, um schließlich die ‹Urform› freizulegen. Man stelle sich dahinein die Armutsbischöfe vor. Sie wollten allen uns fremden Prunk der Gewänder, Gesten, Sprache, die eine Schranke errichten zwischen Priester und Volk, beseitigt wissen. Alles sollte unmittelbar den gegenwärtigen Menschen und vor allem den Armen ansprechen. Nicht den Armen von gestern, der noch in einer patriarchalischen Welt lebte und dem daher der Prunk des Hochgestellten, der glanzvolle Bau einer barocken Kirche etwa noch durchaus Ausdruck seines Lebensgefühls war, nicht anders als eine römische Basilika, sondern den Armen von heute, der sich seiner Gleichheit mit allen Menschen bewußt ist, für den es nur noch eine Frage der Zeit ist, bis er gleich gut lebt, wohnt, sich erholt, verdient wie heute der Reiche. Die Forderung, diesen Menschen lebendig und auf seiner Ebene anzusprechen, war für die Immobilisten wie für die liturgischen Institute in gleicher Weise unerhört.

Ich zitiere als Beispiel eine Intervention des argentinischen Bischofs von Reconquista, Juan Iriarte (51), aus der dritten Session (24. September 1964), als man gerade von der Reform des Hirtenamtes sprach. Er sagte:

> «Ich bitte meine Brüder, sich zur modernen Welt zu ‹bekehren›. Wir sind Feudalbischöfe, wir müssen Bischöfe des Atomzeitalters werden. Die Kennzeichen der gegenwärtigen Welt sind: Sozialisation, Urbanisation, Kulturpluralismus ... Sie verlangen in erster Linie von den Bischöfen einen neuen ‹Lebensstil›. Der Bischof muß Zeit und Mittel darauf verwenden, die Welt, in der er lebt, wirklich kennenzulernen.
>
> Er muß, um für den Dialog mit seinen Priestern, seinen Gläubigen und den Nichtkatholiken Zeit zu gewinnen, nicht mehr aufgehen in Beschäftigungen zweiter Ordnung, wie Glockenweihen und dergleichen. Er muß die Sprache der gegenwärtigen Menschen erlernen. Auch der Stil, in dem er sich ausdrückt, muß sich wandeln zu größerer Einfachheit. Seine Autorität muß anders ausgeübt werden. Er muß Priester und Laien dazu bringen, mit ihm ein Gespräch zu beginnen und Initiativen zu ergreifen. Er muß sich bewußt sein, daß er seine Auto-

rität über erwachsene Menschen, die einen wachen Sinn für ihre Verantwortlichkeit haben, ausübt.

Er muß auf die Armut besonderes Gewicht legen, nicht durch eine Geste, die einem Theatercoup gleicht, sondern indem er in der Kirche einen neuen Stil einführt. Der Bischof unserer Tage darf nichts Theatralisches an sich haben, er muß ganz einfach auftreten wie Johannes XXIII. . . .

Hier wurde der Bischof jählings vom Moderator des Konzils unterbrochen. Man habe keine Zeit, sich mit solchen unpassenden Angriffen zu befassen! Nun, wie die Rede weitergehen sollte, wissen wir aus einer Veröffentlichung Iriartes, aus der «Le Monde» ein gutes Jahr zuvor (1. Juni 1963) folgenden Auszug brachte:

«‹Selig die Armen.› Ich denke an die Armut und an die äußere Einfachheit der Kirche als Voraussetzung für die Verkündigung der Botschaft. Die Botschaft der Kirche war, ist und wird immer von Frieden, Wahrheit, Liebe, Hoffnung und dem Geist des Dienens getragen sein.

Ich denke aber auch: Wie schwer es doch für uns Armutsbischöfe der Kirche Christi im zwanzigsten Jahrhundert ist, diese Botschaft weiterzugeben, die schon an ihrem Ursprung eingetaucht war in die Armut der Menschwerdung, der Krippe und des Kreuzes, die verkündet wurde von einem Arbeiter, der nicht einmal einen Unterschlupf hatte wie die Füchse, der seinen ‹Freunden›, wie er sie nannte, die Füße wusch, der sich der schlichten Umgangssprache bediente, wenn er von der verlorenen Drachme erzählte. Eine Botschaft, die sich heute an Menschen von proletarischer Lebensstrenge richtet, von denen 65 Prozent Hunger leiden, viele in den Favellos, Slums, Wellblechstädten leben, die sich untereinander ‹Kameraden› nennen, die gewöhnt sind an die schneidende und unmittelbare Sprache ihrer Parteiführer, an die nüchtern-schnittigen Linien ihrer Wolkenkratzer und ihrer Düsenflugzeuge, an die ‹Shorts› ihrer militärischen Führer bei der Truppenschau. Wir indes, wir haben diese Botschaft zu verkünden von der marmornen Höhe unserer Altäre und unseres ‹Bischofs-Palais›, im unverständlichen Barock unserer Pontifikalämter, mit ihrem uns fremden Mitrenballett und den noch befremdlicheren Umschreibungen unserer kirchlichen Sprache. Zudem schreiten wir vor unserem Volk einher in Purpur gekleidet, fahren in einem Wagen neuesten Modells oder in einem Abteil erster Klasse, und dieses Volk redet uns an ‹Hochwürdigste Exzellenz›, es beugt vor uns das Knie und küßt den Stein in unserem Ring.

Es ist nicht leicht, sich von dieser tonnenschweren Last der Geschichte und des Herkommens zu befreien. Wehe den Simplifikateuren, die alles ganz einfach finden. Hüten wir uns, zu verdammen oder billige Lösungen vorzuschlagen! Herr, möchten wir doch in Demut, Armut, Einfalt des Herzens, im Gebet und unter dem Schutz deiner Mutter die Fülle des Lichtes und des nötigen Mutes von dir bekommen, damit die Kirche in unserem zwanzigsten Jahrhundert ihren Weg finde und das Ideal ganz einfach realisiere, das dein Diener Johannes ihr vorgestellt hat: die Kirche der Armen.»

Nein, eine solche Reform war am Konzil nicht vorgesehen. Sie hatte etwas Beunruhigendes, Erschreckendes für die meisten Bischöfe, gerade weil sie so konkret die Wirklichkeit aufzeigte! Denn wo waren die ‹Maßstäbe›, an die man sich halten konnte? Man irrte freilich sehr, wenn man glaubte, bei den Armutsbischöfen handle es sich um angeschlagene Pseudomystiker. Gewiß, manche Vorschläge der ersten Monate hatten etwas Übersteigertes an sich. Man konnte nicht verlangen, daß alle Bischöfe ihre wertvollen Kreuze mit zwei kleinen Holzbalken vertauschten und alle ihre Ringe etwa ganz aufgaben, wie die ostkirchlichen das taten oder an ihrer Stelle schmuck- und steinlose setzten. Welchen Wert hätten überdies solche Zeichen, wenn sie befohlen werden? Ein wenig Ärgernis könnte das beseitigen, gewiß. Aber eine Erneuerung der Kirche kann es doch nur auf der Basis der Freiwilligkeit und als Zeichen einer inneren Haltung bringen. Gerade Bischof Iriarte, den man in dieser Hinsicht als den wilden Mann betrachtete, hat nicht versäumt, dies anzumerken, vor den «simplificateurs» zu warnen! Aber freilich, der aufgeschreckte Moderator ließ ihn ja nicht ausreden, so sehr fürchtete er die Konfrontation mit der Wirklichkeit; und die Presse – auch das muß gesagt sein – ließ den entscheidenden Schlußabschnitt in ihrer Wiedergabe aus, ein Vorwurf, dem auch «Le Monde» nicht entgeht.

Die Parallele zu dem Auftreten des Poverello ist jedoch offenkundig. Auch dort gibt es Kardinäle, die vorschnell und ohne erst hinzuhören urteilen, und die Publizistik, die nicht in die Tiefe vordringt. Die ‹Unterscheidung der Geister› ist eben gerade den Systembeflissenen nur selten gegeben.

Es ließe sich nun eine Reihe von Bischöfen nennen, die ein einfaches Holzkreuz trugen, selbst von einem jungen deutschen Bischof (Angerhausen) vernahm man solches, andere spendeten den wertvollen Stein ihres Ringes für die Armen. Und wenn Papst Paul VI. am Ende des Konzils an alle Bischöfe einen ganz schlichten Einheitsring von geringem Wert verteilen ließ, lag diesem Geschenk ohne Zweifel der unausgesprochene Wunsch zugrunde, den Katakombenbischöfen in seiner Weise entgegenzukommen. Wie überhaupt Paul VI. von seiner Mitarbeit im Kreis der Kleinen Ökumene auch als Papst geprägt blieb.

Henri Fesquet, der Konzilsberichterstatter von «Le Monde», hat dies in einem Buch «Die Kirche der Armen» (1967) unter anderem dargelegt. Er weist auf des Papstes Hingabe seiner persönlichen Tiara für die Armen hin. Er zitiert verschiedene Reden des Papstes, darunter jene, kurz vor Beendigung des Konzils, an die italienischen Bischöfe: «Wenn der Bischof, bekleidet mit den anachronistischen Zeichen seiner Würde, erscheint und zur Nachfolge des Evangeliums aufruft, dann erregt er damit keine Bewunderung, das Volk ist vielmehr erstaunt, ja es nimmt Anstoß! Für alles, was Wir an Äußerlichem und Weltlichem aufgegeben haben, danken Wir Gott.» In seinem ersten Rundschreiben «Ecclesiam suam» (6. August 1964) schreibt er: «Wir weisen auf den *Geist der Armut* hin. Wir meinen, daß Wir ihn brauchen, um unsere Schwächen und Verwirrungen in der Vergangenheit zu begreifen und für die Zukunft zu zeigen, wie unser Leben sich gestalten muß und auf welche Weise wir die Religion Christi entsprechend verkünden können. Wir bitten euch, Brüder, um den Trost eurer Zustimmung, eures Rates, eures Beispiels. Wir erwarten, daß ihr Uns sagt, wie Hirten und Gläubige in Sprache und Verhalten zur Armut angeleitet werden sollen.» Bedenkt man, meint Fesquet, daß der Papst in diesem Rundschreiben nur auf zwei Punkte hinweist, die ihm gegenwärtig grundlegend scheinen: Armut und Liebe, dann kommt man um die Feststellung wohl nicht herum, daß er vom Weltepiskopat «nicht ganz verstanden wurde»! Das Echo blieb nämlich aus, man betrachtete diese Worte Pauls VI. offenbar als ‹frommen Zuspruch› ohne Anspruch auf Realisierung. Und wie sollte sie auch vor sich gehen?

So blieb der Papst des Rates und Beispiels seiner Kollegen im Bischofsamt beraubt. Er tat gewiß dies und das. Er nahm einer seiner Garden die veralteten Gewehre ab, er beschnitt erneut die Schleppen der Kardinäle, er nahm ihnen die bizarren roten Hüte ab ... die große Öffentlichkeit nahm kaum Notiz davon. Was sollte das auch? War jetzt der Augenblick, Modeschöpfer zu bemühen, wo die Strukturen der Kirche in Frage gestellt wurden? Der Wille des Papstes war ohne Zweifel auf ein sehr bedeutsames Ziel gerichtet. Die Kollegialität jedoch, die viel gepriesene, ließ ihn im Stich! Allein gelassen, verließ ihn der Mut. In den letzten Jahren redete er nicht mehr von der armen Kirche. Kein Wunder: Was ist schon ein Papst ohne Echo!

Kehren wir zum Konzil zurück. Wir leben in einer Zeit der Reflexion; sosehr auch die Armutsidee am Konzil einer Intuition entsprang, die Reflexion mußte hinzutreten, und zwar gerade wegen der Verständlichkeit in der gegenwärtigen Welt. Nun denn, auch das ist geschehen, wenn auch der Weg, der hier zu gehen ist, noch lange nicht an seinem Ziel angelangt ist. Lassen wir die zahlreichen theologischen Arbeiten, wie etwa die ganz ausgezeichnete der Mitarbeiter von «Christus», einer führenden Pariser Zeitschrift für Spiritualität (1967), einmal beiseite und halten wir uns enger an die eigentliche Konzilstätigkeit.

An erster Stelle ist hier die Rede Kardinal Lercaros (Bologna) am Ende der ersten Session (1962) zu nennen. Endlich hatte das Konzil, in den letzten Tagen dieser Sitzungsperiode, sein Thema gefunden: die Kirche. Kardinal Suenens hatte in großen Linien das Programm entworfen, von dem das Konzil in den drei folgenden Jahren nicht mehr abweichen sollte. Kardinal Montini hatte am folgenden Tag das Thema nach seiner theologischen Seite hin vertieft. Es war seine letzte Rede, ehe er zum Papst gewählt wurde. Dann aber erhob sich Lercaro. Bei aller Zustimmung zum Thema Kirche vermißte er die Blickrichtung, welche die Kleine Ökumene dem Konzil zu geben sich bemüht hatte. Gewiß, bei Montini war sie angeklungen, jedoch nicht als das zentrale Anliegen, sondern eher als moralisches Beiwerk zu theologisch systematischen Erwägungen. Gerade hier müßte eingesetzt werden, wenn die Armutsfrage nicht einer jener barocken Schnörkel werden sollte, an denen das Konzil immer noch reich gewesen, von denen man auch genau wußte, daß sie eine Verbeugung vor der Vergangenheit waren, ohne Dynamik für die Zukunft.

Die Rede erschütterte die Väter des Konzils, sie traf aber vor allem die Konzilsberichterstatter. Es war wie an einem Frühlingstag. Alles klagt, der Frühling wolle nicht kommen. Dunkel und matt erscheinen die Wiesen, Kälte hält noch alles gefangen, und selbst wenn die Sonne hervorbricht, stechend heiß: Frühling will es nicht werden. Da geht ein milder Regen über die Auen. Über Nacht scheint alles gewandelt – überall helles Grün. Die Menschen stoßen sich an: Schau, der Frühling ist da. Genau dies war das Erlebnis der Lercaro-Rede. Gleich aber wurde sie zugedeckt von den Abschlußfeiern der ersten Session im alten traditionellen Stil, verstaubte Herrlichkeit. Zugedeckt auch durch die düsteren Todesschatten, die sich auf Johannes XXIII. niedersenkten. Davon klapperten die Schreibmaschinen der Reporter, davon sprachen Radio und Fernsehen. Die Lercaro-Rede war nur ein kleiner Augenblick. Niemand fand Zeit, sie zu übersetzen, der Presse zu übergeben, und so geschah das Erstaunlich-Paradoxe: die Rede verhallte. Ich finde sie nur – und da schlecht übersetzt – in den Büchern von Paul Gauthier. Es lohnt sich, sie jetzt nochmals und, wie ich hoffe, in besserer Übertragung abzudrucken:

«Ehrwürdige Brüder!

Zunächst möchte ich das, was die Kardinäle Suenens und Montini ausgeführt haben, auch meinerseits unterstreichen: das Ziel des Konzils, die Ordnung und Einschränkung der vorgeschlagenen Gegenstände und vor allem die Dringlichkeit, eine Lehre über die Kirche zu erarbeiten.

Man sucht eine Lehre über die Kirche, die zu den Grundlagen vorstößt, die über juristische Abhandlungen hinausgeht, denen die bisher erarbeiteten Vorlagen zumeist verhaftet bleiben.

Das Ergebnis dieser Session scheint mir das Folgende: Zwei Monate dienstbereiter, freier und brüderlicher Arbeit und Forschung haben mit der Hilfe des Hl. Geistes uns alle zusammen zu einem besseren Verständnis davon geführt, was dieses Zweite Vatikanische Konzil den gegenwärtigen Menschen vorlegen muß, nämlich das innere Geheimnis der Kirche, die gewissermaßen das große Sakrament Christi ist, des Wortes Gottes, der sich den Menschen offenbart, unter ihnen wohnt, lebt und arbeitet.

Auf die Offenbarung dieses Geheimnisses Christi in der Kirche, das nicht nur fortdauert, dem vielmehr auch im höchsten Maß geschichtliche Aktualität zukommt, will ich ihre Aufmerksamkeit lenken. Ich sage: Das Geheimnis Christi in seiner Kirche ist immer, vor allem aber in der Gegenwart, das *Geheimnis Christi in den Armen*, denn die Kirche ist, wie der hl. Vater Johannes XXIII. sagt, gewiß die Kirche aller, vor allem aber der Armen.

I.

Als ich die Inhaltsangabe aller Vorlagen, die man uns gestern übergab, durchlas, war ich nicht wenig erstaunt und betroffen durch die folgende Lücke: alle diese Vorlagen, die man uns bisher übergeben hat oder noch übergeben will, tragen anscheinend der geschichtlichen Konjunktur, gesehen von dieser wesentlichen und ursprünglichen Offenbarung des Geheimnisses Christi, nicht klar und deutlich Rechnung. Und doch ist dieser Aspekt

› von den Propheten vorausgesagt, als Echtheitszeichen zur Bestätigung der Sendung Christi,
› durch die Geburt, Kindheit, das verborgene Leben und öffentliche Wirken Jesu offenkundig geworden...
› Er stellt das Gesetz und die Grundlage des Reiches Gottes dar...
› Er drückt aller Ausgießung des Geistes und dem Leben der Kirche, angefangen von der Apostelgemeinde bis zu den Zeiten intensiver innerer Erneuerung und äußerer Entfaltung, das ihr eigene Zeichen auf...
› Er wird seine endgültige Bestätigung finden am Ende der Zeiten bei der zweiten und glorreichen Ankunft des Gottessohnes durch Belohnung oder Strafe.

Darum sei zum Abschluß der ersten Session unseres Konzils feierlich bekannt und verkündet: Wir werden unserer Aufgabe nicht genügen, dem Plan Gottes und der Erwartung der Menschen nicht offenen Geistes entsprechen, wenn wir nicht zur Mitte unserer Arbeit in Lehre und Gesetzgebung, ja zur *Seele dieses Konzils* das Geheimnis Christi in den Armen und seine Botschaft an die Armen machen.

2.

Und in der Tat, für die gegenwärtige Lage ist die Aufgabe offenkundig, konkret, aktuell:

› Im Vergleich zu andern Zeiten wird den Armen gegenwärtig die Botschaft Christi weniger eifrig verkündigt, und ihre Herzen scheinen dem Geheimnis Christi in der Kirche ferner und fremder gegenüberzustehen.
› Dennoch beschäftigt gegenwärtig des Menschen Geist das Geheimnis der Armut, und er sucht – von beäng-

stigenden, ja dramatischen Fragen getrieben – die Lage der Armen zu erforschen, der einzelnen und auch der Völker, die im Elend leben und die doch ein neues Bewußtsein ihrer Rechte erlangt haben.

› Gegenwärtig wird die Armut der überwiegenden Mehrheit (zwei Drittel der Menschheit) verhöhnt von den unermeßlichen Reichtümern einer Minderheit, bei der die Armut von den Massen täglich mehr verabscheut wird und der fleischliche Mensch nach Reichtümern giert.

Wenn ich nun, wie das andere schon getan haben, auf das Problem der Evangelisation der Armen hinweise, dann will ich keinesfalls dem sowieso bereits an Themen allzu reichhaltigen Inhaltsverzeichnis ein weiteres Thema hinzufügen. Ich möchte vielmehr betonen:

Wir werden den echtesten und tiefsten Forderungen unserer Zeit (und zwar auch der so großen Hoffnung, daß wir die Einheit aller Christen fördern möchten) nicht gerecht, ja wir entziehen uns ihnen geradezu, wenn wir das Thema der Evangelisation der Armen wie eines neben zahlreichen andern Konzilsthemen behandeln!

Wenn die Kirche, wie schon mehrfach gesagt wurde, wirklich das Thema dieses Konzils ist, dann können wir in voller Übereinstimmung mit der ewigen Wahrheit des Evangeliums und zugleich in vollem Einklang mit der gegenwärtigen Konjunktur sagen: Das Thema dieses Konzils ist gewiß die Kirche, aber insofern sie vor allem ‹die Kirche der Armen› ist.

3.

Nachdem der Gegenstand auf diese Weise umschrieben ist, erlaube ich mir folgende Vorschläge zu machen:

a) In seinen künftigen Arbeiten möge das Konzil nicht nur einen Teil, sondern sozusagen den Hauptteil seiner Bemühungen darauf verwenden, die Lehre des Evangeliums über die heilige Armut Christi in der Kirche herauszuarbeiten: es soll den Plan Gottes, der die Armut als Zeichen und Gestalt wählte, aufzeigen. Dieses Zeichen der Gegenwart und der rettenden Macht des unter den Menschen Fleisch gewordenen Wortes ist groß, sage ich, in Christus und in der Kirche.

b) Eine ähnliche Priorität möge der Erarbeitung der evangelischen Lehre von der besonderen Würde der Armen eingeräumt werden, insofern sie bevorzugte Glieder der Kirche darstellen, weil das Wort Gottes seine Herrlichkeit mit Vorliebe in diesen Gliedern verborgen hat bis an das Ende der Zeiten.

c) Entsprechend der neuen Aufteilung aller Lehrvorlagen, die ja von vielen verlangt wurde, möge bei der Behandlung aller Themen die ontologische Verflochtenheit der Gegenwart Christi in den Armen mit den beiden andern tieferen Wirklichkeiten des Geheimnisses Christi in seiner Kirche berücksichtigt und herausgestellt werden; ich meine die Gegenwart Christi im Vollzug der Eucharistie, durch den die Kirche geeint und begründet wird, und die Gegenwart Christi in der Hierarchie, die die Kirche leitet und lehrt.

d) Ebenso möge bei Erarbeitung der Vorlagen über die Reform der kirchlichen Strukturen und Seelsorgsmethoden der geschichtliche Zusammenhang berücksichtigt und herausgestellt werden, da die aufrichtige und tatkräftige Anerkennung der besonderen Würde der Armen im Reich Gottes und in der Kirche sich immer verband mit der Fähigkeit, die Hindernisse, die Möglichkeiten und die Methoden einer Strukturreform in der Kirche richtig abzuschätzen.

4.

Dies vorausgesetzt, mag es genügen, an Stelle einer praktischen Schlußfolgerung und Bestätigung einige Beispiele zu nennen, die unsere Reformdekrete dann vervollständigen müssen, selbstverständlich mit Klugheit und Maß, aber auch kompromißlos und ohne Ängstlichkeit:

a) Die Begrenzung im Gebrauch der materiellen Güter, vor allem jener, die an und für sich die heilige Armut nur schwerlich sichtbar werden lassen, gemäß dem Wort: ‹Gold oder Geld habe ich nicht, was ich aber habe, geb ich dir gern.›

b) Der Entwurf eines neuen Stils oder neuer Umgangsformen für kirchliche Würdenträger. Sie müssen so beschaffen sein, daß sie bei den Menschen unserer Zeit kein befremdetes Erstaunen erwecken und den Armen nicht zum Ärgernis werden. Wir, die wir oft genug wirklich arm sind, dürfen nicht daherkommen, als wären wir reich.

c) Die Treue zur heiligen Armut in den religiösen Orden, nicht nur für den einzelnen, auch für die ganze Gemeinschaft.

d) Ein neues Verhalten in wirtschaftlicher Hinsicht. Schaffen wir gewisse Einrichtungen vergangener Zeiten ab, die zu nichts nütze sind und die eine freie, großzügige apostolische Arbeit nur behindern.

Zeigen wir uns gelehrig gegenüber dem Plan der göttlichen Vorsehung, bejahen und beanspruchen wir den Vorrang der Evangelisation der Armen, und es wird nicht schwer sein, mit der Hilfe des Hl. Geistes und dem Schutz der Gottesmutter Maria für alle Probleme, in Lehre und Praxis, eine glaubwürdige Methode zu finden, um das ewige und unwandelbare Evangelium Gottes ohne Abstriche, ohne Abschwächung in seiner ganzen Fülle darzustellen. Auf diese Weise werden wir auch die ganze christliche Familie leichter zu einer Einheit zusammenfügen, so wie der Vater und der Sohn eins sind. Wir werden die Herzen aller viel tiefer ansprechen, und die Hoffnung aller Menschen unserer Zeit, vor allem der Armen, wird Erfüllung finden in der Kirche Christi, der – obwohl er reich war – arm wurde, damit wir durch seine Gnade und von seiner Herrlichkeit reich würden.»

Man liest heute noch mit Staunen diese Rede. Man begreift, daß selbst ein so nüchterner, kritischer Kopf wie der französische Konzilsberichterstatter, Pater Rouquette, in seinem Kommentar der Zeitschrift «Etudes» (Paris) schreiben konnte: «Ein Wendepunkt in der Geschichte der Kirche», allerdings setzte der erfahrene Mann, der zweimal eine Professur für Geschichte der Theologie hatte, ein vorsichtiges «Vielleicht» vor seinen Ausruf. Mit Recht, denn was hat sich von diesem Plan des Bologneser Kardinals verwirklicht? Haben die Textbearbeiter der Konzilsinterventionen die vielen Bischofsreden, die von Vorlage zu Vorlage ihr Armutsanliegen vorbrachten, für die Gestaltung der Schemata verwendet? Sie haben sie meist achtlos beiseite gelegt. Und das nur deshalb, weil sie einfach nicht in die Vorlage paßten. Haben aber jene Kommissionen, welche die Vorlagen herstellten, wirklich ihr Hauptanliegen darin gesehen, die Lehre des Evangeliums über die Armut herauszuarbeiten, die ontologischen Verbindungslinien zwischen Gegenwart Christi in den Armen und Gegenwart Christi in der Eucharistie, auch Gegenwart Christi in der Hierarchie ans Licht zu stellen? Haben sie sich davon überzeugt, daß Reformversuche in der Kirche, die zu glaubwürdigen und nachhaltigen Erfolgen führten, immer mit einer Hochachtung der Armen Hand in Hand gingen, und haben sie von daher die Kriterien für die jetzt fällige Reform gesucht? Sie haben alle diese Forderungen des Kardinals nicht aufgenommen. Es fehlte auch die Zeit. Sie waren einfach überfordert, und in der Bewußtseinslage der Theologen waren solch ‹spirituelle› Erwägungen eben doch eine Randzone. Nochmals, wie in der Zeit des Franz von Assisi, siegte die Ratio über die Contemplatio, das System über die Wirklichkeit. Es siegte am Konzil das System.

Die Ausführungen Lercaros haben deutlich zwei Teile: einen biblischen und einen aktuellen. Der Kardinal sagt, diese beiden Teile ergänzten und verstärkten sich gegenseitig. Der biblische Teil zeigt auf, daß nach Gottes Offenbarung in Tat und Wort der Weg der Erlösung über ein Armwerden geht, daß ferner die Armen die von Gott besonders Bevorzugten sind und daß die Heilsbotschaft ihnen vor allem verkündet werden muß. Der zweite Teil sagt, daß dies heute in der Kirche nicht hinreichend geschehe, daß die Kirche die Reichen zu bevorzugen scheine, obwohl das Problem der Armut die gegenwärtige Welt zutiefst erschüttere. Daraus folgt ein Zweifaches: Die Kirche selbst muß als Zeichen der Erlösertat Christi ernsthaft arm werden – sie muß sich «vor allem» der Evangelisation der Armen annehmen. Weiter geht diese Rede nicht.

Das Problem jedoch reicht weiter. Lercaro sagt kein Wort darüber, ob die Kirche den Armen helfen solle, keine Armen mehr zu sein. Anders gesagt: Ist es der Auftrag der Kirche, die bestehenden Sozialstrukturen zu kritisieren und zu verändern? Das Konzil hat sich sehr entschieden in dieser Linie engagiert. Man muß nur die «Botschaft» der Konzilsväter gleich zu Beginn des Zweiten Vatikanums (1962) und aus der Pastoralkonstitution über Kirche und Welt (1965) die Kapitel über Wirtschaft, Kultur, Politik, Völkergemeinschaft lesen, um die Klammer zu sehen, die wie eine harte Schale dieses Konzil umgibt, sie heißt: ernsthafte Arbeit am Fortschritt der Menschheit zu immer größerer Menschlichkeit. Paul VI. schließlich läßt in seiner Schlußrede zum ganzen Konzil keinen Zweifel daran, daß hier die Eigenart dieses Konzils zu suchen sei: die Weltbejahung!

Man kann aber fragen, wie eine so weltbejahende Haltung sich mit der ‹armen Kirche› vereinbart. Dazu sagt Lercaro nichts, dazu sagen auch die Konzilstexte nichts. Unmittelbar und unverbunden stehen Texte der einen und der andern Haltung nebeneinander. Bald scheint es, die Kirche wolle sich mit den Armen solidarisieren, ihre Lebensform und ihr Schicksal zu dem eigenen machen, ohne Rücksicht darauf, ob sich diese Lebensform und dieses Schicksal je werde ändern können; ‹die Armen› scheinen auf dieser Erde eine feste Klasse zu sein in einem fixierten Gesellschaftsbild, das unveränderlich alle Jahrhunderte durchzieht. Bald aber wird dieses Weltbewußtsein mit einem ganz anderen, geradezu konträren vertauscht, wonach die Armen dynamisch ein zu überwindender Zustand eines Teiles der Menschheit sind. Aufgabe der Kirche ist es danach, nicht sosehr eine arme Kirche zu sein, sondern die Sache der Armen zu vertreten und dahin zu streben, daß es überhaupt keine Armen mehr gebe.

Kein Zweifel, daß diese zweite Auffassung dem modernen Lebensgefühl weit besser entspricht als die erste. Keinen Zweifel gibt es aber auch, daß dann der Sinn all der Stellen der Hl. Schrift, die von dem Armwerden als der Erscheinungsform des sich offenbarenden Gottes, angefangen von den Propheten bis hin zur Ankunft des Herrn in Herrlichkeit, völlig neu überprüft werden müssen.

Es wäre Sache des Konzils gewesen, hier ein klares, unterscheidendes Wort zu sprechen. Dieses Wort fiel nicht. Damit, vielleicht, erklärt sich tiefer der relative Mißerfolg der Armutsbischöfe. Aber man soll nicht meinen, diese Fragen seien in der Kleinen Ökumene nicht zur Sprache gekommen. Natürlich konnten sie von den Realisten, die diese Bischöfe waren, unter den Tisch gewischt werden mit dem Hinweis, daß zwei Drittel der Menschheit gegenwärtig an Hunger leide und zu den Entwicklungsländern zähle, daß dieser Zustand keineswegs vor seiner glücklichen ‹Behebung› stehe, im Gegenteil bis zum Jahre 2000 sich noch gigantisch verschlimmern werde. Aber sie konnten ebenso nicht leugnen, daß jenes feste Gesellschaftsgefüge von anscheinend ehernem Bestand heute völlig ins Wanken geraten ist. Bei den ‹entwickelten› Ländern verschwindet die Armut tatsächlich, eine Gesellschaftsschicht der Besitzlosen existiert nicht mehr, wie auch eine Gesellschaftsschicht unproduktiv Besitzender offensichtlich nicht mehr besteht. Und doch meint das Evangelium eben sie, wenn es von «Reichen» spricht. Wenn sich heute also der Gegensatz zwischen reich und arm von Gesellschaftsschichten eines Landes auf reiche und arme Kontinente oder doch jedenfalls Völker verschoben hat, kann dann die Botschaft des Evangeliums darin bestehen, daß sich der Schwerpunkt der Kirche auf die Entwicklungsländer verlagern müsse? Müssen sie die Bevorzugten in der Kirche sein? Haben wir in ihnen eine besondere Gegenwart Christi zu sehen? Vielleicht. Aber es ist keine Utopie, anzunehmen, daß eines Tages die Armut als Teil eines Strukturprinzips der menschlichen Gesellschaft überhaupt verschwindet. Wo steht dann die Kirche? Wie bringt sie die Kenosis, das ‹Sichentäußern› des Erlösungsweges, sichtbar und erfahrbar zum Ausdruck? Diese Frage konnte nicht übergangen werden.

Ich setzte zwei Antworten der Konzilszeit nebeneinander. Die eine stammt von dem für das Verhältnis von Kirche und Welt führenden Dominikaner Chenu (Paris). Aus seiner Schule stammen fast alle heute weltberühmten Dominikaner wie Congar, Schillebeeckx, Féret. Chenu ist ein großer Geist, der in weiten geschichtlichen Zeiträumen denkt; seine Bedeutung liegt aber vor allem in der spekulativen, theologisch-philosophischen Durchdringung der Dinge. Er schreibt (3. April 1963):

> «Die Armut ist sicherlich, aber sie ist nicht nur eine *Askese*. Sie hilft dem Menschen, Herr zu bleiben über die Reichtümer, die er erzeugt und verwendet. Sie ist entsprechend der traditionellen Wertskala eine sittliche Herrschaft, durch die wir der vom Geld und der Perversion individueller, beruflicher und nationaler Egoismen drohenden Entfremdung entgehen. Kurz, sie bedeutet den rechten Gebrauch der Güter, der nach Aristoteles und Marc Aurel von der Tugend der Zucht und des Maßes (temperantia) geregelt wird.
>
> Für den Christen ist die Armut sicherlich, aber sie ist nicht nur eine mehr oder weniger gesetzlich geregelte Anwendung der *evangelischen Räte*, die manchmal in einem Lebensstand (als Ordensregel) kodifiziert werden. Zweifellos verlangt es uns, sie in Vorschriften, in rechtlichen Strukturen einzuzeichnen, aber Christus ist kein ‹Moralprofessor›: er ist der Prophet der vollendeten messianischen Zeiten.
>
> Die Armut ist sicherlich (und diesmal auf einer höheren Ebene), aber sie ist auch diesmal nicht nur eine *Nachfolge Christi*. Zweifellos haben als Unterpfand der Echtheit ihres Lebens die Krippe von Bethlehem, die Werkstatt von Nazareth, das Wanderleben des Menschensohnes, der nichts hatte, wohin er sein Haupt legen konnte, das Verhalten und die Betrachtung der Christen entscheidend beeinflußt.
>
> Das alles sicherlich, aber – damit es echt und wirksam

sei – *getragen von einer Hoffnung, die zu einem Einsatz in der Geschichte führt, um allen Menschen Freiheit und Glück zu bringen.*

Dieser prophetische (heute würde man sagen: ‹kerygmatische›) Gesichtspunkt erklärt das Wehe der Evangelien gegen die Reichen und zeigt auch seine Grenzen. Deshalb ist die Armut nicht in erster Linie ein sittliches System, eine Institution, die handliche Gebrauchsanweisungen liefern könnte. Sie ist vielmehr die dauernde Infragestellung der Welt vor der messianischen Gemeinde und die dauernde Infragestellung der messianischen Gemeinde vor der Welt.

In den großen Stunden der Kirche – jetzt ist eine solche! – wird die Konfrontation beängstigend, wenn die Kirche gewahr wird, daß sie den Armen nicht mehr begegnet, die per definitionem ihre ersten Schutzbefohlenen sind. Denn das ist nicht ein ärgerlicher Zwischenfall, es ist ein wesentlicher Verlust durch die Entartung der messianischen Gemeinde zur etablierten Kirche. Welch ein Stoß für das Konzil!

Das Unternehmen ist heikel; denn bei der Infragestellung der legitimsten Sicherheiten – für die einzelnen wie für die Institutionen – entgeht die Armut nur schwer einem gewissen Anarchismus, bei dem sich falscher Spiritualismus merkwürdig mit politischer Gärung vermischt. Die Armutsbewegungen sind alle, auch in der Kirche, suspekt. Seit dem hl. Franziskus bis auf unsere Tage hat das Bewußtwerden der Rolle der Armen im messianischen Reich stets die sonderbarsten Zwiespältigkeiten hervorgerufen. Gerade dieser Prototyp jeglicher Armut, wie ihn die franziskanische Deutung des Evangeliums darstellt, kann von seinem Messianismus, auch in seinen Übersteigerungen, nicht getrennt werden.

‹Unmöglich, mit den Armen zu sein, ohne gegen die Armut zu sein› (P. Ricœur). Und so war ein Dossier der ‹Equipes enseignantes› betitelt: ‹Die Armut wird nur dem offenbar, der sie unterdrücken will.›

So wendet sich effektiv die Liebe zu den Armen – die messianische Ökonomie – zum Kampf gegen die Armut im Aufbau der Welt. Wenn es da ein Kriterium gibt, ist es also diese Liebe zu den Armen in echter Brüderlichkeit; sie wird nur durch die Gemeinschaft aufgrund ihrer Hoffnung verwirklicht, gegen jeglichen Reichtum, der absondert. Für die einzelnen wie für die Kirchengemeinschaft selbst ist es schwierig, dieses Zeugnis abzulegen; es ist das Zeugnis Christi, der auf seinen göttlichen Reichtum verzichtet, der ihn abgesondert hätte, um der Bruder aller Menschen zu werden.»

Jetzt stoßen wir schon in eine beträchtliche Tiefe vor. Die christliche Armut wird als *eschatologisches Zeugnis* gefaßt. Das zeigt eine Dimension auf, die bei Franz von Assisi in dieser Weise, das heißt als bewußte Vorwegnahme des Endzustandes der Menschheit, als Hauptmotiv seiner Armutsauffassung nicht sichtbar wird. Freilich, schon bei seinen Gefährten, die des Joachim de Fiore Schriften mit heller Begeisterung gelesen haben, ist dieser Bezug schon offensichtlich, obwohl das von dem Mönch Giovanni dei Gioacchini da Fiore (gest. 1202) auf das Jahr 1260 vorhergesagte Zeitalter des Hl. Geistes, in dem es weder Sakramente noch Priester, sondern nur noch die Liebe geben werde, noch keineswegs das in der Hl. Schrift verkündete Reich Gottes war. Aber es läßt sich nicht leugnen, daß in der Zeit des Franz von Assisi, auch ganz unabhängig von ihm, eine dynamische Auffassung von der Kirche anstelle eines bloßen Wartens auf die Wiederkunft Christi sehr viele Christen und auch hohe Prälaten ergriffen hatte. Franz von Assisi stand selbstverständlich mitten in dieser Zeit. Wie weit er etwa mit Joachimiten in Kontakt gekommen war, ist umstritten. Jedenfalls stützte er sich und seine Sendung nicht auf diese Gedankengänge.

Ein zweites Moment aus Pater Chenus Sicht der Armut soll hervorgehoben werden: die wesentlich *soziale* Note der christlichen Armut. Man ist nicht arm für sich, man liebt die Armut, weil man alle Menschen liebt. Nur durch Solidarisierung mit den Armen kann man dies zum Ausdruck bringen. Hier liegt nach Chenu der eigentliche Kern der Armut Christi; sowohl in der theologischen ‹Kenosis›, der Selbstentäußerung Gottes in der Menschwerdung, dem Annehmen der ‹Knechtsgestalt›, wie im Leben Jesu; dem Armen wird das Evangelium gepredigt, und er aß mit Sündern und Zöllnern. Daher auch die Forderung an die Kirche, eine arme Kirche zu sein. Hier gibt es gewisse Ansatzpunkte beim Heiligen von Assisi.

Das dritte endlich: Die *Solidarisierung mit den Armen,* um hier schon die Armut zu überwinden im Aufbau der Welt, ist ein Moment, das dem Poverello wohl kaum in den Sinn kam. Damit muß es keineswegs falsch oder unchristlich sein. Im Gegenteil, es kann eine durchaus legitime und sogar notwendige Fortführung franziskanischer Armut bedeuten.

Die zweite Antwort auf die Armutsproblematik gab wieder Kardinal Lercaro, diesmal in der dritten Session des Konzils (4. November 1964), bei der Debatte über die Stellung der Kirche zur Kultur. Die Konzilsintervention hatte folgenden Wortlaut:

> «Der Paragraph 22 unserer Vorlage [dem ersten und auch besten Entwurf der Pastoralkonstitution über Kirche und Welt, deren zweite Fassung erst in der letzten Session 1965 vorlag] ist gewissermaßen ein Modellfall für den ganzen Text, denn er rührt an eine hochwichtige Frage, bei der deutlicher und gleichsam in einer Synthese sichtbar wird, wie sich Kirche und Welt unterscheiden und doch eng verbunden sind.
>
> Unablässig schimmert nämlich ein sehr tiefes und schwieriges Problem durch: Warum und in welchem Sinn braucht es eine göttliche Offenbarung zum Fortschritt der menschlichen Erkenntnis, damit des Menschen Wissen ... immer menschlicher werde? Anderseits: Warum und in welchem Sinn trägt der menschliche Fortschritt – auch im profanen Wissen – zur gleichartigen Erklärung und Entfaltung der geoffenbarten Wahrheit bei?
>
> Die Bemühungen der Kommission bei Erarbeitung der Vorlage verdienen Lob. Dennoch befriedigt der Text

nicht ganz: er bleibt genau dort stehen, wo er anfangen sollte.

Wir lesen: Die Kultur sei heute für die Kirche von höchster Bedeutung; die Kirche ziehe aus der Kultur größten Nutzen. Deshalb betrachte sie unbefangen und voll Vertrauen den wissenschaftlichen, technischen, künstlerischen Fortschritt usw. Das genügt nicht! Es genügt selbst dann nicht, wenn hinzugefügt wird, die Kirche sei sehr daran interessiert, daß der kulturelle Fortschritt sich ‹richtig› entwickle, daß das harmonische Gleichgewicht der verschiedenen Kulturen gewahrt bleibe und daß der Fortschritt weder dem sogenannten integralen Humanismus (Maritain) noch einem entsprechenden Pluralismus der Kulturen widerspreche. [In diesem Sinn sprach später Papst Paul VI. in der Enzyklika ‹Populorum Progressio›.] Das alles sind Gemeinplätze, sie besagen nicht viel und reichen für eine echte Begegnung von Kirche und Kultur nicht aus. Ich sage ‹Kultur› und meine damit nicht die Kultur einer vergangenen Zeit, sondern der Gegenwart und der Zukunft. Damit die Begegnung eine echte sei, bleibe und wachse, müßten zunächst gewisse Änderungen im ganzen Bildungswesen – und daran ist die Kirche vital interessiert – analysiert und beurteilt werden. Offensichtlich sind nämlich diese Änderungen für die gegenwärtige Kultur ein Erfordernis.

## I.

Zunächst und vor allem: Die Kirche muß anerkennen, daß sie im Bereich der Kultur *arm* ist und auch nach je größerer Armut streben muß.

Nicht von materieller Armut rede ich, sondern von einer Konsequenz der evangelischen Armut im Bereich der kirchlichen Bildung. Wie beim Aufgeben von Gewohnheiten und ererbten Gütern behütet die Kirche auch hier ängstlich gewisse Reichtümer einer vergangenen Zeit; ruhmvolle gewiß, die aber mit der gegenwärtigen Vorstellungswelt nicht mehr so recht übereinstimmen (zum Beispiel: scholastische, philosophische, theologische Systeme, pädagogische und akademische Anschauungen, Studienordnungen, die auf kirchlichen Universitäten immer noch beibehalten werden, Forschungsmethoden usw.). Die Kirche muß – wenn notwendig – auf solche ‹Reichtümer› vertrauensvoll verzichten oder auf sie kein großes Gewicht legen, sich ihrer nicht rühmen und nur begrenzt sich auf sie verlassen. Denn diese Reichtümer stellen das Licht der evangelischen Botschaft nicht immer auf den Leuchter, oftmals eher unter den Scheffel; sie bilden oft sogar ein Hindernis für die Ausweitung der Kirche durch die Errungenschaften einer neuen Kultur oder durch die Schätze alter Kulturen, die außerhalb der Grenzen des Christentums erblüht sind.

Diese Reichtümer können die Universalität des Gespräches der Kirche einengen, mehr trennen als einen, mehr Menschen ausschließen als überzeugen und anziehen.

Mich verlangt gewiß nicht nach einer ärmlichen Theologie oder einer Armut der bloßen Verneinung. Auch im Bereich der Bildung gilt die Unterscheidung zwischen der evangelischen und der untermenschlichen Armut. Nicht die zweite, die erste wünsche ich; nicht Unwissenheit und Schmalspurgeister, sondern Nüchternheit und Zielstrebigkeit, Beweglichkeit des Geistes, Großzügigkeit, Wagemut (Wagemut, um neue Wege in Angriff zu nehmen, was freilich ohne Gefahr nicht geschehen kann), Keuschheit des Verstandes und Demut, worin die wahre und reichste übernatürliche Weisheit besteht, und zugleich der feine Spürsinn für Aktualität und der echte historische Realismus.

Endlich meine ich nicht einen Verzicht auf das kulturelle Erbe um des Verzichts willen, sondern einen Verzicht, durch den neue Reichtümer erworben werden sollen und durch den – wenigstens nach rein menschlichem Ermessen – eine größere Schärfe des Verstandes und größere Exaktheit erlangt werden können.

Immer hat die Kirche versichert, sie identifiziere sich oder lehre nicht mit einem System, mit einer besonderen Philosophie oder Theologie. Bis zur Stunde aber wird die daraus sich ergebende Unterscheidung mehr von Rechts wegen als tatsächlich anerkannt.

› Jetzt wäre es an der Zeit, die Kirche und ihre wesentliche Botschaft tatsächlich immer deutlicher von einem gewissen kulturellen ‹Organon› abzuheben, das viele Männer der Kirche – im Geist der Besitzenden und der Selbstgenügsamkeit – als unveränderlich und allgemeingültig allen Ernstes verfechten.

› Um sich einem echten Dialog mit der gegenwärtigen Kultur zu öffnen, muß die Kirche im Geist evangelischer Armut ihre Bildung immer beweglicher machen, sich mehr und mehr den übernatürlichen Reichtümern der Hl. Schrift und des biblischen Denkens und Redens zuwenden. Sie muß nicht fürchten, daß sie deshalb von den Menschen weniger verstanden oder sie enttäuschen werde. Die Menschen erwarten – wenn wir es recht überlegen – von der Kirche nichts anderes. So wird dann endlich die Kultur der Kirche nicht ein Rationalismus oder eine Wissenschaftsgläubigkeit weltlichen Ursprungs zu sein scheinen, vielmehr wird sie eine höchst effektive religiöse Kraft darstellen, die heute und künftig eine jede Kultur zu durchsäuern vermag.

2.

› Aus dem bisher Gesagten ergibt sich unmittelbar, daß ein neuer Kurs der kirchlichen Bildung eingeschlagen werden muß. Eine neue ‹Paideia› muß in der Kirche, vor allem in den Instituten für ihren eigenen Nachwuchs (Seminarien, Noviziaten usw.) und für wissenschaftliche Forschung eingeführt werden.

› Das berührt den innersten Kern unserer Vorlage. Wie kann man einen anhaltenden und auf die Zukunft gerichteten Dialog erwarten, wenn die Gesprächspartner von seiten der Kirche – Priester oder Laien – nach einer völlig wirklichkeitsfernen Studienordnung ausgebildet werden? Wenn sie in einer – sicher ehrwürdigen – Sprache wissenschaftlich denken sollen, die eben tot ist und keineswegs mehr eine Universalsprache darstellt, die moderne, die ganze Welt beherrschende Ideen auszudrücken vermöchte?

› Aus dem innersten Kern dieses Schemas, aus den Themen, die es sich stellt, geht hervor, daß Reformen erforderlich sind, Reformen, ohne die kein Mensch glauben wird, daß uns diese Themen [Gespräch mit der Welt!] ernst sind, ohne die auch niemand glauben wird, daß wir die echten Errungenschaften der Kultur ernsthaft begrüßen.

3.

Nochmals die Themen dieser Zeit! Sie verlangen von uns die Wiederaufnahme einer alten Tradition der Bischöfe, die Hirten und zugleich Theologen (‹Doctores›) waren. Das muß allmählich wieder das Gewöhnliche werden. Durch Jahrhunderte war die christliche Kultur größtenteils das Werk und die Frucht großer Bischöfe, die eben dadurch hervorragten, daß sie zugleich bedeutende Hirten und Lehrer waren. Aber auch nach den bedeutsamen Einrichtungen des ausgehenden Mittelalters oder der Neuzeit bleibt es wahr, daß die reinste und eigentliche Form kirchlicher Bildung nicht allein von dorther, sondern wenigstens ebensosehr von den Lehrstühlen der Bischöfe geprägt wurde, der Bischöfe, die eben ‹Theologen› waren. ‹Theologen› verstehe ich im ursprünglichen und eigentlichen Sinn, also nicht jene, die nur schulmäßig über Gott reden; man muß nämlich zur Vollgestalt der Bischöfe zurückkehren (wenigstens soweit das von uns abhängt und nicht direkt von Gott; vor allem wo es um die Auswahl der Bischöfe geht), zur vollkommenen Gestalt der Bischöfe, die Männer des Geistes sein sollen (besser noch: ‹Pneumatiker›), die mit Gott reden und aus dieser ihrer inneren Erfahrung die

> wesentlichen Erkenntnisse ihrer Leitung und ihres Lehramtes schöpfen; Männer die wirklich geeignet sind, den Stand und die Bedeutung einer Zeit, eines Volkes und seiner Kultur zu deuten . . .»

In einem vierten Teil kommt der Kardinal noch auf die Mitarbeit der Laien in theologischen Fragen zu sprechen. Er verlangt, daß man sich der Ausbildung von Laientheologen widmen müsse, denen auch in den Hauptfächern theologische Lehrstühle anzuvertrauen wären. Die Theologie dürfe kein Monopol des Klerus sein. Es sollten sogar theologische Institute gegründet werden, die ganz in den Händen von Laien wären, allerdings unter Oberaufsicht der Hierarchie. Aber in diese sollten die Kleriker zur Ausbildung geschickt werden.

In dieser Rede Lercaros wird eine abermals andere Seite der christlichen Armut aufgezeigt. Sie wird hier zwar nur auf die Kultur bezogen, ließe sich aber leicht auch auf andere Bereiche, etwa die Struktur der Kirche, übertragen. Der Kern des Gedankens ist offensichtlich dieser: Die Armut besteht im Letzten in einer sehr *geistigen Haltung*. Sie besteht darin, daß die Kirche als Trägerin der Botschaft Christi trotz aller ‹Inkarnation› sich niemals mit einer bestimmten Kulturform, die zeit- oder raumbedingt ist, identifizieren kann und darf. Sie nimmt an jeder Kulturgestalt teil. Doch sie hat gar keine Möglichkeit, sich selbst anders als in einer vor ihr schon vorhandenen Sprache auszudrücken. Sprache bedeutet dabei nicht nur Ausdruck durch Worte, Sätze, Stilformen; auch Gesten, Kleidung, Lebensstil, Gebräuche, Gewohnheiten, Sozialformen und -strukturen, Musik, Malerei, Bauweise und so fort sind ‹Sprache›, das heißt Ausdruck und Mitteilung einzelner wie ganzer Völker. Das alles ist nicht Kirche, aber Kirche muß in all dem sein. Ihre Armut besteht darin, daß sie hier nichts Eigenes neben all diesen Sprachen aufzuweisen hat, sondern ihre Botschaft in all diesen Sprachen verkünden muß. Freilich bedeutet diese Botschaft für alle Sprachen die Erfüllung, sie sagt ihnen auch ihre Begrenzung. Sie stellt alle in Frage gerade dadurch, daß sie sich auch in andern Sprachen ausdrückt, sie bedeutet darum Kritik an allen und ist doch aller einigendes Band.

Die Kirche selbst wird in Frage gestellt in dem Augenblick, da sie sich als unfähig erweist, ihre Botschaft, sich selbst – denn was anderes ist sie als eine Botschaft – in irgendeiner der menschlichen Sprachen auszudrücken. In Frage gestellt wird in diesem Augenblick, ob die Kirche ihrer wesenhaften Armut noch treu sei oder ob sie sich mit einer bestimmten Kultur (etwa der Scholastik des Mittelalters, den Formen des Barocks, der feudalistischen Gesellschaftsordnung, dem mythologischen Weltverständnis, der vortechnischen Zeit) derart verbunden habe, daß sie, diese Sprache mit ihrer Botschaft verwechselnd, an «Reichtümer» hänge, sich in sie verkrampfe, die ihr Licht – wie der Kardinal sagt – unter den Scheffel statt auf den Tisch stellen.

Es ist erstaunlich, wie sich in diesen Aussagen Kardinal Lercaro und Pater Chenu decken. Freilich erfordert die Konzeption Lercaros eine außerordentliche Hellsichtigkeit von den Christen, insbesondere von den Bischöfen, wie er ausdrücklich hervorhebt. Er sagt, sie müßten «Pneumatiker» sein. Das besagt zunächst einmal eine innere, gottgeschenkte Erfahrung. ‹Pneuma› ist der Geist Gottes oder der Geist Christi, der im Christen lebt. Im Pneuma wird sich der Christ seiner Gotteskindschaft bewußt (Röm. 8, 14), indem es in ihm zu Gott «Abba» (Vater) ruft (Gal. 4, 6), und in ihm haben die Gläubigen «den Zugang zum Vater» (Gal. 1, 18). Pneuma hängt innigst mit Prophetie zusammen, mit der aus der Erfahrung Gottes gewonnenen Deutung der Zeit. In diesem Sinne ist eben Pneuma dynamisch. Es ist eine eschatologische Gabe, jetzt schon vorhanden aber als «Erstlingsgabe» und «Angebot».

Genau hier aber ist der Punkt, wo sich die Armutsbischöfe des Konzils, deren Sprecher Lercaro war, Pater Chenu, ein Dominikaner, und Franz von Assisi treffen. Auf das Pneuma gestützt, wurde Franz der Prophet seiner Zeit. Die innere Erfahrung Gottes stellte er deutlich über die Rechtsstrukturen der anderen Orden, die man ihm immer wieder aufdrängen wollte, stellte er über das Denken systematischer Theologie, die mit der reinen Vernunft Gottes Offenbarung zu erklären sich mühte; er setzte sich über eine Welt in Waffen, über den Reichtum und das Geld, weil sie die Aggression unter den Menschen nähren – dergestalt war er der Ärmste von allen in einer Radikalität ohnegleichen.

Er entging der Schwärmerei, dem Spiritualismus trotzdem. Chenu hat durchaus recht, wenn er sagt, daß jeweils dort, wo die Rolle der Armen im messianischen Reich den Christen lebendig in die Seele fällt, fast unvermeidlich Tendenzen aufbrechen, die in einer sonderbaren Mischung von falschem Spiritualismus und politischem Engagement einem gewissen Anarchismus verfallen.

Die Parallele zu den Ereignissen unserer Tage liegt auf der Hand. Ich sage das nicht, um die Studentenunruhen, um die Sit-ins in Kirchen, um die rebellischen Besetzungen von Seminarien durch junge Geistliche, um etwa Camilo Torres und seine Freunde zu verurteilen. Sie mögen über das rechte Maß hinausgegangen sein. Aber das soll uns jetzt nicht beschäftigen. Ich sage es vielmehr, genau umgekehrt, um darauf hinzuweisen, daß diesen Strömungen eigentlich eine Armutsbewegung zugrunde liegt, und zwar letztlich eine christliche. Sie alle wollen erworbenen Besitzstand aufgeben, weil er der Anerkennung der Menschenwürde hinderlich wird, weil er den Menschen ‹manipuliert›, weil er sich der Entfaltung des Menschen ‹repressiv› entgegenstellt. Niemand sollte in Abrede stellen, daß dieses Grundgefühl fast alle gegenwärtigen Unruhen trägt. Christlich kann man diese Regungen und Explosionen insofern nennen, als eine Hoffnung in ihnen Gestalt gewinnt, die, bewußt oder unbewußt, einen endzeitlichen Zug aufweist; ich meine das Bewußtsein von einer Bestimmung oder Berufung der Menschheit zu einer Überwindung des Mangelzustandes, in dem sie sich befindet. Ein solches Bewußtsein schließt die Erwartung auf einen Überstieg des Menschen über sich selbst mit ein, die Erwartung, die dem Menschen zwar innewohnt, aber ihren Grund nur in einer unverdienten Zusage von seiten des Absoluten finden kann. Dieses sich uns zusagende Absolute nennen wir eben Gott, der sich offenbart. Ihn bejahen wir notwendig, wenn wir uns in Hoffnung mit den Armen gleichsetzen. Indem ich mich selbst in realem Einsatz meiner ganzen Person solcher Hoffnung überlasse, setze ich, christlich ausgedrückt, einen Akt des Glaubens. Anders gesagt: In der Erfahrung der Armut wird Gott erfahren.

Es ist dies eigentlich nichts anderes als des Franziskus Erlebnis. Als er auf einer Pilgerreise in Rom – nur zur Probe – seine Kleider mit einem Armen tauschte und einen Tag lang als Bettler unter Bettlern vor der Kirche tätig war, sich entrüstete über die Knausrigkeit der Reichen, sein ganzes Geld, das er bei sich trug, den Armen in einer zornigen Aufwallung hinwarf, sich selig fühlte in der neuen Gesellschaft, da erlebte er Gott, seinen Willen, den Menschen reich zu machen, seine absolute Zusage, daß er den Menschen über sich selbst hinausführen werde, seine endzeitliche Verheißung. Es war das *Erlebnis* der Eschatologie, könnte man sagen, des reichen Gottes, der seinen Reichtum mitteilen will. «Ich werde dich lehren, daß das Bittere süß ist», so hört er später Gott in sich sprechen, als er zurückschreckt, des Aussätzigen Hand zu küssen und ihm zu helfen. Worin lag die Seligkeit, worin die Süßigkeit? Nicht im Armsein als solchem, nicht im Küssen des Aussätzigen! Sondern im Vertrauen darauf, daß im Reiche Gottes Armut und Aussatz überwunden werden, also im Glauben an die absolute Zusage Gottes an den Menschen, der von seiten des Menschen die absolute Hingabe entspricht, die sich bei Franz im restlosen Armsein und in der Hilfe an Armen und Aussätzigen ausdrückt. Erst in dieser Entäußerung wird die Verheißung voll *erfahren*.

Es ist einleuchtend, daß die Schwärmerei naheliegt bei jenen, die sich solchem Erlebnis ausliefern. Es entstehen Armutsbewegungen, bei denen sich der Sinn des Ganzen verdunkelt. Die Armut wird als solche erstrebt, etwa aus Mißachtung aller stofflichen Dinge. Damit wird auf alles menschliche Streben nach Besserstellung verzichtet, es wird jeglicher Wissenschaft, jeglicher Ordnung, jeglicher Organisation, jeglicher Struktur, jeglicher Autorität und jeglicher Kultur der Abschied gegeben. Man verfällt damit der Anarchie oder der Utopie, weil der eigentliche Sinn verkannt wird.

*Zu Bild Seite 139*

Im «Sonnengesang» setzt Franz dem Farbenreichtum der Blumen beim Lob der Mutter Erde ein besonderes Denkmal. Celano erzählt, daß er dort, wo er Blumen in Gruppen beisammen fand, auch ihnen, als könnten sie es verstehen, frommen Zuspruch erteilte, und meint, «auf wundersame, andern verschlossene Weise fand er Zugang in das Geheimnis der Dinge – ein Mensch, dem die herrliche ‹Freiheit der Kinder Gottes› gegeben war». Er dachte, sah er eine einzelne Blume, an die Blume, «die aus Jesses Wurzel sproßte» (Jes. 11, 1), und er wollte, daß der Bruder, der den Garten besorgte, immer ein Beet mit Blumen bepflanze, denn – so meinte er – jedes Geschöpf ruft uns an und sagt: «Gott hat mich für dich geschaffen, Mensch», besonders aber die Blumen.

*Zu Bild Seite 140*
Franz konnte auch seine Brüder mit dem Namen von Pflanzen bedenken. Im lobenden Sinn etwa den Bruder «Wacholder», den er wegen seiner alle bezwingenden selbstlosen Liebenswürdigkeit außerordentlich schätzte: «Ich wollte, wir hätten einen ganzen Wald von ‹Wacholder› unter den Brüdern.» Aber auch umgekehrt konnte er faule Brüder «Drohne», lästige «Mücke» und widerborstige «Distel» (unser Bild) nennen. Bruder Leo nannte er «Lämmlein» Gottes, wegen seiner Sanftmut, zugleich aber «Leo», der Löwe, damit er den Ausgleich finde...

Die Gegenwart wird von dieser Art Armutsbewegung nur wenig bedroht, möchte man meinen. Denn heute richtet sich der ganze Schwung der revolutionären Bewegung eindeutig auf die Besserstellung des Menschen, auf die Anerkennung seiner Personwürde und seiner Freiheit. Man fühlt sich ‹frustriert› und möchte die Ursachen der Frustration beheben. Trotzdem lauert auch da eine Verkennung des wahren Sinnes der Armut. Man glaubt etwa eine autoritätslose und geradezu strukturlose Gesellschaft heraufbeschwören zu können. Man sucht den Menschen von jeglicher ‹Hemmung› zu entbinden. Das ist nicht nur Reaktion auf eine überstrukturierte Gesellschaft, wie sie das technische Zeitalter mit sich bringt, dem liegt auch die Tatsache zugrunde, daß sich im Bewußtsein der Menschen eine Verschiebung vollzogen hat, die man gewöhnlich als ‹mündig geworden› bezeichnet. Das hängt wieder mit der weltweit gewordenen ‹Information› zusammen. Und sie ist abermals ein Produkt der Technik und der Organisierung der Welt. Es ist also die Revolution unserer Tage keineswegs eine einfach antitechnische, wohl aber wendet sie sich gegen einen Gebrauch der Technik, der die Menschen zu manipulieren scheint, der ihrem ‹mündigen› Bewußtsein nicht entspricht. Man könnte sagen: Der Fortschritt der Wissenschaften hat durch deren praktische Anwendung das Bewußtsein der Menschen tiefgreifend verändert. Das wieder verlangt eine Umwandlung der menschlichen Strukturen. Das Konzil drückt dies so aus: «Wir sind Zeugen eines neuen Humanismus, in dem der Mensch bestimmt wird durch seine Verantwortlichkeit für seine Brüder und die Geschichte.» Das Bewußtsein einer neuen Verantwortung verlangt neue Rechte. Wir sagen gern: Jedes Recht bedeute auch eine Verantwortung. Man kann den Satz auch umkehren: Jede neue Verantwortung impliziert ein neues Recht.

So weit also ist alles in Ordnung. Aber wo liegen die Grenzen dieser Entwicklung? Welchen Maßstab legt man an? Wie entgeht man der Anarchie? Wie verhindert man die Utopie? Es gibt heute nicht wenige, die von der Notwendigkeit der Utopien reden. Ich habe junge Leute gefunden, die sich mit strahlenden Augen – sogar öffentlich – als Utopisten bezeichneten. ‹Nur die Utopie bringt die Welt voran›, sagten sie. Das ist die heutige Form von falschem Spiritualismus! Eine sehr reflektierte und nüchterne Form, denn die Leute wissen ja genau, daß weder sie noch auch spätere das erreichen können, was sie zu erstreben behaupten. Sie meinen, nur die Utopie sei fähig, die Brüchigkeit der gegenwärtigen Welt zu demaskieren. Gerade das erscheint mir aber nicht möglich, denn das Utopische ‹enthüllt› gar nichts. Es sei denn, ich schalte jene eigenartige Unterscheidung der Christen ein, wonach der Endzustand des «Reiches Gottes» zwar niemals vom Menschen aus geschaffen werden kann und eben deshalb utopisch ist für alles Streben der Menschen und für alle Dynamik der Geschichte, zugleich aber solche Utopie doch einmal zur Wirklichkeit wird, nicht zwar durch menschliches Bemühen, sondern als Geschenk eben der Zusage Gottes. Aber warum erstrebe ich sie dann? Warum erwarte ich sie nicht einfach? Ein versprochenes Geschenk kann ich erwarten, erstreben kann ich es nicht. Das war bislang die Haltung der guten Christen. Aus Rechtschaffenheit arbeiteten sie an der Welt, ohne an ihrer Verbesserung ernsthaft interessiert zu sein. Das Konzil verwirft diese Haltung. Eine einleuchtende Begründung gibt es nicht in direkten Worten.

Vielleicht aber indirekt, denn diese Zusage besagt nicht etwas völlig anderes, das mit der Entwicklung nichts zu tun hätte. Sie liegt, sosehr sie auch die Kräfte des Menschen übersteigen mag, genau in der Linie der Dynamik, in der sich diese entfalten. Wenn sie also von diesen Kräften auch nicht erreicht werden kann, so ist sie doch ihr geheimes Richtmaß oder Ziel. Aber mehr noch: Das *Geschenk,* das die Zusage bedeutet, wird ja einem geistigen Wesen gegeben und nicht einfach aufgesetzt. Dieses Wesen muß die Gabe zu schätzen wissen, als seine Vollendung ermessen können. Das wird es nur dann und in dem Ausmaß vermögen, als es sich um die Gabe bemüht hat, als es an dem Nichthaben gelitten hat. Deshalb interessiert so viele Menschen das Reich Gottes eigentlich nicht, weil sie nicht begriffen haben, daß es genau die Erfüllung ihres Strebens, im besten Sinne des Wortes besagt. Deshalb aber auch ist es unerläßlich, daß sich der Christ mit leidenschaftlicher Kraft für die dauernde Vermenschlichung der Welt einsetzt, daß er zutiefst an aller Unmenschlichkeit leidet.

Es war gewiß ein großer Fehler, daß die Christen nur allzu lange ein Leitbild des völlig leidenschaftslosen, wie sie sagten, sich selbst überwundenen Menschen entwickelten, der nicht mehr weinen und schreien kann mit den Geplagten und Zerschundenen und nicht mehr jubeln und jauchzen kann mit den Fröhlichen. Dieser verdorrte und abgestorbene Mensch ist ein sehr schlechter Empfänger für das Reich Gottes. Ich weiß nicht, ob es ihm überhaupt zuteil werden kann.

Bin ich vom Thema abgeirrt? Keineswegs. Denn das sind eben die Armen: jene Menschen, die Hunger und Durst haben nach Gerechtigkeit. Jene, die mit dem ganzen Schwung ihrer Leidenschaft sich einsetzen für die Besserstellung der Menschen, für eine je größere Gerechtigkeit.

Sollte man nicht annehmen können, daß sich die Menschheit um so mehr dem Ziel nähert, desto rascher das Tempo der Entwicklung wird? Wie ein Stein, der zu Boden fällt, sein Tempo beschleunigt, je näher er der Erde kommt, die ihn anzieht. Darf man die schwindelerregende Geschwindigkeit unserer Entwicklung in den letzten hundertfünfzig Jahren damit in Verbindung bringen?

Sicher ist das Ziel der Menschheit, obwohl ich es ein Geschenk genannt habe, doch bereits in uns tätig. Es wirkt auf uns mächtig ein, es zieht uns an, es ist in uns. Das Reich Gottes ist seit Jesus Christus schon da. Die Predigt Christi enthält nichts anderes als diese Versicherung: Das Reich Gottes ist da! Noch nicht in seiner Vollendung, noch nicht in seiner Fülle, noch nicht ‹offenbar› – aber es ist da, und es wächst. Das Konzil wird nicht müde, die Stelle aus dem Epheserbrief (4, 13) anzuführen (nicht weniger als sechzehnmal), an der Paulus von der Entwicklung «zur Reife wie bei einem vollkommenen Mann, zum Maß des Alters, in dem die Fülle Christi erreicht wird», spricht. Das Konzil versteht darunter nicht nur die Entwicklung der einzelnen, sondern der Gemeinschaft der Kirche in der Geschichte. Es geht dabei ausdrücklich, wie der folgende Vers zeigt, um ein Mündigwerden des einzelnen in der Gemeinschaft. Nun aber ist Gottes Gnade nicht nur in der Kirche, sondern in jeglichem Menschen tätig, und alle haben an Gottes Reich Anteil. Kann man also nicht das sogenannte Mündigwerden des gegenwärtigen Menschen als ein heilsgeschichtliches Moment begreifen in dem Kommen des Reiches Gottes? Das ‹Schon-Da› wird intensiver denn je erlebt auf weltweiter Ebene im kollektiven Bewußtsein der Menschheit, aber gerade dadurch auch das ‹Noch-Nicht›, das heißt die Unsumme der vorhandenen Ungerechtigkeit und Armut!

Der Augenblick ist sehr wohl vergleichbar mit dem der Zeit um 1200, da Franziskus lebte. Tatsächlich erlebt die Weltgeschichte heute wie damals einen neuen Schritt zum Mündigwerden. Der erste erfaßte nur die Christenheit, das Abendland; der gegenwärtige umschließt die ganze Welt. Der erste brachte, wie Chesterton meint, eine Befreiung der Welt von der Dämonie, der gegenwärtige eine Befreiung von sozialer Knechtschaft. Im ersten Ruck erträumten die Überschwenglichen das «Reich des Hl. Geistes», im zweiten schwärmen die Utopisten von der klassenlosen Gesellschaft und der Räterepublik. Beide Male nimmt man den Endzustand vorweg – vorschnell und unrealistisch –, aber beide Male ist man durchaus auf dem rechten Weg. Das Reich Gottes erfüllt die Herzen – der Gegenwärtigen wie der Spiritualen und all der Armutsbewegungen jener Zeit. Es rückt tatsächlich näher, greifbar, erfahrbar, und es ist nicht abwegig, den Gegenwärtigen eine reifere Auffassung zuzubilligen als denen des dreizehnten Jahrhunderts, auch wenn sie ausdrücklich von Gott sprachen und unsere Zeitgenossen ihn tot oder abwesend nennen.

Ich denke, eine solche Sicht der Geschichte hat ihre Berechtigung, obwohl dabei abgesehen wird von aller Überwucherung, ja geradezu Verkehrung, die diese Sicht bis zur Unkenntlichkeit entstellt. Es wird abgesehen von einem ersten Denkprozeß, fast wie bei einem Vexierbild. Ist aber diese Grundtendenz einmal erkannt, ordnet sich vieles von selbst. In vielem, was uns erschreckt und verwirrt, erkennen wir plötzlich Wege

Gottes, verschlungene vielleicht und verzerrte; sein Antlitz, entstellt zur Grimasse da und dort; aber eben doch seine Wege und sein Antlitz – und nicht einfachhin Grausen, wie es im ersten Anblick scheinen könnte. Dies ist wichtig und grundlegend, wenn man nun konkret sagen will, was heute geschehen soll.

Wir haben einige Elemente schon beisammen: *Negativ* müssen wir in voller innerer Freiheit, angezogen vom Endzustand des Reiches Gottes, mit einer Geste der Gelassenheit alles fallenlassen, was frühere Zeiten stabilisiert haben, uns jetzt aber hindert, einer weltweit menschenwürdigeren Ordnung näherzukommen. Das wäre ein Geschehen ähnlich dem des jungen Francesco, der seine Kleider dem Vater zu Füßen legt und nun einem neuen Leben entgegengeht. «Nun werde ich eben Gott allein zum Vater haben.» *Positiv* müssen alle Maßnahmen ergriffen werden, die es erlauben, größere Menschenwürde für alle zur Entfaltung zu bringen: etwa ein neues internationales Handelsrecht, etwa ein allgemeines, in den Grundzügen und je nach den Verhältnissen in den verschiedenen Kontinenten und Ländern zugleich in den Einzelheiten sehr verschiedenes Arbeitsrecht auszuarbeiten, wie es die Internationale Arbeitsorganisation (IAO) soeben (Juni 1969) zu konzipieren sich bemüht hat. Auch Paul VI. hat sich in dem Rundschreiben «Vom Fortschritt der Völker» um gerade dieses Programm bemüht. Dort mag man die einzelnen Richtlinien nachlesen. Nur einen Abschnitt will ich anführen, der alles zusammenfaßt:

> «Menschlich abträglich ist die materielle Not derer, denen das Existenzminimum fehlt; ist die sittliche Not derer, die vom Egoismus verstümmelt sind. Menschlich abträglich sind Zwangs*strukturen,* die im Mißbrauch des Besitzes oder der Macht, in der Ausbeutung der Arbeitnehmer, in der Ungerechtigkeit im Geschäftsverkehr ihren Grund haben. Menschenförderlich ist der Aufstieg aus dem Elend zum Besitz des Notwendigen, der Sieg über die sozialen Mißstände, die Erweiterung des Wissens, der Erwerb von Bildung. Menschenförderlich ist das Wissen um die Würde des Menschen, die Ausrich-

tung auf den Geist der Armut, die Zusammenarbeit zum allgemeinen Wohl, der Wille zum Frieden. Menschenförderlich ist die Anerkennung letzter Werte und die Anerkennung Gottes als deren Quelle und Ziel von seiten des Menschen. Menschenförderlich ist vor allem der Glaube, der als Gottes Gabe vom Menschen guten Willens freiwillig angenommen wird, und die Einheit in der Liebe Christi.»

Mir will scheinen, das Grundlegende und erste, was geschehen muß (und was in diesen Worten des Papstes auch angedeutet wird), ist das Schaffen eines *neuen Bewußtseins*. Gar nicht zu Unrecht hat der ‹Bensberger Kreis› in seiner Untersuchung zur Vietnamfrage und die Aktion ‹Dritte Welt› auf dieses Anliegen mit Nachdruck hingewiesen, und die Kritik, die diesen beiden Bewegungen widerfuhr, hat eigentlich nur bestätigt, wie recht sie hatten, wenn sie behaupten, daß das weltweite allergische Verantwortungsbewußtsein für jegliche Verletzung der Menschenrechte, wo immer sie auf der Welt geschieht, noch nicht Allgemeingut geworden ist. Wir sind uns im allgemeinen nicht bewußt, vor welchen Aufgaben wir stehen. Das Konzil hat mit seiner erwähnten Aussage, es sehe den Wandel des Bewußtseins heraufkommen, der tatsächlichen Lage vorgegriffen, es schiebt die Widerstrebenden kurzerhand beiseite.

Daß sich die Kirche selbst nun auch diesem Prozeß des Zeitumbruchs unterziehen muß, liegt auf der Hand. Alles, was heute über Strukturveränderung in der Kirche, über ihre Demokratisierung, über die veränderte Auffassung von Autorität, über das Mündigwerden der Laien, über den veränderten Ort der Priester, über ihren Verlust, ein besserer ‹Stand› zu sein, über die Priester auf Zeit, über den berufstätigen Priester gesagt, geschrieben, gefordert, in kirchenkritischen Spontankreisen beraten wird, kann nicht nur, sondern müßte sogar in die Linie der heute fälligen Armutsbewegung eingereiht werden.

Man kann gewiß heute einen bedeutenden – und viele werden sagen: entscheidenden – Unterschied zu den Zeiten des frühen Mittelalters feststellen: Damals vollzog sich die Er-

*Zu Bild Seite 149*

Vom Fenster des Domes aus dem elften Jahrhundert schaut ein träge in der Sonne liegender Hund auf die Piazza Bevagna in Assisi herunter. Nie wird man Umbrien und seine Bevölkerung verstehen, wenn man nicht auch die Gelassenheit der so temperamentvollen Italiener beachtet, die in der Kirche ein Hund ebensowenig stört wie Mütter, die Kinder an der Brust nähren. Die Wirklichkeit des ganzen Lebens, das sich nicht in rationale Einteilungen sauber aufspalten läßt, hat letzten Endes doch immer den Vorrang. So war auch Franz, trotz aller Härte in der letzten Hingabe an den alle Grenzen sprengenden Gott, doch immer menschlich und überforderte niemand.

*Zu Bild Seite 150*

«Brüder, wohin wir auch gehen, wir haben immer unsere Zelle mit uns. Der Körper ist unser Element, und unsere Seele ist die Klause, die in ihrem Element zurückbleibt, um zu Gott zu beten und über ihn nachzudenken.» Franz von Assisi

**Betrachtender Mönch im Kreuzgang der Einsiedelei von Greccio.**

neuerungswelle aus einem allgemeinen und kaum reflektierten Bewußtsein; heute beruht alles auf exakter Analyse der Soziologen und Politologen. Niemand kann sie ungestraft übergehen. Es ist Pflicht – auch der Christen –, ihren Untersuchungen Rechnung zu tragen. Wie will die Kirche wissen, auf welche Seite sie sich stellen muß, etwa im Vietnamkonflikt, ohne exakteste Analyse der geschichtlichen, wirtschaftlichen, soziologischen, politischen, kulturellen, psychologischen Faktoren in Vietnam selbst, in der Sowjetunion, in den Vereinigten Staaten und in China? Das gleiche aber gilt bei der Reform einer vielleicht kleinen und einigermaßen homogenen Diözese, ja sogar Pfarrei, wenn wirklich konkrete und effektive Maßnahmen ergriffen werden sollen.

Die Wissenschaften haben den Mystikern das Heft aus der Hand genommen. Was soll da noch eine Gestalt nach Art eines Poverello von Assisi? Sie ist Erinnerung, sie weckt vielleicht Heimweh, zukunftsweisend kann sie nicht sein ...

Ich weiß, daß heute viele so reden. Sie teilen die Menschen in Realisten und in Visionäre, Utopisten, Charismatiker. Bestenfalls geben sie zu, daß beide eine Funktion haben in unserer Gesellschaft und Kirche. Dabei kommt den Analytikern die Führung zu, sie bestimmen, was zu geschehen hat; die Charismatiker haben in diese kalten Farben etwas Wärme zu mischen, das Gemüt zu trösten, durch Träume den Schritt zu beflügeln, die Hoffnung zu nähren. Das wird ihnen gnädiglich zugestanden.

In Wahrheit ist die Aufgabenverteilung aber ganz anders. Ich wünschte mir den realistischen Charismatiker – und ich sage mit Bedacht: nicht den charismatischen Realisten. Sicher benötigen wir heute all die wissenschaftlichen Analytiker, die harten Kritiker, und es ist sehr zu beklagen, ja unverantwortlich, daß auf kirchlicher Seite diesem Grundzug unserer Zeit zu wenig oder oft auch gar keine Beachtung geschenkt wird. Mit Worten werden die Wissenschaftler zwar gepriesen, und wir versichern, daß zwischen Wissenschaft und Glauben kein Widerspruch bestehen kann, weil alles Wahre von Gott ausgeht, der alle Wahrheit in sich vereint. Mit diesem freundlichen

Gruß verabschieden wir sodann die Wissenschaften, um so zu leben, die Kirche zu strukturieren, die Seelsorge zu organisieren, die Liturgie zu gestalten, die Kinder zu unterrichten, als gäbe es die hochgelobten Wissenschaften nicht. Trotz der grundsätzlichen Richtigkeit unseres Prinzips ist unser praktisches Handeln heller Wahnsinn. Von daher kommt ein großer Teil der Vorwürfe, die Kirche sei unwahrhaftig und unglaubwürdig. Das erste ist sie eigentlich nicht, wohl aber das zweite ...

Die wissenschaftlichen Erkenntnisse, die sozialen und politischen Analysen, die technischen Errungenschaften, das sittliche Bewußtsein unserer Zeit müssen also heute von der Kirche ernst genommen werden. Erstens damit sie weiß, wo sie anzusetzen hat mit ihrer Heilsbotschaft, zweitens damit sie weiß, wie diese Errungenschaften zu handhaben sind, was mit ihrer Hilfe erreicht werden kann und was nicht.

Es ist zum Beispiel rührend, im Konzilstext über die Kommunikationsmittel zu lesen, daß sich die Kirche dieses hervorragenden Instrumentes zur Verbreitung der Wahrheit auch bedienen wolle und müsse. Darüber aber, daß dieses Instrument nicht zur Verbreitung jeglicher Wahrheit geeignet ist, daß es überdies auf die Reaktion einer pluralistischen Gesellschaft höchst feinnervig eingestellt werden muß, weil die Massenmedien nicht in einem sakralen Raum stehen, in dem eine mehr oder weniger geschlossene Gruppe angesprochen wird, darüber oder über ähnliche Fragen, die eine exakte Kenntnis dieser Instrumente voraussetzen würden, liest man in «Inter mirifica» kein Wort. Die Kenntnis ist einfach nicht vorhanden.

So wahr dies nun auch ist und so sehr wir uns in dieser Hinsicht tiefgreifend von den Zeiten des Franz von Assisi unterscheiden müssen (das kann nicht genug unterstrichen werden), so kann trotzdem darin nicht der Kern einer kirchlichen Erneuerung gesucht werden, denn sie muß ja eine christliche Erneuerung sein. Was aber das Christliche ist, kann nun wieder nicht einem Dogmatik- oder Moralhandbuch entnommen werden, das ein stets gleichbleibendes christliches oder katholisches System darstellen will. Diese Handbücher haben zweifellos ihren Wert; aber auch sie zeigen schon an, wie vieles sich je nach den Zeiten und Umständen gewandelt hat, bald von dieser, bald von jener Seite betrachtet wurde, einmal stark im Vordergrund, dann wieder kaum erwähnt und schier vergessen war, einmal mächtig anschwoll, dann wieder sich zurückbildete. Jedenfalls war es nicht eine gerade Linie der Entwicklung, in der sich das Offenbarungsgut im Bewußtsein der Kirche entfaltet hätte. Stets bestand eine sehr große Abhängigkeit von den Denkmodellen und Strukturen der Welt, von denen sich die Offenbarung nur schwer und nie in allem klar abheben ließ. So geschahen auch Irrtümer und tragische Fehler, die jahrhundertelang mitgeschleppt und als Schlußfolgerungen aus der Offenbarung dargeboten wurden.

Wo aber war das Kriterium für echte Entwicklungen? Für Entwicklungen, die entweder tiefer in die Offenbarung eindringen und bleibende Schätze heben oder die nur eine der Zeit glücklich entsprechende Form finden, sei es im Wort, sei es in den Strukturen und Methoden, und wenn sich die Zeit ändert, wieder dahinfallen oder doch dahinfallen sollten, weil das einst Förderliche zum Hindernis zu werden droht? Wo, frage ich, ist das Kriterium für echte Entwicklungen? Wir haben im Grunde nur ein Kriterium: das Wirken des Hl. Geistes. Jedenfalls wird uns in der Hl. Schrift nur dieses gegeben.

Wir stellen auch darauf ab, wenn wir beanspruchen, daß keine der Offenbarung widersprechende ‹Sätze› als Offenbarung von der Gesamtkirche geglaubt werden können. Die Aussage dieses ‹negativen› Beistandes des Hl. Geistes ist ein Versuch, gewissermaßen rechtlich Randfälle des Geistes abzugrenzen. Aber von daher läßt sich nie und nimmer die *Mitte* des Wirkens Gottes begreiflich machen. Sie muß in etwas Positivem bestehen. Das kann man freilich nicht so umgrenzt fassen, denn die christliche Wahrheit ist kein System, keine Ideologie. Unser «Heil» ist keine deduktiv aus einem System folgende Konsequenz, sondern geradezu umgekehrt das je neu uns Geschenkte. Das ist der Geist Gottes, der uns vom Herrn verheißen ist und in das ‹einführt›, was die Früheren noch nicht fassen konnten.

Nichts wäre verkehrter, als den Hl. Geist wie eine Art ‹Chefideologe› der Kirche anzusehen, der sich uns gegenüber durch den Papst äußert. Der Hl. Geist ist vielmehr eine Art ‹Anti-Ideologe›, indem er immer wieder alle Ideologien der Kirche sprengt, oft völlig unerwartet. Das ist eben jenes Wirken, auf das Lercaros zitierte Konzilsrede über die Armut zielt, wenn er von dem neuen Typ der Bischöfe spricht, deren wir heute bedürfen. Die Ideologien gehören auch zu jenen «Reichtümern», auf die die Kirche verzichten muß. Immer wieder wird sie Systeme errichten und immer wieder versucht sein, das System als geoffenbart darzustellen. Heute sagt man sogar, es gebe nur noch zwei Ideologien: die christliche und die kommunistische. Aber schon dämmert es uns, daß auf dem Weg in die Zukunft die christliche Ideologie wie ein Gewand in der Hand des Weibes· von Putiphar, wie das Linnentuch des Jünglings am Ölberg in der Hand der Soldaten, die Jesus gefangennahmen, von der Kirche genommen wird, so daß sie wie nackt entflieht. Begreiflich, daß das nicht wenige erschreckt. Und doch kann es eine Fügung des Hl. Geistes sein. Der Schatz der Kirche, der Geist Gottes will sich nicht zu Putiphar legen, und das Linnentuch, in das gewickelt die Kirche schlief, ist nicht ihr Leben; in ihrer ‹Stunde› wird sie sich der Ideologie entäußern müssen. Auch das gehört zu ihrer Kenosis, auch das ist ein Teil ihrer Armut.

Aber nochmals: Welches ist also das Kriterium der echten Erneuerung? Lercaro sagt, wir brauchen Männer des Geistes, Pneumatiker, die mit Gott reden und aus dieser ihrer inneren Erfahrung die wesentlichen Erkenntnisse der Erneuerung schöpfen. Ich kann nicht umhin, in diesem Reden mit Gott und der darin beschlossenen Erfahrung den eigentlichen Kern jeglicher Armutsbewegung und jeglicher Erneuerung zu sehen, soweit sie echt ist.

Daher mag es kommen, daß ein Pneumatiker wie Henri de Lubac, befragt, wie der Heilige der Zukunft aussehen werde, die Antwort glatt verweigert. In seinem Buch «Geheimnis aus dem wir leben» (1967) schreibt er: «Das ist etwas, was sich jeder prophetischen Schau, ebenso wie jeder natürlichen Voraussicht schlechterdings entzieht.» Und er beruft sich dabei eben auf das Wirken des Hl. Geistes, indem er Bernanos zitiert: «Die Heiligkeit ist Werk des Hl. Geistes, und dieser ist nicht jene bleiche, verschwommene, zeitlose Sonne der aufgeklärten Vernunft, mag sie sich retrospektiv oder prospektiv betätigen; er ist immer der Geist, der weht, wo er will, wann er will und wie er will. Er ist die Freiheit. Er ist die Neuheit selbst, die ewige und unfaßbare Neuheit Gottes.»

Sicher ist das richtig. Aber heißt das schon, daß sich überhaupt nichts voraussagen oder vorausahnen läßt? Besteht die «Freiheit» und die «Neuheit» des Geistwirkens darin, daß er schlechthin der Vernunft widerspricht? Ich glaube das einfachhin nicht. Was meint schließlich Johannes XXIII. mit den «Zeichen der Zeit», die das Konzil «Zeichen der Gegenwart oder der Absicht Gottes» genannt hat? Es gibt solche Zeichen. Zugegeben, um sie zu sehen, braucht es einen Glaubenssinn. Wer sie aber wahrnimmt, der kann sehr wohl die Gestalt des kommenden Heiligen in ihren Umrissen erahnen.

Man denke nur an die Zeit des Franz von Assisi. Es war gerade Papst Innozenz III., der bereits, ehe er dem Heiligen begegnete, in den verschiedensten Armutsbewegungen, die meist mit sehr menschlichen und sogar häretischen Zutaten vermengt waren, bei denen Kulturumwandlungen und politische Motive eine nicht geringe Rolle spielten, dennoch das Wirken des Hl. Geistes, dennoch die «Absicht Gottes» erkannte. Innozenz selbst war kein Heiliger, aber ein gläubiger Mensch. Er suchte den guten Kern dieser Bewegung herauszuschälen. Es gelang ihm nicht. Trotzdem verhalf ihm diese Vorbereitung, in Franz den Heiligen zu erkennen und anzuerkennen, den Heiligen, den er bereits vorher gleichsam erwartet hatte.

So, scheint es mir, kann auch heute der Glaubenssinn den Heiligen der Zukunft durchaus erwarten. Aber es muß der Glaubenssinn sein: die bloße Spekulation genügt nicht. Insofern hat de Lubac recht. Er wendet sich ja ziemlich eindeutig gegen eine öffentliche Meinungsmanipulation, bei der nicht immer klar ist, ob sie von der armen Kirche der Zukunft aus wirklicher Glaubenstiefe oder aus der bloßen Freude an der

Kritik und aus einem anarchischen Instinkt spricht. Die Unterscheidung des einen vom andern ist wahrlich nicht leicht, zumal es ja sehr wohl sein kann, daß sich beides miteinander vermischt.

Manche werden nun auf das *Lehramt* der Kirche zurückgreifen. Nicht zu Unrecht. Und doch ist auch hier vor einem übereilten Vorgehen zu warnen. Es geht nämlich nicht an, sich damit zu begnügen, das willig anzunehmen und in die Tat umzusetzen, was das Lehramt und Hirtenamt befehlen und anraten. Das wäre nicht katholisch. Man sehe sich nochmals das Beispiel des Franz von Assisi an. Es ist wahr, daß er nie etwas gegen die kirchlichen Obrigkeiten sagte oder auch tun wollte. Er suchte in aller Demut deren Billigung, selbst dort, wo er ihrer streng rechtlich gar nicht bedurfte. Insofern hat man mit Recht gesagt, daß eine Auslegung des hl. Franz als vorweggenommenen ‹protestantischen› Christen den geschichtlichen Tatsachen nicht entspreche. Dennoch lebte er sein Evangelium von diesem her! Nicht deshalb lebte er diesen evangelischen Lebensstil, weil die kirchliche Autorität ihm dies empfohlen oder befohlen hätte, sondern deshalb, weil er das Evangelium so und nicht anders lebendig erfahren hatte. Er war ein von Gottes Wort direkt Betroffener, und von da heraus entfaltete er sein Leben.

Es ist keineswegs unwichtig, dies genau zu beachten. Die kirchliche Autorität zeigte sich vorsichtig abwartend und oftmals eher ablehnend. Das hinderte ihn keineswegs. Sie hatte für ihn gewissermaßen die Funktion einer ‹norma negativa›. Sich gegen ihre Anweisungen oder ihre Lehre zu stellen, kam für ihn von vornherein nicht in Frage. Er hat fürchterliche Satzungen und Vorschriften erlassen gegen Brüder, die sich hartnäckig häretischen Ansichten zuwandten. Er war in die Kirche mit ihrer Autorität eingebettet. Aber diese Autorität hatte für ihn die Funktion, ihn zu schützen und zu bestätigen, die Impulse für seinen Weg bekam er nicht von ihr. Er bezog sie unmittelbar aus seiner Erfahrung mit Gott.

Das ist nun auch, so glaube ich, urkatholisch. Es gibt nach der Hl. Schrift verschiedene Gaben Gottes (Charismen), von denen jede in ihrer Art am Aufbau des Volkes Gottes mitwirkt. Wir haben, wenigstens praktisch, das Bewußtsein von der Notwendigkeit dieser verschiedenen Gaben in der katholischen Kirche verloren. Gewiß, wir geben noch zu, daß solche ‹außerordentlichen› Berufungen ‹hie und da› vorkommen. Und damit beruhigen wir uns, denn wir betrachten uns keineswegs als außerordentlich. Einzig das Charisma der Autorität der Kirche ist übriggeblieben. Auf dieses laden wir alle übrigen, und die Autorität vereinnahmt oft recht wohlgefällig alle diese Gaben, die wir ihr geben, aber nicht Gott ihr verlieh. Was für uns ein Schlummerkissen wird, bedeutet für sie eine Versuchung zur maßlosen Selbstüberhebung. Heute bestreitet man der kirchlichen Autorität ihre Autorität, aber man meint vielleicht nur jene andern Gaben Gottes, die der Kirche ebenso notwendig sind, die aber zu einem ‹Reichtum› der Autorität wurden, der ihr gar nicht zukommt. Sie wird sich nicht leicht tun, diesen Reichtum aufzugeben, sie wird es auch nur dann können, wenn die Charismen ‹von unten› erneut zur Entfaltung kommen.

Jeder Mensch hat wohl teil an einem solchen Charisma, einer erfahrenen Berufung zum Dienst in der Gemeinde, das er auch sich selbst vor Gott verantworten muß und das nicht nur darin besteht, die Weisungen der Kirche zu hören und zu befolgen. Das aber erst ergibt wohl jenes Volk Gottes, von dem das Konzil sprach. Die Armutsgebärde, die dabei jeder auszuführen hat, besteht im Aufgeben jener Sicherheit, die wir uns angewöhnt haben, jener Sicherheit des Wohlverhaltens – sehr klein und sehr eng, nur auf das eigene Ich bezogen – zugunsten einer inneren Erfahrung Gottes, die uns befiehlt, in Hingabe an die andern dieses und jenes zu wagen. Zitternd vernehmen wir den Ruf und möchten dem Herrn erwidern wie der Prophet: «Ah, ah, ah, nicht ich, Herr! Ich bin ja nur ein Kind, ein Kleiner und Unbedeutender!» Aber die Erfahrung Gottes drängt uns gebieterisch. Natürlich wird der Katholik nicht gegen das ausdrückliche Verbot der kirchlichen Obrigkeit reden oder handeln. Aber er wird, wenn er wirklich vom Ruf Gottes sich getroffen weiß, an die äußerste Grenze zu gehen haben in echter Kontestation, indem er seine Erfahrung der

der kirchlichen Autorität gegenüberstellt, wohl bereit, sich belehren zu lassen vom gewichtigeren Zeugnis, aber nicht bereit, sein Gewissen preiszugeben. Damit ist die Linie einer Zukunft der Kirche gezeigt. Sie liegt in einer Neubelebung der Armut, wobei Armut eine letzte Haltung des Menschen bedeutet, die sich freilich in konkreten Taten äußern muß.

Hier liegt die ganze Schwierigkeit. Unsere Zeit ist wie keine andere auf das Konkrete, auf das Effektive abgestellt. Sie will Taten sehen. Das Wort von Karl Marx, nach dem es nicht darauf ankommt, die Welt zu erkennen, sondern sie – allerdings durch die Erkenntnis – zu verändern, spielt im Bewußtsein der gegenwärtigen, zumal der jungen Menschen eine entscheidende Rolle. Wer nicht zum Handeln aufruft, und zwar ganz konkret zu Taten, hat von vornherein verspielt. Franz von Assisi war in seiner Art ein ähnlicher Mensch in ähnlicher Zeit. Er lebte die Armut ganz konkret und wurde dadurch als Reformer erfahren. Die Art, wie er das tat, ist heute nicht mehr vollziehbar. Was übrig bleibt, ist die Haltung, aus der er handelte.

Wer aber zeigt und wer macht vor, was sich konkret für heute aus dieser Haltung ergibt? Berechnen läßt sich das nicht. Das wollen viele nicht wahrhaben, die auf Berechnung und Planung all ihre Hoffnung gesetzt haben. Sie analysieren die Gegenwart, genauer: die Psyche der Massen, das Kollektivbewußtsein der Menschen, sie studieren seine Hoffnungen und Wünsche, sie errechnen das technisch Erreichbare. Dann gehen sie ans Werk der Realisierung – und scheitern. Warum scheitern sie? Weil der Mensch ein viel zu kompliziertes Wesen ist als einzelner und als Kollektiv. Weil in jedem jederzeit entgegengesetzte Kräfte am Werk sind: Das Gute, das ich tun will, tue ich tatsächlich nicht, sagt schon ein Mann wie Paulus von Tarsus – und weil ein Mensch, den ich zwingen wollte, das Gute oder Richtige zu tun, bereits ein Unmensch wäre. Mao will die Menschen zwingen, das Gute selbstlos zu tun. Das aber ist ein Widerspruch. Wenn sie ihm nicht freiwillig folgen, sind sie nicht selbstlos – und niemand kann man zwingen, etwas freiwillig zu tun. Freiwillig aber werden niemals alle das Gute und Menschenwürdige tun.

Der menschenwürdigste Staat und die menschenwürdigste Völkergemeinschaft sind jene, die danach streben, mit den geringsten Zwangs- und Machtmitteln das Maximum an selbstlosem Einsatz des einzelnen für das Kollektiv in Anwendung aller dem Menschen zur Verfügung stehenden Mittel sozialer und wirtschaftlicher Art zu erreichen. Hinsichtlich des Zwanges muß der Staat das Ziel verfolgen, sich nach Möglichkeit überflüssig zu machen.

Die Aufgabe der Kirche als Gemeinschaft der in Jesus Christus zur Freiheit Berufenen müßte darin bestehen, die jeweils erreichbare Stufe solcher Zwangsfreiheit vorzuleben in ihrem eigenen Bereich, und im unablässigen Versuch ihrer Glieder, der Welt dieses Ziel effektiv vorzuführen. Das setzt eine unerhörte Mobilität der Kirche voraus, wenn sie nicht dahin kommen will, bloß Forderungen zu stellen, die kein Mensch mehr ernst nimmt. Eine Mobilität in ihrem eigenen Kirchenbetrieb, in ihren Strukturen und ihrem Wirken; eine Mobilität aber auch in ihrem Weltsein und Handeln in der Welt.

Es ist heute zuzugeben, daß der Trend der Entwicklung in gewisser Hinsicht gerade durch die praktischen Wissenschaften auf Verminderung der Freiheit des Menschen hinzielt. Eine immer größere Planung ist unumgänglich. Die Gefahr besteht, daß der Mensch zugunsten der Allgemeinheit total verplant wird! Das Zusammenleben je größerer Menschenmassen bedingt die je größere Einordnung des einzelnen ohne eigene Entscheidungsfreiheit. Er wird manipuliert, zweifellos. Das der Wirtschaft oder der Technik immanente Gesetz scheint das zu verlangen!

Auf diesen auch in der Kirche wirksamen Trend hat Papst Paul VI. am Anfang der dritten Konzilssession hingewiesen: Die Weltweite der Kirche über alle Kontinente, die leichtere Kommunikation, der intensivere Austausch von Land zu Land, dies Erstehen einer gewissen Weltkultur würden eine Zentralisierung und Straffung verlangen, wie sie in den ersten Jahrhunderten der Kirche weder möglich noch notwendig waren.

Trotzdem bleibt die Forderung der Freiheit, der je größeren sogar, was die äußere Betätigungsmöglichkeit betrifft, und es bleibt die Notwendigkeit, den vielleicht gestern noch nötigen Zwang abzubauen, wo dazu die Möglichkeit besteht. Und sie besteht tatsächlich, wenn auch in anderer Hinsicht. So mag es notwendig sein, einheitliche internationale Wirtschaftsplanungen vorzunehmen, anderseits aber wird die Freizügigkeit im Berufswechsel stets größer. Es mag notwendig sein, vielerlei zu verstaatlichen, große einheitliche Wirtschaftsräume zu schaffen, in denen die privaten kleinen Betriebe verschwinden müssen, aber die großen Betriebe verlangen eine Teamarbeit mit einem großen Spielraum für die freie Initiative der einzelnen Fachkräfte. Der Chef, der selbstherrlich und unkontrolliert allein befiehlt, wird immer unmöglicher.

In gewissem Sinn gilt das auch von der Kirche, insofern sie eine Organisation darstellt, die von den Soziologen untersucht werden kann wie jede andere auch – und in gleicher Weise den Gesetzen des menschlichen Zusammenlebens im Rahmen des Standes der Entwicklung unterliegt. Die Kirche müßte, dank der ihr eigentümlichen evangelischen Armutshaltung, mobiler sein als alle andern sozialen Gebilde; nicht zwar in dem Sinne, daß sie an der Spitze aller exzentrischen Bewegungen steht, die rasch wieder in sich selbst zusammenfallen, wohl aber in dem Sinne, daß sie sich leichter von überholten Formen loslöst als alle andern.

Der ihr dies exemplarisch vorlebt, wäre der Heilige der Zukunft. Ich denke, es wird weniger denn bislang in der Geschichte eine einzelne Persönlichkeit als vielmehr ein Team gotterfüllter Personen sein. Damit ist nicht geleugnet, daß Heiligkeit immer ein streng personales Merkmal ist. Aber zu den personalen Eigenschaften gehört auch die Bezogenheit zu den andern, denn nur in der sozialen Dimension ist die Vollkommenheit des einzelnen möglich. Das war immer schon so. Aber diese soziale Dimension kann stärker oder schwächer greifbar sein. Franz von Assisi wollte eine Brüdergemeinde mit minimaler Bindung an ‹Obere› und an ‹Regeln›, einzig getragen von der Erfahrung Gottes und Hingabe im Dienst des Nächsten. Man sagt, er war kein Organisator, darum mußte er, als seine Gemeinschaft in die Tausende ging, scheitern. Er starb vor Gram und nahm dieses Schicksal als das Kreuz Christi an.

Vielleicht kann es aber auch sein, daß seine Zeit noch nicht reif war, um dieses sein Ziel zu realisieren. Wer sagt uns, daß unsere Zeit nicht reifer sei, das damals Unmögliche schon weit besser zu verwirklichen? So stünde erneut dieses Heiligen Gestalt auf dem Berg, in die Morgenröte einer kommenden Zeit gezeichnet, nicht als einzelner mehr, sondern als Gruppe von Menschen, nicht im Bettelsack, aber in radikaler Loslösung von allem, was mit Gewalt muß verteidigt werden, und in unerhörtem Appell an die Güte im Menschen, der Gottes Abbild ist.

# Franz, der Revolutionär

Es ist heute an der Tagesordnung, die Wörter Christ und Revolutionär, Revolution und Christentum miteinander in Beziehung zu setzen. Für manche ist das allerdings noch ein Tabu, denn es war doch lange Zeit so, daß ein Christ unmöglich ein Revolutionär sein konnte; er durfte es nicht sein im weltlichen Bereich, denn die Autorität war von Gottes Gnaden, und damit war auch die Ordnung, die sie setzte, heilig; er durfte es schon gar nicht sein im kirchlichen Bereich, denn die Kirche ist eine von Gott gestiftete Kirche. Doch machen wir uns nichts vor! Wie viele Revolutionen gab es nicht im Lauf der Geschichte – und die Kirche hat sich mit ihrem Ergebnis jeweils noch bald ausgesöhnt. Das gilt sogar von der Französischen Revolution, die doch wahrhaftig das ganze soziale und politische Gefüge grundlegend veränderte. Und in der Kirche selbst! Es ist doch kein Zweifel, daß ein Paulus oder Petrus – kämen sie heute wieder – erhebliche Mühe hätten, in der Gestalt der heutigen Kirche, in ihren Einrichtungen und ihrem Recht, ja sogar in ihren Dogmen die Kirche Christi, die sie verkündeten, wiederzuerkennen. Da ist also doch etwas geschehen, und man glaube nicht, daß dies die harmonische Entfaltung einer Knospe zur Blume gewesen wäre. Papst Johannes XXIII., immerhin ein Geschichtsprofessor, hat nur gelächelt über jene, die also denken. Die Tatsache, daß sich im sozialen oder kirchlichen Bereich etwas verändert, macht keine Revolution aus, auch wenn die Veränderung – wenigstens augenblicklich – bedeutend ist.

Was also macht den Revolutionär aus? Manche glauben, das sei eine Frage der Haltung. Die einen wollten das Bestehende in Frage stellen und verändern, die andern es erhalten. Wenn nun das letzte Konzil erklärt hat, die Kirche sei immerfort unterwegs, niemals am Ende, so nicht nur deshalb, weil sie vom Ideal immer wieder abfällt und sich also stets zum Ideal zurückbekehren, reformieren muß – was sicher zutrifft –, sondern auch deshalb, weil der Lauf der Geschichte immer weitergeht, weil sich die Welt immerfort ändert, auf sozialem, wirtschaftlichem, wissenschaftlichem Gebiet. Darum muß sich die Gestalt der Kirche, die ja in der Welt steht und mit der Welt lebt, ebenfalls in Sprache und Gestalt unablässig ändern, ohne deshalb ihre Identität aufzugeben oder die ihr anvertraute Wahrheit. Wenn das letzte Konzil dies deutlicher als jedes frühere herausgestellt hat, dann sehen hier manche ein Bekenntnis zur permanenten Revolution. Und sie schreiben Bücher über die ‹Theologie der Revolution›. Sie analysieren die Haltung Christi, der gegen die etablierte Haltung der jüdischen Kirchenbehörde angegangen ist, mit sehr harten Worten. Sie legen sogar das Pauluswort «Gleicht euch der Welt an» in diesem Sinne aus, denn die «Welt» wird ihnen zum Inbegriff des Willens zur Beharrung in der festgelegten unveränderlichen Ordnung. Über den Umweg der politischen Theologie, nach der die Kirche – nicht bloß der Christ – aktiv in die Staatsordnung durch freimütige Kritik und öffentlichen Protest oder auch Widerstand eingreifen muß, fordern sie auch im weltlichen Bereich für die Kirche eine permanent revolutionäre Haltung. Sie ergibt sich aus der eschatologischen Haltung, die dem Christentum eignet.

Wenn tatsächlich Revolution dasselbe ist wie das unablässige Infragestellen, das Bewußtsein, in Zelten zu leben, die jederzeitige Bereitschaft ausdrücken, zu wandern, dann haben sie recht. Aber ist das der Sinn von Revolution?

Mir will scheinen, ‹revolutionär› kann eine solche Haltung nur dann genannt werden, wenn sie auf eine Situation trifft, in der jegliche Veränderung der einmal bestehenden Ordnung von den Inhabern der Macht abgelehnt wird. Wo aber gibt es eine solche Situation? Grundsätzlich wohl nirgends. Tatsächlich ist das Problem anderer Natur. Ich denke etwa an die Lage innerhalb der katholischen Kirche. Hier leugnet niemand, daß es nichts gibt, was absolut unveränderlich wäre. Kein Ritus in der Liturgie, keine Struktur, kein Satz im Kirchenrecht, kein Dogma ist in seiner Formulierung unüberholbar das letzte Wort. Wer das leugnet, wäre gewiß kein Christ, er wäre ein Magier. Tatsächlich aber gibt es nicht wenige, die an bestimmten, unabänderlichen Formen die Identität der Kirche Christi glauben feststellen zu müssen. Anderes freilich anerkennen sie als veränderlich, aber selbst da wollen sie behutsam zu Werk gehen. Sie reden von Evolution und lehnen die Revolution ab.

Die Revolution, so sagen sie, *zerstört* die bisherigen Formen. Das ist ihre erste und eigentliche Tätigkeit. Nachher – weil der Mensch ohne Formen nicht leben kann – werden neue Formen anstelle der alten gesetzt. Aber das ist nicht mehr Revolution, sondern bereits neue Verfestigung. Evolution hingegen läßt das Vorhandene in einer besseren, zukünftigen Gestalt aufgehen, ohne die Werte des Früheren zu zerstören. So etwa erscheint die Auffassung von der Entwicklung des Kosmos bis zum Menschen und über den Menschen hinaus, wie sie Teilhard de Chardin darstellt, durchaus als eine Evolution. Teilhard – man mag seine Thesen annehmen oder ablehnen – ist auf keinen Fall ein Revolutionär. Auch dann nicht, wenn er die Thesen der Anti-Evolutionisten zerschlägt, denn er zerschlägt sie dadurch, daß er etwas anderes an ihre Stelle setzt. Kopernikus oder Galilei waren in diesem Sinne keineswegs Revolutionäre der Naturwissenschaft. Kopernikus blieb Naturwissenschaftler. Galilei schritt darüber hinaus, indem er Folgerungen für den religiösen Bereich zog und eine etablierte Schriftauslegung zertrümmerte, ohne eine bessere an ihre Stelle zu setzen. Galilei war in religiöser Sicht ein Revolutionär. Erst Spätere haben zu einer besseren Schrifterklärung gefunden. Freilich wollte Galilei kein Revolutionär sein, und von daher erklären sich seine Widerrufe und seine Tragik, die so oft verzeichnet werden. Bei Jesus Christus sogar muß man sagen, daß er dem Alten Bund und dem jüdischen Gesetz gegenüber keineswegs als Revolutionär auftrat. Er wollte es «erfüllen». Damit fällt freilich vieles hinweg, wie etwa der Tempel, viele äußere Vorschriften, die Beschneidung und so fort. Für jene, die all diese Dinge nicht als Vorbereitung, als Wegweiser anerkennen, sondern darauf praktisch sitzenbleiben wollten, war Jesus – bereits der historische – ein Revolutionär. Er starb darum als Revolutionär. Im Grunde aber erfüllte er den dynamischen, evolutionären Plan Gottes. Er betrachtete sich nicht als Revolutionär.

Oder ist es das Kennzeichen der Revolution, daß sie rasch, mehr oder weniger sprunghaft vor sich geht? Eine plötzliche und doch tiefgreifende Veränderung? Dies oder jenes Erlebnis hat mein Leben revolutioniert, sagen wir. Das will bedeuten, mit einem Schlag sind meine Lebensgewohnheiten andere geworden, mein Urteil über die Handlungen anderer hat sich zugleich verändert, eine neue Wertskala hat mein ganzes Denken gewandelt. In einem solchen Fall bin nicht eigentlich ich der Revolutionär, sondern die Revolution ist an mir geschehen. Auch im sozialen Bereich kann sich solches ereignen. So sprechen wir von der ‹technischen Revolution›. Wohl ist es der Mensch, der die Technik gefunden und eingesetzt hat – daß aber dadurch sein ganzes Denken verändert wurde, daß sich damit sein Menschenbild wandelte, daß er sich nicht mehr in die Natur und den Kosmos eingebettet erlebte, daß sein Bewußtsein ein völlig anderes, er selbst zum Maß aller Dinge wurde, das war zunächst gewiß nicht ein Plan des Menschen. Wohin die ‹technische Revolution› uns noch führt, ermessen wir heute noch nicht. Wir stellen, zunächst jedenfalls, nur fest. Es ist etwas an uns selbst geschehen, wir sind andere geworden. Wir haben eine Revolution erlitten, viel mehr, als daß wir sie gemacht hätten.

Was ich hier von der ‹technischen Revolution› sage, gilt weit mehr von dem, was man die *christliche* Revolution nennen könnte. Ihre Ursache ist nicht eine Erfindung oder ein Plan des Menschen, sondern Gottes Handeln an den Menschen, sein konkretes Ja zu den Menschen, gesprochen in Jesus Christus. Ist es eine sprunghafte Tat, die grundlegend die Welt verändert? Sprunghaft insofern, als dieser eine Mensch, Jesus von Nazareth, in einem bestimmten Augenblick der Geschichte, historisch nachweisbar, auftaucht. Er hat damit – historisch nicht eindeutig nachweisbar – sämtliche Menschen vor und nach ihm innerlich umgeformt, ja *allem Geschaffenen eine Ausrichtung auf das Reich Gottes eingepflanzt*. Das ist eine Revolution, die nur im Glauben rein erkennbar ist, die in der Geschichte sich zwar auswirkt, nie eindeutig, nie unbedingt zwingend, aber immer vorhanden, immer auch das menschliche Handeln beeinflussend, durchdringend, drängend verändernd, den einzelnen wie die Strukturen der Gesellschaft, wie ein nicht zu sättigender Hunger, wie eine Utopie, die doch angestrebt werden muß, eine permanente Revolution, ein im Relativen verborgenes Absolutes. Wird das noch zu Recht Revolution genannt?

Eine ‹Ausrichtung auf das Reich Gottes› – sichtbare und greifbare Gestalt gewinnend in den immer neuen Veränderungen der politischen und sozialen Strukturen, insofern sie auf größere Vermenschlichung abzielen, auf je größere Selbstbestimmung, Freiheit eines jeden, besser: aller, ohne Ausnahme, aufgrund ihrer Menschenwürde, die letzten Endes doch nie aus Eigenem ihre Fülle erreichen kann, die ihr dann doch geschenkt werden ‹muß›. Die Auswirkung der Tat Gottes in Christus ist also irgendwie bei allen Revolutionen ‹dabei› – von den rein negativen, zerstörerischen abgesehen, wenn es sie überhaupt gibt. Jenes Existential – es färbt unser ganzes Dasein ein – ist der bewußte oder unbewußte Schrei nach dem Reich Gottes. Keiner kann sich ihm entziehen. Ohne Zweifel: Bei Revolutionen wird er deutlicher sichtbar, wird er erlebbar, man spürt den Zug des Wassers, eines Stromes, der gewaltiger ist als nur das unmittelbare Anliegen der gegenwärtigen, lokalen Revolutionen, sie aber doch mit umgreift.

Ist also Christentum Revolution? Das Thema ist in der revolutionsgesättigten Luft unserer Tage hochaktuell und wird wohl noch brisanter werden. In solcher Lage sind Einseitigkeiten unvermeidlich: sie *müssen* sein, denn der griechische, ausgewogene Humanismus des vollendeten Gleichgewichts, der allseitigen Ausgeglichenheit wäre Verrat am konkreten Menschen, der seiner Verzerrung nur durch einseitigen Gegenzug entrinnen kann. Ohne Sünde wäre Christi Kreuz Sünde. ‹An sich› ist es Einseitigkeit und Verzerrung. Ähnliches gilt bei der Entwicklung, auch abgesehen von der Sünde. Wer in die Linie der Entwicklung, in die Dynamik der Geschichte hineingestellt ist, darf nie bestrebt sein, Gleichgewicht und Ausgeglichenheit zu bewahren. Das ist wohl der entscheidende Unterschied des ‹neuen› zum klassischen Humanismus. Dadurch hat auch das Wort Revolution seinen Stellenwert verändert. Ob Paul VI. das wohl bedacht hat?

Trotzdem: Revolution im strengen Sinne des Wortes ist dem Bereich des *Politischen* zugehörig. Vom Politischen aber läßt sich Jesus Christus nicht vereinnahmen. Daß er selbst sich von jeder politischen Tätigkeit sorgfältig fernhielt, obwohl zu einer solchen aller Anlaß bestand, läßt sich gewiß nicht leugnen. Freilich könnte man einwenden, daß gerade die konkrete Situation, in der er sich befand, ein politisches Engagement verhindert haben könnte. Er hätte sich damit in eine bereits vorhandene politische Formation eingereiht, deren Geist er gerade nicht wünschte. Er mußte sich von ihr distanzieren. Damit ist nicht gesagt, daß die von ihm eingenommene Haltung, die ohne Zweifel wesentlich sozial geprägt war, nicht notwendige Konsequenzen auch auf politische Strukturen in sich schloß. Wohl aber ergibt sich daraus, daß Jesu Botschaft kein unmittelbares Eingreifen in politische Lebensformen bedeutet. Sie setzt tiefer an: sie ändert nicht zuerst die Struktur und dadurch – mittelbar – die Haltung des Menschen, sondern genau umgekehrt: zuerst den Menschen und dadurch – mittelbar – auch die soziale und politische Struktur.

Sowohl Kirchenstaat wie Staatskirchentum erwiesen sich damit als unbrauchbare Modelle für die Realisierung christlicher Botschaft, aber es bleibt die – je nach der konkret gegebenen Situation – stärker oder schwächer zu akzentuierende Pflicht der christlichen Gemeinschaft, jede Staatsform zu werten nach ihrer Brauchbarkeit, Ausdruck christlicher Haltung zu sein. Je nach den Möglichkeiten der konkreten Situation, je nach dem Stand des Bewußtseins der hier und jetzt vorgegebenen Menschen, des Standes von Wissenschaft und Technik und alles dessen, was der Menschen Zusammenleben beeinflußt und bedingt, wird hier die Kritik aus dem Glauben an den

Strukturen des Staates und der Gesellschaft anders sein müssen. In Zeiten, in denen Revolutionen gleichsam in der Luft liegen – man denke etwa heute an die Verhältnisse in Südamerika –, kann solche Kritik zu einer Pflicht werden, unzweideutig und hart zu reden, ja die Gemeinschaft mit denen aufzusagen, die durch ihre politische Macht grundlegende Veränderungen rasch vollziehen, also eine Revolution durchführen könnten – und es doch nicht tun.

In diesem Sinne haben südamerikanische Bischöfe, die Regierungshäupter, Polizeichefs, Innenminister exkommunizieren, das heißt aus der Gemeinschaft der Kirche ausschließen, vollauf recht. Sie tun nur ihre Pflicht. Freilich, soweit ich sehen kann, haben sie bisher zu solchen Maßnahmen nur dann gegriffen, wenn Geistliche, die für soziale Reformen kämpften, eingekerkert, gefoltert, des Landes verwiesen wurden, also die Staatsgewalt die nach der Verfassung der Kirche zustehenden Rechte verletzte.

Ähnliches geschah in den letzten Jahren – wenigstens vereinzelt – in Spanien. Ich glaube nicht, daß diese Selbstbeschränkung genügt. Nicht erst, wenn die Kirche in ihren verbrieften Rechten angegriffen wird, hat sie zu protestieren; überall dort, wo eine Reform der Strukturen eine offensichtliche Notwendigkeit darstellt, überall dort, wo die Menschenwürde der Christen oder der Nichtchristen deutlich und schmählich verletzt wird, hat die Kirche als das Zeichen Christi in dieser Welt sich auf die Seite der Unterdrückten und Gedemütigten zu stellen und jedem, der dies nicht tut, die Gemeinschaft aufzusagen. Nur allzu zögernd ist dies auch zur Zeit des Nationalsozialismus geschehen: solange die Kirche selbst nicht angegriffen wurde, schwieg sie nur zu häufig oder flüchtete in so unverbindlich-prinzipielle Aussagen, daß die konkrete Situation davon kaum ernstlich berührt wurde.

Freilich gleitet damit, fast zwangsläufig, die Kirche auf das Gebiet der Weltgestaltung im positiven Sinne. Dann entsteht so etwas wie eine ‹christliche› Welt neben der ‹weltlichen› Welt; ein Zustand, der ins Ghetto führt, wie wir es nur allzu schmerzlich erlebt haben; ein Zustand, der auch theologisch voller

Gefahren steckt, da er nur zu leicht das Wirken der Erlösergnade in allen Menschen – auch den nichtchristlichen – verkennt. Oder aber die Kirche löst sich auf in die weltliche Welt und läßt es geschehen, daß das Zeugnis Christi eben doch von der Politik und den sozialen Strukturen ‹vereinnahmt› wird, was gerade nicht geschehen darf. Alle Verschiebung der Transzendenz nach ‹vorwärts› in die Eschatologie hinein rettet da nicht. Schließlich ist Christi Botschaft nicht nur eine Verheißung, sie ist auch eine Gegenwart: das Reich Gottes hat schon begonnen!

Von hier aus allein, so will mir scheinen, kann an die Frage herangetreten werden, die heute beim Wort Revolution alle Gemüter bewegt: die *Anwendung von Gewalt*. Manche erkennen nur den als Revolutionär an, der beim Einsatz für die beabsichtigte Umgestaltung bestehender Verhältnisse die Möglichkeit der Gewaltanwendung wenigstens nicht ausschließt. Das ist über die Maßen erstaunlich in einer Zeit, die daran ist, allüberall die Todesstrafe abzuschaffen, in der man gegen Gewaltanwendung durch die Polizei äußerst empfindlich reagiert, ja in der man der Polizei alles Waffentragen verbieten möchte, wie in Italien; einer Zeit, in der die Kriegsdienstverweigerung aus Gewissensgründen immer weitere Kreise zieht. Vor wenigen Jahren war von einer Begeisterungswelle für die Gewalt noch nichts zu bemerken. Die Schrecken des Krieges lasteten noch zu sehr auf allen Gemütern. Und gab es nicht Gandhi, der auf dem Weg der Gewaltlosigkeit ein Riesenvolk der Freiheit zugeführt hat? Gab es nicht Martin Luther King, diesen wahrhaft christlichen Mann mit seiner Aktion der Gewaltlosigkeit? Er glaubte, trotz der unsagbaren Leiden und Ungerechtigkeiten, die den Schwarzen in den Vereinigten Staaten zugefügt werden, an die Kraft der gewaltlosen Liebe. Seine Gedanken waren einfach und klar. Gewalt erzeugt Haß, und Haß weckt Gegenhaß und Gegengewalt. Man gerät in einen Teufelskreis, der nur durchbrochen werden kann durch die Revolution der Liebe: «Ihr mögt uns hassen, wir antworten mit Liebe. Ihr mögt uns aus euren Schulen ausschließen, wir werden euch lieben. Ihr mögt uns schlagen, in die Gefängnisse schleppen, wir werden euch lieben. Ihr mögt uns unsere Häuser über dem Kopf anzünden, wir werden euch immer noch lieben. Wir glauben an das Gute in euch, wir wollen es wecken durch unser Vertrauen. Das Gute wird nur durch Vertrauen geweckt. Es schlummert in jedem Menschen, es wird zugedeckt durch den Teufelskreis des Hasses. Dieser Kreis muß gesprengt werden durch die Kraft der Liebe. Das ist die Botschaft von Weihnachten, die christliche Botschaft. Es gibt keine größere Kraft als die Kraft der Liebe, sie überwindet den Haß, wie das Licht die Finsternis.» Das sagte Pastor Luther King, der große Vorkämpfer für die Menschen- und Bürgerrechte der Schwarzen. Er hat seine christliche Revolution mit dem Leben bezahlt. Doch das ist kein gültiger Gegenbeweis gegen seine Aktion. Auch Jesus Christus hat seine Botschaft mit dem Leben bezahlt: «Wie ein Lamm ward er zur Schlachtbank geführt.»

Man kann und muß wohl unterscheiden: die Lage der von unerhörter Ungerechtigkeit beherrschten Länder, in denen eine kleine Minderheit von Nutznießern Strukturen aufrechterhält, die es der großen Mehrzahl unmöglich macht, ein menschenwürdiges Leben zu führen. Sie müssen ein Leben fristen, das sie nicht nur an einem Aufstieg und an einer Entfaltung gewaltsam hindert, das sie überdies zu Untermenschen degradiert. Der Anfang der Gewalt wird hier nicht von Revolutionären gemacht, er ist zuvor schon da, durch die gewaltsame Unterdrückung. Das ist die traurige Lage in vielen Staaten Mittel- und Südamerikas. Man muß einmal nachlesen, wie Che Guevara und Camilo Torres ihren Entschluß, zu den Waffen zu greifen, begründen. Da findet man nichts von Haß, viel eher Schmerz; nichts von schwulstiger Rhetorik und Pathos eines Revolutionshelden, sondern nüchterne, sachliche Analyse der sozialen Wirklichkeit. Nichts vom Stil der Apo und all der ideologisierten Revolutionäre in unserer Wohlstandsgesellschaft! Sie tragen zwar Spruchbänder mit sich, auf denen «Che» und «Camilo Torres» leuchten – aber begreifen sie denn nicht das völlig andere Klima?

Die Probe aufs Exempel: Der unermüdliche Friedensapostel im franziskanischen Geist, der Kapuzinerpater Manfred Hörhammer, erzählte mir, daß Camilo Torres, als er schon zum bewaffneten Widerstand gegriffen hatte, unerwartet den Besuch des Generalsekretärs des Internationalen Versöhnungsbundes, Jean Goss, und seiner Frau Hildegard Goss-Mayer erhielt. Die beiden legten ihm ihre Konzeption der gewaltlosen, wie sie sagten, franziskanischen Revolution vor. Camilo Torres war davon derart ergriffen, daß er nach drei Tagen, als das Ehepaar weiterziehen mußte, die beiden bat: «Bleibt einen Monat bei uns, lehrt uns die gewaltlose Revolution, ich glaube, ich werde mich zu ihr bekehren, sobald ich ihre Wirksamkeit begriffen habe.» Sie konnten nicht bleiben, was vielleicht ein Fehler war...

Aber es gibt auch Ernesto Cardenal, Revolutionär der frühen fünfziger Jahre in Nicaragua, mit der Waffe in der Hand gefangen, gefoltert, Verfasser der weltberühmten südamerikanischen Psalmen, wirklich kein Schreibtischrevolutionär, sondern einer aus der ersten Drecklinie. Er lebt heute auf einer Insel des Gran Lago in seiner Heimat, nicht weit von seiner Geburtsstadt Granada! Auf der Insel gibt es nur Kleinstbauern, Analphabeten. Cardenal hat mit einigen Freunden eine Elementarschule eingerichtet und eine bescheidene Poliklinik. Er will verhindern, daß die Bauern in die Stadt ziehen, in die Favelas, das heißt Bretter- und Blechhütten, die sich in Südamerika um alle größeren Städte wie ein Ring des Elends, enttäuschter Hoffnung, legen. Er will die Unheilsentwicklung bremsen von innen her, denn er ist inzwischen Trappist geworden. Aber beachten wir wohl: er handelt nicht apolitisch. Keineswegs. Er sagt: «Die Politik geht mich immer an, aber ich sehe sie mit anderen Augen als früher.» Er fühlt sich als eine Kraft der Zukunft mitten in der gegenwärtigen Gesellschaft: «Der Künstler war immer vollkommen in die Gesellschaft integriert. Aber nicht in die Gesellschaft seiner Zeit, sondern in jene der Zukunft. Der Künstler, der Dichter, der Gelehrte und der Heilige sind Mitglieder der Gesellschaft der Zukunft, welche bereits wie ein Keim auf dem Planeten existiert, wenn auch zerstreut – unabhängig von den Teilungen der politischen Geographie – in kleinen Gruppen und in einzelnen, von Ort zu

Ort. Als Dichter bin ich – in dem Maße, in dem ich Dichter bin – und als Priester, der ich zu sein versuche, und als Pazifist christlicher Anarchist und Gandhist, in der Politik fühle ich mich gut in diese Gesellschaft integriert, die die Zukunft näher bringt und den Prozeß des Fortschritts so schnell wie möglich vollbringen will – gegen die rückständigen Mächte.»

Mit Absicht habe ich nicht die theoretische, grundsätzliche Frage nach der Gewalt gestellt, sondern nach dem konkreten Zeugnis, in anscheinend auswegloser Situation von authentischen Christen gesucht. Man wird, so scheint mir, sagen können: Gewaltsame Revolution im Namen des christlichen Zeugnisses ist auch in äußerster Grenzsituation eine höchst fragliche, wenn nicht schlechthin unmögliche Aktion. Das heißt nicht, daß ein Christ sie nicht machen darf und eventuell auch muß, aber sein Zeugnis für das Reich Gottes ist dann nur noch indirekt darin enthalten. Vielleicht müßte man richtiger sagen: Eine politische Revolte, auch mit Gewalt, ist wie alle Politik Sache der christlichen Laien, nicht aber der gesamten Kirche. Genauer: nicht der Geistlichen oder Ordensleute, nicht auch jener Laien, deren Lebensberuf im direkten Kirchendienst besteht.

Der Grund für diese Zweiteilung liegt in dem bekannten ‹Schon› und ‹Noch-Nicht› des Reiches Gottes in unserer geschichtlichen Stunde. Seit Jesus Christus ist das Reich Gottes schon da, und sein Zeichen ist die Kirche Christi. Das Reich Gottes ist ein Reich der vollen Liebe und des ‹Gott alles in allem›. Dieses Reich ist jetzt noch nicht ‹offenbar›. Es ist nicht einmal offenbar in der Gestalt der Kirche Christi. Deshalb sagt das Zweite Vatikanische Konzil in seiner Kirchenkonstitution «Lumen gentium» im siebenten Kapitel, das über den «endzeitlichen Charakter der pilgernden Kirche» handelt: «Bis es einen neuen Himmel und eine neue Erde gibt, in denen die Gerechtigkeit wohnt (2. Petr. 3, 13), trägt die pilgernde Kirche in ihren Sakramenten und Einrichtungen, die noch zu dieser Weltzeit gehören, die Gestalt dieser Welt, die vergeht, und zählt so selbst zu der Schöpfung, die bis jetzt noch seufzt und in Wehen liegt und die Offenbarung der Kinder Gottes er-

*Zu Bild Seite 175*

Franz von Assisi ist in der Geschichte des Christentums der erste, der stigmatisiert wurde. Man mag dies erklären, wie man will, auf jeden Fall deutet das geschichtlich unleugbare Ereignis auf ein außerordentliches Einfühlen in das Leiden Christi. Nicht sichtbar wird auf dem Bild die Bergwildnis, mit «mächtigen Rissen und Spalten», die Franz an den Bericht des Evangelisten erinnerten, nach dem beim Tod Christi «die Felsen barsten». In diese Betrachtung vertiefte er sich in jener Zeit und suchte ihr Geheimnis zu ergründen.

Kreuz auf der Höhe des Alvernerberges,
wo Franziskus die Wundmale des Herrn empfing.

*Zu den Bildseiten 176/177*

In Siena begegnete Franz einem jungen Mann, der einen Korb mit Wildtauben auf den Markt trug. Franz bat um die Tauben, indem er sagte: «In der Heiligen Schrift werden die Tauben mit Seelen voll Demut und Glauben verglichen; sie sollen nicht grausam Menschen in die Hände fallen, die sie töten.» Der junge Mann gab die Tauben her, Franz nahm sie in den Schoß und redete sie an: «Ihr Schwestern mein, warum habt ihr euch fangen lassen, ihr Einfältigen? Ich will euch Nester bauen.» Das tat Franz, und sie benützten die Nester, paarten sich und bekamen Junge. Zu den Brüdern aber waren sie zutraulich wie Hühner.

Blick auf Perugia.

*Zu den Bildseiten 178/179*

Unweit von Portiunkula ging Franz einmal allein durch den Wald und weinte laut vor sich her. Ein frommer Mann hörte das und fragte Franz, ob er krank sei und Schmerzen habe. Franz antwortete: «Ich weine um das Leiden unseres Herrn Jesus Christus. Muß ich mich schämen, laut klagend um seinetwillen durch die ganze Welt zu ziehen?»

Wald in der Nähe der Carceri (Grotten, unweit von Assisi, wohin die Brüder sich zurückzogen, um tagelang zu beten).

*Zu Bild Seite 180*

Franz ging mit Klara abends nach Assisi hinauf. Er sagte: «Schwester, hast du verstanden, was die Leute von uns gesagt haben?» Sie gab keine Antwort, denn sie war dem Weinen nahe. «Es ist Zeit, uns zu trennen», meinte er, «ich werde allein gehen und dir von weitem folgen.»

«Vater, wann werden wir uns wiedersehen?» Es war Winter. Er sagte: «Wenn die Rosen blühen.»

Da geschah etwas Erstaunliches. Es war ihnen plötzlich, als blühten auf den Wacholderstauden ringsum unzählige Rosen. Klara pflückte behend einen ganzen Strauß und legte ihn Franz in die Hände. «Von diesem Tag an waren Franz und Klara nie mehr getrennt», schließt die Volkslegende.

Eine Klarissin im Kloster.

wartet.» Daß Kirchenrecht, Ämter, Sakramente und vieles mehr zu «Seufzern» und «Wehen» gehören, die auf das Offenbarwerden der Kinder Gottes warten, muß an ihnen sichtbar werden dadurch, daß sie sparsam, eben als ein ‹Leider-Noch› verwendet werden, sie müssen auf ihre erwartete Überholung hinweisen. Dazu gehört nun auch, daß die dem Leben des Reiches Gottes entferntesten Tribute an die Gestalt dieser Welt, antizipierend, in gewissem Sinn (immanent gesehen) ‹utopisch›, zum wenigsten repräsentativ eliminiert werden. Die gewaltlose Revolution ist – wie Hörhammer es nennt – aus «metahistorischer» Sicht die für Christen einzig mögliche, allerdings auch gebotene Revolution.

Was hat diese ganze, hochaktuelle Diskussion mit dem Poverello von Assisi zu tun? Ist es nicht von vornherein abwegig und an den Haaren herbeigezogen, ihn, der in so anderer Zeit – ohne Schreckenstechnik und Atombomben – lebte, hier ins Spiel zu bringen? Ich glaube nicht. Denn obgleich selbstverständlich nicht jede Geste und Unternehmung des Mannes vor sieben- bis achthundert Jahren für heute ein zu kopierendes Vorbild ist und obgleich viele Fragen, die uns ganz unmittelbar bedrängen, damals noch nicht einmal am Horizont erspäht werden konnten, so gibt es erstens doch jenes «Metahistorische», das dem Christsein eigen ist und das deutlicher als bei vielleicht allen andern Realisierungen des Christlichen in der Gestalt der hl. Franziskus transparent wurde, und zweitens darf ohne Übertreibung gesagt werden, daß Franz von Assisi konkrete Versuche, das Evangelium zu leben, eine derart explosive, seine Zeit sprengende Gestalt annahmen, daß sie geradezu unzeitgemäß wurden, weshalb sie von der offiziellen Kirche – das ist ohne Vorwurf gesagt – selbst in ihren großen und den Poverello bewundernden Vertretern, wie dem Kardinal Hugolin, dem späteren Papst Gregor IX., eingeschränkt und den realen Verhältnissen angepaßt werden mußten. Damit ist nicht gesagt, daß das immer so bleiben muß. Was heute unzeitgemäß ist, kann morgen genau richtig sein.

Eigentlich müßte ein jeder Orden zwei Verfassungen haben: eine, die seine metahistorische Gestalt aufweist, seine Spiritualität, seine innere Haltung, und eine zweite, die diese Spiritualität in rechtliche Formen gießt. Die zweite muß zeitgemäß sein, und je zeitgemäßer sie ist, desto rascher wird sie unzeitgemäß, das heißt überholt sein. Die zweite müßte also, wenn der Orden nicht nur für ein Zeitbedürfnis gegründet wurde (was auch vorkam), dauernd verändert werden, und zwar um so häufiger und (wenigstens sichtbar) um so umfassender, je rascher und allseitiger eine Zeit sich entwickelt.

Da freilich liegt das Handikap. Kirchlich gebilligt wird die zweite Art, die Satzungen. Diese werden auch immer wieder vorgelesen und in vieler Hinsicht tabuisiert: die ‹heilige Regel›. Manchmal geht das in der Praxis so weit, daß die buchstabengetreue Befolgung der Regel allen Geboten des Evangeliums vorangestellt und damit der Geist des Evangeliums zum Schweigen gebracht wird. Das ist eine im Lauf der Geschichte hundertfach gemachte Erfahrung, ohne daß man ein rechtes Korrektiv dazu gefunden hätte.

Freilich mußte auffallen, daß sich in der Offenbarung des Neuen Testamentes ein äußerstes Minimum an Fixierungen findet. Selbst das, wovon wir sagen, es sei ‹göttliches Recht›, ist nie so eng determiniert, daß es nicht verschiedene konkrete Ausgestaltungen erlaubte. Das ist überaus kühn und setzt ein gewaltiges Vertrauen in die Kraft des Geistes, der Spiritualität, voraus. Trotz aller Menschwerdung hatte der Stifter des Christentums dieses Vertrauen. Die Folge waren tatsächlich innere Streitigkeiten, Spaltungen, die schon sehr früh – in der Urkirche – einsetzten. Ich finde es billig und platt, wenn man dieses Fehlen an äußeren festen Formen im ursprünglichen Kirchenleben mit der sogenannten ‹Naherwartung› gleichsam entschuldigen will. Da der Herr und die Apostel die glorreiche Wiederkunft Christi als unmittelbar bevorstehend erwarteten, hielten sie es nicht für nötig, den ersten Gemeinden feste Normen zu geben – so sagt man. Genau das Umgekehrte könnte man aus der Naherwartung folgern, denn für den Augenblick kann eine festformierte und bis ins Detail straffe Organisation viel schlagkräftiger sein, und da ja nur wenig Zeit zur Verfügung stand, wäre eine solche also zu erwarten gewesen.

Doch lassen wir die Frage der Naherwartung. Das Problem liegt tiefer. Zur Freiheit der Kinder Gottes wollte die Frohbotschaft den Menschen befreien. Ganz eindeutig liegt der Akzent auf der inneren Wandlung – die äußeren Formen sind untergeordnet. In dieser Umkehrung liegt das Revolutionäre des Christentums. Ehe der Christ äußere Formen verändert, ist er innerlich schon ein Befreiter. Ich glaube, man kann nicht genug darüber nachdenken, weshalb die ursprüngliche Kirche, wie sie Jesus hinterlassen hat, so überaus arm an festen Formen war! Alle Deutungen, daß Christus gar keine Kirche gründen wollte, sind Mißtrauenserklärungen gegenüber der Kraft des Geistes, letzten Endes des Hl. Geistes.

Damit will ich nun keineswegs alle Verfestigung der Kirche in straffere Formen als Verirrungen bezeichnen. Wenn Christus auch gewiß kein ‹Gesetzgeber› war und man ihm durch einen solchen Titel sicherlich keine Ehre antäte, so mußte doch die Kirche, zumal je größer sie wurde, auch festere Gestalt annehmen. Das liegt in der Natur der Sache. Der Fehler und die Abweichung vom Urbild und von der Stiftung beginnt jedoch immer dort, wo die Formen wichtiger genommen werden als der Geist; wo man glaubt, die Formen seien kristallisierter Geist in überzeitlicher Gestalt. Sicher gibt es Sakramente, sicher auch eine Amtsstruktur in der Kirche, die auf göttliche Einsetzung zurückgehen, wie man sich das auch immer konkret vorstellen mag. Sicher gibt es auch ein berechtigtes, ja notwendiges Kirchenrecht; immer aber bleibt ein Spielraum in der konkreten Fixierung für die Anpassung an die Zeichen der Zeit, für die je bessere Annäherung an den Menschen des Reiches Gottes, an die Vollgestalt des Christenmenschen.

Das Erstaunliche nun ist, daß von allen Ordensregeln, die wir besitzen, keine so sehr eine ‹uneigentliche› Regel darstellt wie die Regeln des Franz von Assisi. All diese eben berührten Fragen sind heute, da man so viel von Strukturreform der Kirche und der Orden in ihr redet, hoch aktuell. Man lese nur eines der zahllosen Werke zum Kirchenrecht, um sich zu überzeugen, wie vieles da eigentlich in Bewegung geraten ist. Es erscheint uns absolut revolutionär, aber bei Franz von Assisi, der nur das Evangelium leben wollte, war das alles schon da. Seine erste Regel, die er Papst Innozenz III. vorlegte (1209), bestand – so scheint es – nur aus einem Zettel, auf dem in abgekürzter Schrift Stellen der Hl. Schrift standen. Wir haben diesen ‹Zettel› nicht mehr, und alle Rekonstruktionsversuche hat die neuere Forschung aufgegeben. Aber interessant ist eben das Faktum, daß Franz über die ‹Haltungsregeln› der Hl. Schrift eigentlich nicht hinausgehen wollte. Das bewahrte ihn vor den Tabuisierungen, denen fast alle Orden mehr oder weniger ihren Tribut zahlen mußten. Damals war solches nicht durchführbar – aber es fragt sich, ob es nicht heute möglich wäre.

Auf diese erste – immerhin mündlich von der kirchlichen Autorität, dem Papst, gebilligte – Regel folgten noch drei weitere. Je länger, desto mehr trat der Geist, die Spiritualität, zurück und näherte sich die Gestalt dem, was wir die zweite Form einer Ordensregel nannten, das heißt den rechtlichen Satzungen. Das ist so wahr, daß selbst Hans-Urs von Balthasar in der von ihm herausgegebenen Reihe «Menschen der Kirche» einzig bei Franz von Assisi im Band «Die großen Ordensregeln» (1961) *zwei* Regeln zum Abdruck bringt, die längere, aber dem Spirituellen näherstehende zweite Regel von 1221 (die erste erhaltene) und dann die endgültige letzte (dritte, eigentlich vierte) von 1223. Laurentius Casutt, der Kommentator, macht darauf aufmerksam, daß selbst diese letzte Regel sich noch erheblich von allen übrigen in der Kirche unterscheidet. Eine Menge praktischer Fragen des Verhaltens kommen gar nicht zur Sprache. Etwas blieb also immer übrig von der Absicht des Stifters. Casutt sagt: «Sowenig wie das Evangelium ein Rechtsbuch ist, sowenig wollte Franziskus seinen Brüdern ein Paragraphenwerk hinterlassen. Gesetz steht nicht notwendig, aber doch oft dem Geist im Wege. Das wußte der Heilige. Noch besser wußte er, daß Normen weitgehend überflüssig werden, wo lebendiger und heiliger Geist wirksam ist.»

Schon diese erste Beobachtung rückt Franz von Assisi näher an unsere Zeit heran als jeder andere Reformheilige. Ich zitiere nochmals Pater Lipperts Worte: «Das Organisationsprinzip, das von Benedikt über Dominikus und Ignatius auf die neueren Genossenschaften führt, scheint in seinen innern Möglichkeiten der Erschöpfung nahe ... Das grundsätzliche Neue, das gerade heute von so vielen ... gesucht wird, findet sich wohl nur auf einer ganz andern Linie, der des ursprünglichen Franziskusideals: auf der Linie der freien Lebendigkeit und der freien Liebesgemeinschaft, auf der Linie des unmittelbar durch sich selbst, *nicht erst durch konstruktives Wollen wirkenden Seins,* auf der Linie der urwüchsig lebendigen und originellen und dabei durch eigenes *inneres Gesetz und Maß* geformten Persönlichkeit. Wenn Gott seiner Kirche dereinst den Orden der Zukunft schenkt ..., dann wird er wohl das Gepräge der Franziskusseele tragen.» Jetzt sehen wir schon weit besser, was diese Worte besagen.

Aber gehen wir näher auf einzelne Fragen ein: Wir reden heute viel vom Wandel der Strukturen, von einer notwendigen Demokratisierung, vom Abbau einer herrschaftlichen Autorität, vom Dienstamt. Wir leiten diesen sich auch in der Kirche anbahnenden Wandel meist von dem Bewußtsein der Mündigkeit ab, das global alle Welt – in entwickelten wie in unterentwickelten Ländern – erfaßt hat. Es entspricht durchaus der Menschenwürde, wie der amerikanische Jesuitenpater Murray schon seit Jahren darzulegen versuchte und das letzte Konzil nach heftigen Auseinandersetzungen schließlich in seinem Dekret über die Religionsfreiheit nicht nur zugestand – denn auf dieser ontologischen Gegebenheit baute es die ganze Lehre über die Religionsfreiheit auf, womit es weit über die bisher üblichen Argumentationen der Toleranz hinausging. Doch selbst Murray gibt zu, daß sich in der Praxis dieses Prinzip nicht auswirken konnte, solange die Menschenwürde im Bewußtsein der Völker nicht lebendig war. Dieser Bewußtseinswandel von einem patriarchalischen Denken zu einem personalen ist relativ neuen Datums. Man hat ihn ein revolutionäres, umwälzendes Ereignis in der Geistesgeschichte nicht zu Unrecht genannt. Er wirkte sich aus – vermischt mit allen möglichen Abweichungen – auf die Politik (etwa die Französische Revolution), auf die sozialen Verhältnisse (man denke an die

Revolutionen der Arbeiterklassen) bis hin zum Marxismus und zu den Studentenunruhen unserer Tage. Es handelt sich hier um einen Prozeß weltweiten und geschichtlichen Ausmaßes.

Wie aber erstaunt man, wenn diese Tendenz religiös und allein vom Evangelium her begründet schon bei Franz von Assisi auftaucht. Noch in der ersten erhaltenen Regel steht: «Gleichfalls sollen alle Brüder, besonders unter sich, weder eine Amtsgewalt noch eine Alleinherrschaft besitzen» – und weiter: «Niemand soll in dieser Lebensform ‹Prior› genannt werden, sondern alle nenne man ausnahmslos Mindere Brüder, und sie sollen einander die Füße waschen.» Erstmals wird bei den Franziskanern der Obere nicht als ‹Vater› Abt erwählt. Franziskus, dessen Frömmigkeit doch so sehr auf den Vatergott abgestellt war, konnte innerhalb seiner Brüdergemeinde mit dem Vaterbild nichts anfangen. Dort waren sie alle Brüder mit verschiedenen Dienstfunktionen. Selbst der «Generalminister» kann nach Franz seines Amtes von den eigenen Mitbrüdern enthoben werden, was normalerweise bei keinem der alten Orden, die streng hierarchisch gegliedert waren, geschehen konnte; man denke an die Benediktiner, Kamaldulenser, Zisterzienser, Karthäuser, Prämonstratenser. Auch viel später, bei den Jesuiten, spielt das väterliche Element eine sehr bedeutende Rolle, wenn etwa die Aufgaben der Obern und zumal des Generals in den Konstitutionen beschrieben werden. Aber in den Regeln der Minderen Brüder des Franz von Assisi, sowohl in der sogenannten ‹Ersten Regel› vom Jahre 1221 wie in der dritten (endgültigen und von Papst Honarius III. feierlich bestätigten) von 1223 wird an keiner Stelle das Verhältnis von Obern und Untergebenen mit der Vater-Sohn-Beziehung, weder direkt noch indirekt, beschrieben.

Ich glaube, man hat bisher zu wenig auf diesen Umstand hingewiesen. Er war auch in einer Zeit, in der soziologisch die Denkstrukturen von mehr oder weniger patriarchalischen Modellen nicht loskamen, überaus erstaunlich und geradezu revolutionär. Und doch läßt sich leicht zeigen, daß es Franz dabei keineswegs bloß um eine terminologische Frage ging; er wollte eine Haltung zum Ausdruck bringen, die seine Gemeinschaft bewußt von den andern Orden unterscheiden sollte! Auch eine psychologische Erklärung, die Erlebnisse des jungen Francesco mit seinem Vater hätten sein Vaterbild zerstört, zerrinnt an der Spiritualität des Poverello: ohne ein ausgeprägtes Vaterbewußtsein Gott gegenüber hätte die ganze kosmische Mystik, die Naturliebe, gar keinen Boden. Aber eben, der Vatergedanke ist Gott reserviert, alle andern sind Brüder und Schwestern. Die Gleichheit aller Menschen wird unbedingt ernst genommen. Das ist gut evangelisch – konnte sich aber im soziologischen Gefüge des Mittelalters nicht oder nur sehr blaß realisieren.

Anders in der Gegenwart. Dem Bewußtsein des modernen Menschen entspricht solches Denken durchaus. Nach einer Umfrage von «Paris Match», der großen französischen Illustrierten, sind über siebzig Prozent der Jugendlichen zwischen achtzehn und fünfundzwanzig zutiefst von einem Weltverantwortungsgefühl geprägt. «Für andere nützlich sein», ergibt ihnen den Sinn des Lebens. Dabei wird kein Unterschied der Nationen, Rassen, Konfessionen – schon gar nicht der Klassen gemacht. Was für diese jungen Leute die Welt zusammenhält, ist die gemeinsame Aufgabe. Sie besteht nicht so sehr im Fortschritt der Wissenschaften und der Beherrschung der Erde, wenn sie auch als Mittel unerläßlich sind, als vielmehr in der brüderlichen Gemeinschaft aller Menschen. Von daher stammt der antiautoritäre Zug in den Köpfen der Jungen, denn Autorität wird als Macht empfunden, die menschenunwürdige Ungleichheit schafft und aufrechterhält, als Macht, die die Gleichheit aller Menschen im Grunde nicht anerkennt. Dabei wird eine von der Sache her begründete Ordnung und Struktur keineswegs abgelehnt, ja als selbstverständlich vorausgesetzt. Nicht die Autorität schlechthin wird also bekämpft, sondern jede Macht, die die Menschenwürde verletzt. Der Fortschritt besteht darin, daß Wissenschaft und Technik und Kommunikation den Menschen die Möglichkeit an die Hand geben, eines jeden Menschenwürde effektiver anzuerkennen und seinen Beitrag zum Ganzen in Freiheit und Verantwortung leisten zu können. Das also ist die ersehnte Menschengemeinschaft, in der jeder größtmögliche Verantwortung trägt in freier Entfaltung seiner selbst. Abbau der Zwangsstrukturen und Übernahme von entsprechend größerer Verantwortung für das Ganze ist das Ziel der jungen Menschen, ist die Entwicklungstendenz unserer Zeit. Establishment sind alle jene Kräfte, die Zwangsstrukturen nicht abbauen oder gar neue errichten allein im Interesse einzelner oder von Gruppen ...

Die Jugend hat den Vorteil, die Schwierigkeiten eines Unternehmens noch geringzuachten, sie spürt die aufsteigenden Lebenssäfte mit der ganzen Fülle der Verheißungen, die in ihnen liegen. Widerstände reißt sie rücksichtslos nieder, ohne zu bedenken, daß sie vielleicht auch Dämme sind, die Gutes schützen. Die Verflechtung des Guten mit dem Bösen, so daß sich das Böse nicht ausreißen läßt, ohne das Gute mitfortzuwerfen, hat sie noch nicht erfahren. Mag sein! Aber den immer Bedachtsamen und Klugen, den ‹Erfahrenen› fehlt ihrerseits der Blick für veränderte Lagen, für neue Möglichkeiten und für ihnen unbekannte neue Erfahrungen, Bewußtseinsinhalte. Es gilt also – ohne die Ausbrüche eines neuen Lebensgefühls in allen Einzelheiten und konkreten Aktionen vorschnell zu bejahen –, die Echtheit der Grundtendenz doch sehr ernst zu nehmen. Sie enthält nämlich die Hoffnung der Zukunft. Wer sie wegen Überbordungen und Entartungen da und dort blokkiert und frustriert, ist ein Mörder der Menschheit – viel schlimmer als jene Entartungen, die wie Moränen am Rand eines Gletschers liegen.

Die Gestalt des Franz von Assisi sollte ein jeder, der voll Entsetzen die revolutionären Tendenzen der Gegenwart wahrnimmt, sehr ernstlich bedenken. Er hat keine Autorität angetastet. Im Gegenteil: er hat seine Gemeinschaft mit ihrer Lebensform vom Papst bestätigen lassen; er hat sich einen Kardinal als Protektor des Ordens eigens erbeten. Er war also kein Revolutionär – möchte man meinen. Trotzdem war seine Gemeinschaft eine Revolution in ihrer tatsächlichen Gestalt. Alle waren Brüder, es gab keinen Vater in ihr. Es gab kaum determinierte Regeln, der Geist sollte sich neue Formen schaffen je nach der Situation. Er setzte das Faktum ohne alle Polemik.

Die Priester seiner Zeit waren weithin verkommen, machtgierig die einen, sittlich verweltlicht die andern – er achtete sie trotzdem, wollte nicht predigen ohne ihre Erlaubnis, küßte ihnen die Hand wegen der Würde ihres Amtes in echter Hochachtung. Naiv? Scheinbar! In Wahrheit höchst realistisch.

Man kann dem entgegenhalten, daß im Lebensgefüge der Franziskaner verschiedenster Prägung, abgesehen von den Spiritualen, die von der kirchlichen Autorität ausgemerzt wurden, die Obern innerhalb der Orden sich praktisch in ihrer Regierungsweise nicht mehr von andern religiösen Gemeinschaften unterscheiden, ja gerade in dem Verhalten gegenüber den Spiritualen, das vor grausamster Gewalt nicht zurückschreckte, hätte den konventualen Obern etwas ‹väterliche› Gesinnung gewiß gut getan. Zugegeben! Aber von Randerscheinungen her, die oft im dialektischen Verhältnis zur Mitte stehen, kann man keine Bewegung beurteilen. Es ist töricht, wenn man etwa das ehelose Leben um des Reiches Gottes willen damit entwerten will, daß im Ehelosen die nicht gezähmten Aggressionstriebe leicht in Herrschsucht ausarten. Das Faktum ist nicht zu leugnen. Wer aber nach risikolosen Wegen sucht, wird nie größere Leistungen vollbringen; er wird im baumlosen Flachland einer profillosen Ebene schön ausgeglichen versumpfen. So auch hier. Anderseits möchte ich meinen, daß in den Franziskaner- und insbesondere Kapuzinerkonventen bis heute etwas von dem Geist der allgemeinen Brüdergesinnung, die auch den Obern sich nicht distanzieren läßt, weiterlebt. Er ist – zumal dem Außenstehenden – sehr deutlich spürbar. Der Geist – festgehalten in der Sprache der Regel – ist stärker als das Kirchenrecht, vor allem dort, wo es zur rein formalen Hülse geworden ist.

Doch das nur nebenbei. Allgemein aber darf doch gesagt werden: Es gibt vielleicht in der Geschichte Gestalten, die in einer Entwicklung schlummernde Kräfte klar ausgeprägt vorweg aufleuchten lassen. Ich denke etwa am Anfang einer neuen Epoche. Die Zeit, in der sie stehen, spürt – mehr intuitiv als bewußt –, daß hier ihr verborgenes Leitbild sichtbar wird. Sie jubelt ihm zu, ist wie berauscht – während die Reflektierenden und Realisten den Kopf schütteln vor so viel Utopie. Und sie haben recht; jedoch nur zum Teil. In ihrer Zeit sind die neuen Kräfte noch nicht erwachsen, sie sind wie kleine Grashalme, die keinen Schatten bieten, kein Wohnhaus den Vögeln des Himmels. So gehen diese Gestalten wohl wieder unter, verrauschen wie ein Traum. Trotzdem wachsen die neuen Kräfte, und alte, die das Feld beherrscht hatten, sterben ab. Jetzt, im ganzen Trubel des Umbruchs, müßte man sich zurückbesinnen auf die Gestalt am Anfang, denn jetzt könnte sie viel deutlicher und für viele realisierbar helfen, die «Zeichen der Zeit» zu deuten. Ich meine das nicht nur allgemein menschlich, vielmehr im Sinne von Johannes XXIII. und auch Paul VI., der kurz nach dem Konzil kaum eine Ansprache hielt, in der er nicht die Gläubigen ermahnte, nach den «Zeichen der Zeit» zu suchen.

Es wäre eigentlich schon genug, wenn wir von Franziskus nur diesen einen revolutionären Aspekt kennen würden. Doch ein zweiter tritt hinzu, der von nicht geringerer Stoßkraft hätte sein können. Die ersten Gefährten, die sich mit Franz solidarisierten, sehen wir heute in sozialer Hinsicht fast ausschließlich unter dem Gesichtspunkt der Bettelarmut. Wenigstens mir ging es so. Am Anfang steht immer das Verteilen von allem, was der Bekehrte hat. Und dann folgt das Leben aus Almosen. Bettelorden nennt man bis heute diese Lebensform – und wenn auch die listenreiche Natur des Menschen alsbald Formen gefunden hat, die ein solches Leben, nachdem es einmal von der christlichen Gesellschaft als tugendhaft und ideal anerkannt war, durchaus erträglich, keineswegs beschämend, auch gar nicht wirklich entbehrungsreich, sondern einzig ‹vernünftig› zu gestalten wußte, so ist doch das Betteln die Grundlage, das Leben von Almosen. Bei den Franziskanern ist es dadurch verschärft, daß nicht nur der einzelne keinerlei Eigentum haben kann, sondern auch nicht die Gemeinschaft: das Kloster, der Konvent oder der Orden. Gut und recht. Auch um diese Klippe ist man ganz schön herumgekommen, indem man den Besitz in die Hände von Laien legte. Ihnen gehört das Kloster, gehören alle Dinge, die den Ordensmitgliedern zum Gebrauch dienen, ihre Bücher und Lehrmittel, Küche und Heizung, bis zu den Schuhen und Hemden, die sie tragen. Das ist sozial ein Ausbrechen aus der Absonderung der Autonomie des Ordens, ein weltlicher Kontakt sehr konkreter Art. Ganz gewiß! Man sollte das nicht geringachten, auch wenn dabei die Tugendhaften eigentlich mehr diese Laien sind, die sich dazu hergeben, diese Geschäfte des Ordens zu besorgen, ohne Bezahlung.

Heute freilich haben sich die sozialen Verhältnisse gewandelt. War damals der Bettler auch ein verachteter Stand – es war eine Schande, zu betteln –, so war es doch ein Stand, wie es heute noch etwa in Italien Zigeuner, Krüppel, Blinde gibt, die betteln müssen, um leben zu können. Wir aber betrachten solche sozialen Verhältnisse als ungenügend. Diese Leute sollen entweder zum Arbeiten angehalten werden, weil man sie braucht – oder es ist Pflicht des Staates, sie zu versorgen. Anders gesagt: Was früher der privaten Caritas als Sozialleistung überlassen war, ist heute dem Gemeinwesen übertragen. Ein Bettler ist eine Anklage gegen das Gemeinwesen, das seine Pflicht nicht erfüllt. Alle Orden mit Armutsgelübden müssen sich in solcher Zeit fragen, wie sie die Armut, die wir einen evangelischen Rat nennen, in den heutigen Sozialstrukturen zu einem echten und verstehbaren Zeichen des Reiches Gottes machen können. Möglich ist das in der gegenwärtigen Leistungsgesellschaft ohne Zweifel.

Sieht man bei Franz von Assisi nun näher zu, erlebt man eine gewaltige Überraschung. Er verlangt von seinen Brüdern keineswegs, daß sie einfach und radikal vom Betteln leben. Er befiehlt ihnen vielmehr, zu arbeiten. Jeder soll arbeiten, das heißt anderen helfen auf dem Feld, in der Schreinerei, in der Krankenpflege, bei den Aussätzigen, wo auch immer. Zur Begründung führt Franz wohl auch die Gründe an, mit denen die alten Orden die Notwendigkeit der Arbeit stützten: «Der Müßiggang ist ein Feind der Seele.» Das sind aufs Ich bezogene Erwägungen. Weshalb es bei den Eremiten und sogar in Klöstern der Wüstenväter ganz einerlei war, womit sie sich beschäftigten; so flochten sie etwa an einem Tag Körbe – um sie am andern Tag wieder aufzulösen. Beschäftigungstherapie!

Bei Franz jedoch geht es um einen Dienst am Nächsten. Noch in seinem «Testament» sagt er, jeder Bruder soll ein Handwerk beherrschen, und kann er keines bei seinem Eintritt in die Gemeinschaft, soll er eines erlernen. So arm der einzelne sein soll – nur ein Habit, ein Mäntelchen und ein Paar Hosen wird ihm zugebilligt –, darf er doch «die für sein Handwerk passenden Werkzeuge haben», und: «Von deiner Hände Arbeit wirst du dich ernähren» (Ps. 127, 2). Diese soziale Seite der Arbeit tritt bei Franz ganz deutlich hervor. Die Arbeit, die dem andern helfen soll, steht im Vordergrund. Für sich selbst wird nur so viel genommen, als man eben braucht, um leben zu können. Der Weg zum reichen Kloster ist verschlossen. Darum ist wohl alles Annehmen von Geld so streng verboten, da nur das, was sofort verbraucht wird, anzunehmen erlaubt sein soll. Erst dort, wo die Arbeit nichts einträgt, tritt stellvertretend das Betteln ein, dessen sozialer Wert wieder im Vordergrund steht: der Appell an die Großherzigkeit des andern. Das alles enthält, wenigstens im Ansatz, schon höchst revolutionäre Elemente, die uns heute sehr nützlich sein könnten zur Reform der «evangelischen Armut» – nicht nur bei den Franziskanern...

Es ist aber noch mehr darin enthalten: das Arbeiten, das Franziskus im Auge hat, ist nicht ein Arbeiten in klösterlicher Gemeinschaft, sondern ein *Arbeiten bei andern.* Nimmt man dazu, daß Franz überhaupt keine Klöster – schon gar nicht mit Mauern – wollte, sondern nur «Orte», an denen sich etwa sechs bis zehn Brüder aufhalten sollten, ergibt sich eine Offenheit für die Welt und eine Verantwortung in ihr, wie es sich erst in jüngster Zeit bei Ordensleuten, die in sogenannten Kommunen wohnen, abzeichnet. Ja selbst der Gedanke der Arbeiterpriester, die das Evangelium in ein Milieu, das sozial abgeschlossen ist, hineintragen, um zu Arbeitern wie alle andern und unter den gleichen Lebensbedingungen wie sie zu werden, ist eigentlich von Franziskus bereits vorweggenommen. Der Grundgedanke ist dieser: Mehr als die Worte der Predigt wirkt das *gelebte Beispiel,* die Tat, wo es doch um ein Zeugnis geht in jeglicher christlicher Verkündigung. Das Beispiel aber vermag weniger zu überzeugen durch eine Isolierung in Gemeinschaften mit besonderen Lebensbedingungen, die nur schwer oder gar nicht auf andere Lebensformen übertragbar sind. Es verstärkt sich, je deutlicher möglichst gleiche Verhältnisse den Zeugen mit denen verbinden, für die das Zeugnis gegeben wird.

Es ist bedauerlich, daß sehr schnell schon diese konkreten Realisierungen bei den Franziskanern zusammenbrachen. Es entstanden große Konvente und Studienhäuser; die Predigttätigkeit ließ keine Zeit mehr für das Arbeiten bei und mit andern. Offenbar sah man auch die zukunftsweisende Bedeutung des Eintauchens in die Umwelt nicht deutlich genug. Franziskus spürte sie und wehrte sich, so gut er konnte – wie er sich, möchte ich glauben, gegen jegliche ordenseigenen ‹Werke› gewehrt hätte. Heute aber sind solche Bestrebungen an der Tagesordnung. Sie gelten als revolutionär, sie bedeuten einen Versuch, den Dualismus von Gnade und Natur, von Weltlichem und Geistlichem zu überwinden, ein Ernstnehmen der Menschwerdung Christi, das sich in seiner Kirche fortsetzen soll.

Andere freilich sind heute entsetzt, wenn sie in Amerika Ordensschwestern sehen, die ihre geistliche Tracht ablegen, um in der Erziehung von Kindern die Distanz abzubauen und von ihnen als ihresgleichen anerkannt zu werden; sie bedauern es und erachten es als einen Verfall, wenn etwa Pater Lombardi in sein Zentrum für die Neue Welt Ordensleute aller Richtungen aufnimmt, wenn in ‹Werken› der Orden immer mehr Laien eindringen und oftmals sogar die Führung übernehmen; sie verstehen es bloß als Verweltlichung, wenn Priester zugleich einen weltlichen Beruf haben und wie ein anderer ausüben wollen. Sie haben aber keine Ahnung, daß dies alles in dem schlichten Poverello bereits seinen Anfang genommen hatte.

Natürlich läßt sich dagegen einwenden, daß mit einem solchen Niederreißen von schützenden Mauern, die schließlich auf eine lange Erfahrung sich gründen, ein Risiko verbunden sei. Franz wußte auch das. Er sieht es durchaus und rechnet mit Gefahren, Skandalen und Niederlagen. Doch stellt dieser kindhaft-evangelische Mann in aller Unbefangenheit solchen Bedenken das Wort Jesu entgegen: «Seht, ich sende euch wie Schafe mitten unter Wölfe.» Er ist dafür, daß die Brüder «sich selbst und ihren Körper» den «sichtbaren und unsichtbaren Feinden aussetzen». Kurzum: Risiko scheint für Franz ein wesentlicher Bestandteil des Christentums. Ein Risiko freilich, das im Vertrauen auf den Herrn eingegangen wird, dessen Botschaft er ja leben will. Ist es Zufall, daß in der endgültigen Regel – unter der Regie des klugen Kardinalprotektors Hugolin – die Schriftstelle von «den Schafen mitten unter Wölfen» gestrichen wurde? Vertraute man doch lieber menschlicher Klugheit? Jedenfalls verhinderte man damit nicht den Einbruch der Wölfe in die Herde!

Doch Franziskus wollte die *Christenheit* in Bewegung setzen, und zwar keineswegs nur über die Zwischenstation seiner Brüdergemeinde. Liest man den schriftlichen Nachlaß: die Sendschreiben an alle Christgläubigen (1219); an alle Führer der Völker oder die älteste Regel des Dritten Ordens (1223), ist man zunächst enttäuscht. Gar nichts Besonderes oder Revolutionäres fällt einem auf. Kein großartiges Aktionsprogramm wird entwickelt. Recht nüchterne Gebetsregeln und geistliche Übungen, ziemlich komplizierte Fastenvorschriften und dergleichen erwecken viel eher den Eindruck einer frommen Bruderschaft als einer Bewegung, die das soziale Bewußtsein umpflügt. Und so wird der Dritte Orden auch heute von vielen angesehen. Freilich muß man bedenken, daß hier die Hand des Kardinalprotektors Hugolin sehr maßgeblich die Schriftzüge bestimmt und somit die ‹Regeln› die ‹Bewegung› bereits voraussetzen. Trotzdem bleibt einiges beachtlich:

1. Die Bedeutung des Abendmahls erscheint als zentrales christliches Geschehen, und zwar gemeinschaftsbezogen und auf das christliche Tun hingeordnet. Mag auch die Mahnung an das Generalkapitel, in einer Niederlassung nur *eine* Messe am Tage zu feiern, an der päpstlichen Kurie gegolten haben, so ist doch später dieser Aspekt weithin verlorengegangen und erst in unseren Tagen mit dem Konzil und der neuesten Liturgiereform wieder deutlich geworden.

2. Einige kleine Vorschriften, deren Tragweite wir heute kaum noch erfassen, haben am schärfsten zur sozialen und gesellschaftlichen Umgestaltung beigetragen. Da steht zum Beispiel das Verbot des Waffentragens und des Waffeneides. Gerade diese scheinbaren Äußerlichkeiten brachten die Mitglieder des Dritten Ordens allenthalben mit den Behörden in Konflikt. Gerade dieses Verbot, sagt Joseph Bernhart, «war ein Stoß ins Herz des Feudalismus». In seinen Reihen begriff man den Umschwung der Dinge und sprach von *Rebellion!* Und James Meyer meint: «Da nun der Dritte Orden sich sehr schnell überallhin verbreitete – so schnell, daß der Kanzler Kaiser Friedrichs II., Peter de Vineis, meinte, es sei fast kein Mann und keine Frau mehr zu finden, die nicht dem Orden beiträten –, so stelle man sich vor, welches die Wirkung der beiden Vorschriften sein mußte: die für Fehden und Streitigkeiten benötigten Leute wurden so selten und teuer, daß man Maßnahmen der Autorität forderte oder gar rohe Gewalt anwandte, um die franziskanisch gewordene Welt wieder für sich zu gewinnen.» Die Päpste freilich traten für den Dritten Orden ein, und so schwand nach und nach der Übelstand wie von selbst.

3. Die ganze Regel durchzieht das Bestreben, *Frieden* zu stiften. Man möchte meinen, das sei gerade das Gegenteil von Revolution. Aber in einer Welt, in der Streit und Fehde den Normalzustand bedeuten, ist dem nicht so. Freilich unter *einer* Bedingung: daß nämlich am Ende des Streites nicht erneut der Zustand wiederhergestellt wird, der vorher bestand und aus dem sich der Streit entfachte. Franz war ein häufiger Friedensstifter in weltlichen Angelegenheiten, aber Gisbert Kranz machte in seinem Buch «Politische Heilige» (1953) darauf aufmerksam, daß Franz nie «die Dinge zum früheren Zustand zurückführte, sondern jeweils an die Stelle des überholten Alten schöpferisch etwas Besseres setzte». So in Arezzo und Bologna; in Perugia allerdings vergeblich. Das führte zu einem grausigen Blutbad, wie es Franz offen vorausgesagt hatte. Ob der «ewige Vertrag» in Assisi wirklich auf die Einwirkung des Poverello zurückgeht, mag dahingestellt sein. Diese ‹Magna Charta› jedenfalls sagt nichts davon. Aber wenn

auch das Hauptmotiv dieses uns noch erhaltenenen Dokuments die Notlage des schwächeren Assisi gegenüber dem weit stärkeren Perugia gewesen sein sollte, so wurden doch durch die Befreiung der Leibeigenen, durch die Gleichstellung der zu Assisi gehörenden Dorfbewohner mit den Städtern und durch einen weitgehenden Ausgleich zwischen Bürgern und Adel Verhältnisse demokratischer Art geschaffen, die dem Denken eines Franz, der so sehr auf die Achtung der Würde eines jeden Menschen bedacht war, durchaus entsprachen. Hier also geht es deutlich um Strukturveränderungen der Gesellschaft. Sie lagen damals in der Luft: eine Gesellschaftsklasse stand gegen die andere; Adel, Bürger, besitzloses Volk rangen miteinander. Man wird nicht sagen können, Franz habe ein neues Gesellschaftsmodell entworfen und konsequent durchzuführen gesucht. Tatsächlich aber hat er viel dazu beigetragen. Er predigte den Frieden. Sein Gruß war: «Der Friede sei mit euch» – und er legte größten Wert darauf, daß dies der Gruß aller seiner Anhänger sei. Daß dies nicht ein Gruß nur mit Worten sei, bewies er durch sein höchst radikales Handeln. Jedem sagte er seine Fehler mit größtem Freimut ins Gesicht. Man lese nur die sonderbare, offenbar symbolische Geschichte des «Wolfes von Gubbio».

Die Fronten waren erstarrt. Die Räubereien des Wolfes, das heißt des Raubritters, erzeugten Angst und Furcht. Diese repressiven Maßnahmen – so schien es – konnten nur durch gewaltsamen Aufstand beseitigt werden. Der moderne Leser denkt unwillkürlich an südamerikanische Zustände, an Che Guevara, an Camilo Torres, an Fidel Castro. Franz handelte anders. Er ermahnte nicht die Bürger, die Repression geduldig zu ertragen. Er griff aber auch nicht zur Revolte. Er tat viel Radikaleres: er verließ unbewaffnet die Stadt. Alle sahen das als völlig verrückt an. Es mußte seinen sicheren Untergang, Gefängnis, Folterung, Tod zur Folge haben. Er ging trotzdem. Er sprach nicht schmeichlerisch zu dem Wolf. Er sagte ihm auf den Kopf, was er getan: «Du verdienst, daß man dich als Räuber und niederträchtigen Mörder einem schrecklichen Tod überliefert.» Er droht nicht damit! Er sagt nur, was rechtens ist.

Und sogleich nimmt er dem Wolf die Angst, die sich hinter seinen repressiven Methoden verbirgt! Denn des Wolfes Tun kam ja aus «seinem Hunger von grimmiger Wildheit», denn er war «schreckhaft groß», wofür er schließlich nichts konnte. Franz gelobt dem Wolf, daß niemand ihn bestrafen und niemand verfolgen werde. Aber auch vom Wolf darf niemand ein Leid geschehen. Mehr noch: Der Wolf soll von den Leuten tägliche Kost erhalten ...

Den geschichtlichen Hintergrund dieser Legende kennen wir nicht. Aber alle Momente einer franziskanischen Friedensstiftung lassen sich an ihr ablesen. Das ist ihr geschichtlicher Kern.

Ich möchte fast meinen, wenn der Dritte Orden als Leitmotiv seines Wirkens die Geschichte des Wolfes von Gubbio aufnehmen würde, könnte er heute noch eine Wirkung haben, die hinter der im zwölften und dreizehnten Jahrhundert nicht zurückstünde. Doch dazu wäre der Gerechtigkeitssinn, der Mut und Elan, und auch die Phantasie des Glaubens, wie sie der Stifter besaß, erforderlich. Damals waren diese Eigenschaften vorhanden, und das befähigte den Dritten Orden, geradezu eine Weltmacht zu werden mit Mitteln, die sowohl die Fürsten wie die kirchlichen Würdenträger in Erstaunen setzten. In neuerer Zeit haben die Päpste – Leo XIII., Benedikt XV., Pius XI. – gerade zur Erneuerung des wirtschaftlichen und sozialen Lebens die größten Hoffnungen in den Dritten Orden gesetzt, wenn anders ihre Worte nicht leerer Schall waren. Ihre Hoffnungen haben sich nicht erfüllt. Man fragt sich, warum. Mir will scheinen, weil der Blick allzu sehr nur auf das persönliche Leben, das Maßhalten im Gebrauch irdischer Güter gerichtet wird, viel weniger auf den andern. Den andern, mit dem man sich solidarisiert, wenn er ein Ausgebeuteter ist, verletzt in seiner Menschenwürde; oder den andern, den man durch das eigene Beispiel und durch die freimütige Kritik in einem Appell an sein Gewissen – das auch im Wolf noch steckt – erschüttert und zur Umkehr bewegt.

Ein solches Verhalten weiter Laienkreise – darin haben die Päpste wohl recht – könnte auch heute, und heute weit mehr als im zwölften Jahrhundert, eine Revolution bedeuten. Aber wer macht denn heute eine solche Revolution? Dem schwarzen Pastor Martin Luther King hat man sie überlassen und ihn weithin allein gelassen. In Südamerika ertönt in diesem Sinne die Stimme des Erzbischofs Helder Pessôa Cãmara von Olinda e Recife, in Afrika die der Kirchen Rhodesiens gegen Ian Smith und die Regierung von Salisbury – und schon schreiben selbst nichtkatholische Zeitungen, daß hier eine stärkere Front entstehe als die der Vereinten Nationen, der Londoner Labour-Regierung und gewaltsamer Revolutionsbewegungen. Dabei sind das noch vereinzelte Stimmen. Keineswegs handelt es sich um eine weltweite christliche Solidarität.

Solche Aktion ist unblutig. Ist sie dasselbe wie absoluter Pazifismus? Man wird Franz von Assisi – sosehr man das auch schon versucht hat – in diese Front nicht einreihen können. Schon deshalb nicht, weil jede Ideologie, nochmals sei es gesagt, ihm fremd war. Hat er die Kreuzzüge jemals verurteilt? Ich wüßte nicht, wo. Er weilte unter den Kreuzfahrern. Er tadelte sie heftig wegen ihres ausgelassenen Lebens; er sagte ihnen ihre Niederlage voraus als Folge dieses lasterhaften Treibens; aber den Kreuzzug als solchen verurteilte er nicht. Er selbst freilich griff nicht zur Waffe; er drang ohne Waffe zum Sultan vor. Er rang ihm Achtung ab, bekehrte ihn jedoch nicht. Es ist völlig unmöglich, sich Franz oder seine Gefährten als Krieger vorzustellen. Dennoch streitet er den «politischen Herren» das Recht nicht ab, auch zur Waffe zu greifen. Er beeinflußt zwar nachhaltig das gesellschaftliche und politische Leben, aber ohne deshalb ein Politiker zu werden.

Der Unterschied erscheint bedeutsam. Er besteht nicht nur darin, daß er Amt und Person unterscheidet. Die Person tadelt er, die ihr Amt schlecht verwaltet; das Amt tastet er nicht an. Darüber hinaus aber trennt er scharf seine Berufung von der weltlicher Amtsinhaber: «Ich mag nicht Junker sein, der da schlägt oder straft wie die politischen Herren.» Er schreibt einen Brief an «alle Machthaber und Konsuln, Richter und Führer auf der ganzen Welt». Darin aber mahnt er sie nur, die-

wie wir heute sagen würden – eschatologische Sicht all ihrer Weltgestaltung nicht aus dem Auge zu lassen. In dem Brief an «alle Christgläubigen» ermahnt er die Richter, das Erbarmen nie zu vernachlässigen, die Mitmenschlichkeit.

Praktisch läuft das darauf hinaus: Wo immer die Menschlichkeit verletzt wird, fühlt sich Franz verpflichtet, einzugreifen – insofern unterliegt Politik seinem Urteil; aber seine Sache ist es nicht, positive Politik im Sinne rationaler Entscheidungen wie nun im einzelnen das Leben zu gestalten sei, zu treiben. Trotzdem ist er überzeugt, daß sich franziskanischer Geist auch in einem weltlichen Leben realisieren lasse. Sein sogenannter Dritter Orden ist nicht gedacht als Bruderschaft, er hieß auch ursprünglich keineswegs «Orden», sondern «Laiengenossenschaft für Büßer» und wollte eine Anleitung christlichen Lebens für alle Christen sein. Walter Nigg hat durchaus recht, wenn er sagt: «Der Dritte Orden hat zur Überbrückung des Abstandes zwischen geistlicher und weltlicher *Lebenseinstellung* Wesentliches geschaffen.» Und Van den Borne nennt ihn einen «integrierenden Teil der ganzen franziskanischen Bewegung».

Damit aber sind wir wieder mitten in den Umwälzungen unserer Tage. Flache Köpfe haben damals von einer ‹Vermönchung der Laien› geredet, heute reden sie von einer ‹Vergewaltigung oder Verlaiisierung der Mönche›. Beide irren. Es geht um eine jedem Christen wesentliche Spannung, die sich in zwei sozialen Ausprägungen zeigt, von denen keine für sich allein sinnvoll wäre, ja von denen jede die andere in etwa auch in sich enthält, wie ein jeder Mann auch frauliche Züge in sich trägt und umgekehrt, ohne daß deswegen die Spannung aufgehoben würde. Dies erschaut und revolutionär auch verwirklicht hat eben erstmals der Poverello von Assisi.

Ein Letztes ist hier anzufügen, das für die Art der franziskanischen Revolution wesentlich erscheint. Franziskus wollte ohne Zweifel auch den Klerus und die Hierarchie reformieren. Er sagte unumwunden: «Zuerst will ich die Kirchenfürsten bekehren in Demut und Ehrfurcht.» Man meine nicht, er habe die Verderbnis des Klerus und hoher kirchlicher Kreise nicht gekannt. Er war nicht jener Naivling, wie manche es lieben, ihn darzustellen. Aber eine Mobilisierung der öffentlichen Meinung gegen den geldgierigen, machtsüchtigen Klerus, der bis hinauf zum Papst seine Gewalt darauf verwandte, mit Machtmitteln die Autorität der Kirche zu stützen – wie sie sagten, um die Autorität Gottes zu verteidigen –, lag Franz völlig fern. Obwohl es ein öffentliches Ärgernis war, stellte er die Kirchenautorität nie öffentlich an den Pranger.

Entsprach das dem ständischen Denken seiner Zeit, in das natürlich auch sein Bewußtsein eingebettet war? Nicht doch, denn jenes Jahrhundert war erfüllt von den Anklagen der Bußprediger gegen die Laster und das Ärgernis der Prälaten. Geradezu sanft erscheint dagegen die Kritik heutiger Publizistik! Und man kann keineswegs behaupten, daß die Publizisten des zwölften Jahrhunderts – das waren die Prediger – die Macht der öffentlichen Meinung nicht gekannt oder nicht zielbewußt einzusetzen vermocht hätten. Sie erreichten damit ja auch weite Volksbewegungen, hartnäckige Gehorsamsverweigerung weiter Kreise gegenüber der gesetzten Autorität, da und dort auch blutige Aufstände. Schließlich tobte ja der Waldenser Kreuzzug seit dem Gründungsjahr der Franziskaner (1209/1210) und war beim Tod des Franziskus noch nicht beendet.

Man mag es wenden, wie man will, den Weg gewaltsamen Widerstandes, ja überhaupt der Gehorsamsverweigerung gegen kirchliche Autorität lehnte Franz entschieden ab. Das war für ihn «nicht katholisch» und letzten Endes wider das Evangelium. Erstaunlich! Denn er war bestimmt kein *Formalist*. Brach ein fastender Bruder unter dem Hunger zusammen, setzte er sich zu ihm und aß mit ihm, damit er sich nicht beschämt fühle, nach Herzenslust. Er brach sogar einmal in einen fremden Weinberg ein und aß mit dem Entmutigten fröhlich fremde Trauben – die Schläge, die er dafür vom Besitzer bekam, kümmerten ihn nicht. Sogar die einzige Bibel, die die Brüder besaßen, gab er einer armen Frau, damit sie sich Brot kaufe. Als der Pilger nach Portiunkula allzu viele waren und Bruder Pietro di Cattaneo von den Vermögenden Geld nehmen wollte, um für die andern Lebensmittel zu kaufen, lehnte Franz dies ab und meinte: «Nimm vom Altar der sel. Jungfrau die Decke und allen Zierat zum Verkaufen, wenn du sonst nichts hast, um dem Bedürfnis abzuhelfen ... Gott wird schon wieder jemand schicken, der seiner Mutter zurückgibt, was uns dienen mußte.» Und als Franz im Sterben lag und seine getreue Jacoba, eine ausgezeichnete Frau, von Rom herbeikam, sagte er: «Gegenüber dieser Dame gilt jene Vorschrift [der selbstgewählten Klausur] nicht. Welch treue und anhängliche Gesinnung von ihr, so weit herzukommen.» In seiner Regel steht: «Not kennt kein Gebot», und es wird gerne David zitiert, der die Schaubrote im Tempel aß, da er vor dem Verfolger floh. Aber oft beteuerte er, ohne Erlaubnis des Bischofs oder auch des Pfarrers, selbst wenn dieser ein schlechtes Leben führe, würde er in dessen Bereich nie predigen. Man führt derlei Ereignisse gewöhnlich an, um zu zeigen, daß ihm die Autorität heilig war. Gewiß war sie das. Aber er wußte sehr wohl, daß ein Befehl gegen das Gewissen nichtig war – und es war gewiß sein Gewissen, das ihm befahl, zu predigen. Warum unterschied er also nicht rechtmäßig befehlende und unrechtmäßig befehlende Autorität, wie andere das taten?

Ich glaube, daß man mit der Unterscheidung von Amt und Person, mit der Ehrfurcht vor dem geweihten Priester, die oftmals bezeugt wird, mit seinem Sinn für ständische Ordnung – all diese Erklärungen finden sich in der Franziskus-Forschung und lassen sich auch gut dokumentieren – allein nicht auskommt. Es ist noch hinzuzufügen, daß Franz eben eine Revolution auslösen wollte, und in das Konzept seiner – eben der evangelischen – Revolution paßte solch gewaltsamer Widerstand nicht hinein. Warum? Ich denke, weil seine Revolution ihren Ausgangspunkt im Appell an die Freiheit des Menschen besaß. Darin war keiner ausgeschlossen – auch die Machthaber nicht. Hätte er gewaltsam die Macht der Kirchenmänner gebrochen, stand er ja schon auf der falschen Seite, gebrauchte er, genau wie sie Mittel, die in der Ausbreitung des Evangeliums nach des Stifters Willen nicht vorgesehen waren, griff er dem eschatologischen Endzustand vor – und hätte er sich durchgesetzt, war nichts geändert, die Macht war nur von der einen Hand in die andere gewechselt, aber immer noch wähnte man, das Evangelium mit Mitteln der Gewalt verteidigen zu müssen ...

Ich zitiere einige Stellen, die dies deutlich machen: In der «Drei-Gefährten-Legende» von Giovanni di Ceprano werden Worte des Franziskus angeführt, die er auf den großen Kapitelversammlungen (zu Pfingsten und am 29. September, dem Michaelstag) alljährlich an seine Brüder zu richten pflegte. Da wird (im Zusammenhang mit der Stellung der Brüder gegenüber den Priestern) gesagt: «Er ermahnte die Brüder, über niemand zu richten, sich auch kein verächtliches Urteil zu erlauben über Menschen, die in Üppigkeit leben und sich prunkvoll kleiden. ‹Denn Gott›, so sprach er, ‹ist Herr über uns und über sie; er kann sie zu sich rufen und kann die Gerufenen rechtfertigen› (Röm. 8, 30). Nach seinem Willen sollten die Brüder solchen Leuten mit Ehrfurcht begegnen wie ihren Geschwistern und Herren. ‹Sie sind *unsere Brüder,* sofern sie mit uns den gleichen Schöpfer haben, und *unsere Herren,* da sie den Guten zur Buße und Läuterung verhelfen und ihnen das Nötige für den Unterhalt zur Verfügung stellen. Von solcher Art sollte unter den Menschen der Wandel der Brüder sein, daß ein jeder, der sie hört und sieht, den frommen Antrieb spürt, den himmlischen Vater zu loben und zu preisen. Wenn ihr mit eurem Mund den Frieden verkündet, sollt ihr ihn ebenso und noch mehr in euren Herzen tragen. Niemand werde durch euch zum Zorn und Ärger gereizt, alle sollen sich durch eure Bescheidenheit zu Frieden, Milde und Eintracht getrieben fühlen. Denn *dazu* sind wir berufen, Verwundete zu heilen, Versehrte zu verbinden, Irrende heimzuführen. *Manche erscheinen uns jetzt als Kinder des Teufels, die einmal Jünger Christi sein werden.*›»

Noch christlicher wird der Gedanke im «Spiegel der Vollkommenheit» von Bruder Leo und Gefährten, da einige Brüder den seligen Franz fragen, ob er nicht vom Papst ein Privileg erbitten wolle, überall frei predigen zu dürfen, ohne von der Erlaubnis der Bischöfe, die oft lange auf sich warten ließ, abhängig zu sein. Franz antwortete mit scharfer Zurechtweisung: «Ihr seid Minderbrüder, und doch erkennt ihr nicht den Willen

Gottes. Ihr seid mir im Weg, wenn ich die ganze Welt für Gott gewinnen will auf die Weise, die Gott will: zuerst will ich durch Demut und Ehrerbietung die kirchlichen Herren gewinnen. Wenn diese unser heiliges Leben und unsere demütige Ehrerbietung vor ihnen sehen, werden sie euch bitten, zu predigen und Buße zu verkünden. Diese Art wird das Volk besser zu einer Predigt bringen als eure Privilegien, die euch nur hochmütig machen.» Ebenso heißt es im «Testament» mit aller Härte: «Ich befehle streng im Gehorsam allen Brüdern, wo sie auch sind, daß sie nicht wagen sollen, irgendeinen Schutzbrief bei der römischen Kurie zu erbitten, weder selbst noch durch einen Vermittler, weder für eine Kirche noch für irgendeinen Ort, weder unter dem Vorwand der Predigt noch wegen leiblicher Verfolgung. Vielmehr sollen sie, wenn man sie irgendwo nicht aufnimmt, in ein anderes Land fliehen.»

Messerscharf wird hier die Trennungslinie gezogen zwischen franziskanischer Methode der Weltveränderung und damaliger römischer Kurie. Die indirekte Kritik ist unverkennbar, aber derart zurückhaltend und vornehm, daß man sich heute scheuen möchte, ein solches Vorgehen Revolution zu nennen. Dennoch veränderte es das soziale und das kirchliche Leben wie keine der Revolutionen auf dem Wege der Machtausübung, welcher Art auch immer. Gewiß, dieser Impuls versandete, und die Keime des Todes wurden ihm bereits zu Lebzeiten des Franziskus eingepflanzt – von seinen Freunden, dem Kardinal Hugolin von Ostia, dem Protektor der Franziskaner, und von allzu klugen Brüdern wie Elias von Cortona, dem Nachfolger des Franz in der Ordensleitung.

Franz hat dies nicht nur geahnt, er hat die Bedrohung deutlich gesehen und als tödlichen Stachel erlebt. Er hat dagegen aufgeschrien (buchstäblich), aber er hat sich dadurch nicht verleiten lassen, nun endlich doch zu den Mitteln der Gewalt zu greifen. Man sagt dazu: Er war eben kein Kämpfer. Ich meine dagegen: Er hielt seine evangelische Reform und Revolution durch bis in den Tod. Seine Stigmata (Wundmale) sind nur das äußere, sichtbare Zeichen für diesen Gehorsam gegenüber dem als Weg des Evangeliums erkannten Weg. So starb er, wie sein Meister – und auch das gehört eben entscheidend zu dieser Art der Revolution.

Ich will nun nicht versuchen, von hier aus wieder hinüberzuwechseln in die theoretischen Erwägungen am Anfang dieses Kapitels, um daraus theoretisch grundsätzliche Folgerungen zu ziehen, inwieweit und warum eine gewaltsame Revolution, ein Zerschlagen unwegbar gewordener Strukturen für einen Christen erlaubt oder gar geboten sein kann. Die Rechnung wird nie ganz aufgehen. Ich meine aber, die praktische Konsequenz drängt sich auf, daß einerseits jene, die solche Revolutionen glauben wagen zu müssen, nicht zu verteufeln sind; daß anderseits jedoch die christliche Verheißung heute wie damals auf jenen liegt, die den franziskanischen Weg des demütigen Beispiels zu gehen sich bemühen – im vollen Bewußtsein, daß dies ein Weg ist, der die Bahnbrecher dieses Weges konkreter Verwirklichungen immer ans Kreuz bringt. Sie werden sich voll einsetzen für neue Sozialstrukturen und, wo sie es können, sie realisieren; sie werden dafür auch heute verfolgt, in Gefängnisse geworfen, gefoltert werden; sie werden als die größten Utopisten angesehen werden, und es wird den Anschein haben, als gingen sie wirkungslos unter; aber schon in dieser unserer Zwischenzeit werden sie mit ihrem Beispiel und ihrem harten und zugleich demütigen Appell an die Großmut der Mächtigen mehr zu einem sozialen Wandel auch der Strukturen beitragen als alle stürmischen und lautstarken und gewaltsamen Revolutionäre – und zwar einfach darum, weil es Gott gefallen hat, in seiner Schwäche sich als stärker zu erweisen als die Mächtigen dieser Welt. Das ist nicht zu beweisen, es ist schlicht: Torheit des Kreuzes und ein Skandal; ganz gewiß. Aber eben Weisheit Gottes, die allein recht behält.

# Noblesse

Von der Kindhaftigkeit des Franz von Assisi, vom Evangelium und seiner ideologiefreien Art des Denkens, von der Armut als Angebot zur Großmut, von der Revolution oder dem Willen, die Welt zu verändern, habe ich gesprochen. Ich bin dabei ausgegangen von den Fragen der Gegenwart, um dann zurückzublenden auf die Gestalt des Poverello vor bald achthundert Jahren, wobei klar wurde, daß – trotz aller Verschiedenheit und Zeitgebundenheit der großen Heilsverkünder – wesentliche oder, besser, die wesentlichen Züge sich immer gleichbleiben, insofern sie eine transzendente (die Zeit überdauernde) Wirklichkeit in ihrer Zeitlichkeit durchsichtig, transparent machen. In diesem Sinne sind sie alle – einzeln und gemeinsam – Antwort auch auf die gegenwärtigen Fragen, nicht nur negativ, indem sie manche Antworten, zu denen uns gewisse Tendenzen verführerisch und stürmisch-gewaltsam drängen, als verschlossene Wege, als Sackgassen erweisen, sondern auch positiv, indem sie uns eine Wünschelrute in die Hand geben, die nur dort ausschlagen wird, wo wirklich reine Quellen zu finden sind.

Oder ich bin ausgegangen von einer Analyse des Franz von Assisi, dessen Eigenart eingebunden war in seine Landschaft (die – wie die Bilder dieses Buches zeigen – fast unversehrt heute noch vor uns liegt) und in seine Zeit, die teils heute stirbt oder schon gestorben ist, teils aber einen Neuanfang bedeutete, dessen Kräfte erst in unseren Tagen ungehemmt, entbunden zur Entfaltung kommen und uns mit Hoffnung und Angst zugleich erfüllen – wobei beides, die Hoffnung wie die Angst, den Atem und das Herz uns stillstehen läßt –, um erstaunt festzustellen, daß Franz in seiner Eigenart, seiner ganz konkreten Existenz, irgendwie in seine Zeit *nicht* hineinpaßte, sie überragte, sie mit Schrecken und Angst erfüllte, weil er den radikalsten, wenn auch zugleich friedlichsten Kampf führte gegen das Establishment seiner Zeit: die konsekrierte Macht, vor allem in der Gestalt des Geldes, aber auch der Waffen und auch der Systeme, selbst und gerade der theologischen, derart, daß er, der in seiner Zeit untergehen mußte und tatsächlich von seinen eigenen, wohlmeinenden Freunden und Brüdern ‹mit Recht› umgebracht wurde und sich wehrlos, wenn auch klagend umbringen ließ, in seinem Jubel, der schließlich doch aus dem Sterbenden hervorbrach, erst heute verständlich und voll wirksam werden kann!

Ich habe beides versucht. Und trotz aller Unzulänglichkeit haben diese Überlegungen vielleicht doch manchem, nachdem sein Ärger über diese und jene Formulierung abgeklungen ist, gezeigt, daß Franz vor fast achthundert Jahren (es fehlen gerade noch zwölf) eigentlich für unsere Gegenwart geboren wurde. So tief sind seine Wurzeln. Sie mußten es sein, denn ein sehr hoher Baum sollte aus ihnen erwachsen, den viele Stürme nicht brechen durften.

Wenn ich nun in dieser Weise vergleichend abwäge, dann fehlt mir etwas an allem, was über Franz hier gesagt wurde und was doch seinen Glanz ausmachte. Habe ich mich durch die brennenden Fragen der Gegenwart verführen lassen, sein Bild zurechtzubiegen? Habe ich den geheimnisvollen und unserer Zeit fremden Urgrund seiner Persönlichkeit zugeschüttet, obwohl gerade er es ist, der auch heute noch viele Tausende nach Assisi zieht, wie ein Heimweh. Ein Heimweh? Das würde bedeuten, wir haben diesen Urgrund nicht mehr, aber er gehört auch zu unseren Urgründen, von denen wir herkommen, und wir sehnen uns aus der Fremde nach ihnen zurück. Das würde heißen, wir sind Entfremdete – trotz allen Fortschritts und in allem Fortschritt Frustrierte . . .

Im ersten Kapitel, da wir vom Kinde sprachen, das Franz zutiefst war, habe ich das wohl anzudeuten versucht. Das war wohl richtig, und ich nehme nichts davon zurück. Es war aber vielleicht nicht genau die Mitte. Ich muß also zum Abschluß noch einmal ansetzen und den Bogen spannen.

In dem Buch «Der Herr und Franziskus», das nach fünfzigjährigem Studium ein einundachtzig Jahre alter Franziskaner, Erich Rohr, 1965 (fast genau ein Jahr vor seinem Tod) vollendete und das sein Ordensbruder, der hervorragende Franziskusforscher Kajetan Esser, 1966 herausgab, las ich den Satz: «Die sogenannten franziskanischen Tugenden – Armut, Demut, Gehorsam, Dankbarkeit, heilige Freude und reine Einfalt – entspringen in Wahrheit nicht einem asketisch-moralischen Eifer, sondern der reinen ‹Aufmerksamkeit der Liebe zum Herrn›.» Mit «Aufmerksamkeit» übersetzt Rohr ein Wort, das in allen Franziskusdarstellungen eine Rolle spielt und das auf die verschiedenste Weise übersetzt wird. Auf italienisch heißt es «cortesia», und so wurde es von Franziskus gebraucht. Nach dem Lexikon müßte man übersetzen: «Höflichkeit». Aber schon Romano Guardini macht gegenüber älteren Übersetzungen darauf aufmerksam, daß «cortesia» viel mehr sei als Höflichkeit. «Cortesia» sei bei Franz die edle Haltung des Ritters, die liebenswürdige Menschenfreundlichkeit. Und so übersetzt Otto Karrer «cortesia» bald mit Ritterlichkeit, bald mit Menschenfreundlichkeit, bald mit Gentilezza, bald einfach mit freundlich.

Joseph Bernhart hinwieder setzt für «cortesia» Adel. «Gerecht besagt es nicht nur die natürliche Wesensart dieses Menschen . . ., sondern überhaupt die Weise, wie er die gesamte Wirklichkeit, Gott und jegliches Sein, verstand und sich zu ihm verhielt. Mag man Tugend an ihm finden, welche man will, ihr gemeinsam Beseelendes ist der adelige Sinn, die Herzensgröße im Aufnehmen Gottes, der Welt des Menschen, wie auch im Handeln gegenüber dem Höchsten und dem Geringsten des ganzen Seins . . .» Und wieder: «Für Franz ist Religion ein Verhältnis von Adel zu Adel. Sie weiß nichts von dem niederen ‹Ich gebe, damit du mir wieder gibst›! Der Herr ist der gute Herr: der Herr, aber gut; gut, aber der Herr . . . Diesem Herrn geziemt nur ein Dienst aus ähnlicher Tiefe des Adels. Ihn zu leisten, ist die Sache der geistigen und freien Kreatur, die auch im Namen der unteren, zu ihrer Verfügung gestellten, ihn leisten soll. Eben diese Würde des Menschen ist es, die ihn zum Dienst an Gottes Ehre verpflichtet; hinwieder ist dieser Dienst die vollkommene Erfüllung seiner Würde ... Wir sind in allem nur Verwaltende, und letzter Adel des Menschen liegt im ‹Erstatten› an den Herrn ... War die Liebe von drüben einmal so empfunden, wie Franz sie kraft schon seiner natürlich, wahrhaft verschwenderischen Liebesfähigkeit empfand, so sah er sich in die Liebesnot all derer versetzt, die das Maß der Liebe im Lieben ohne Maß gefunden hatten.»

Das ist gelehrt gesagt: Franz drückt es viel einfacher aus. Etwa in jener Erzählung aus den «Fioretti», die, wie Karrer bemerkt, sicher auf eine historische Begebenheit zurückgeht. Mit einem Gefährten kam Franz eines Abends in das Haus eines reichen und mächtigen Edelmannes, von dem sie äußerst liebenswürdig («con grandissima cortesia») aufgenommen wurden. Wie einen Freund umarmte und küßte der Edelmann Franz, wusch ihm die Füße, zündete ein Kaminfeuer an, gab den Gästen gut zu essen und bediente sie unermüdlich mit frohem Angesicht. Er stellte Franz sein Vermögen zur Verfügung. Franz solle nur auf seine, des Edelmanns Kosten bestellen, was immer er brauche.

Nach dem Abschied sagte Franz zu seinem Gefährten: «Dieser höfliche [gentile] Mann wäre gerade richtig für unsere Gesellschaft, er ist Gott gegenüber so dankbar und so anständig [cortese] zum Mitmenschen und zu den Armen. Wisse, lieber Bruder, solche Anständigkeit [cortesia] ist eine Eigenschaft Gottes, denn aus Anständigkeit [cortesia] spendet er Gerechten und Ungerechten seine Sonne und seinen Regen, und die Anständigkeit [la cortesia] ist eine Schwester der Mildtätigkeit: den Haß löscht sie aus, und die Liebe bewahrt sie. Weil ich in diesem Mann so große göttliche Tugend wahrgenommen habe, hätte ich ihn gern zum Gefährten ...» – Was ist hier «cortesia»? Anständigkeit, Höflichkeit, Adel, Menschenfreundlichkeit, Aufmerksamkeit, Großmut, Ritterlichkeit?

Als Titel dieses Kapitels habe ich das Wort «Noblesse» gesetzt. Es kommt, soweit ich sehe, in den Schriften von und über Franz nicht vor; aber es berührt sich in der Bedeutung mit dem von Joseph Bernhart gewählten: «Adel» – nur rückt es die Standesbedeutung weniger in den Vordergrund, die uns auch bei «cortesia» und «gentilezza» und «Ritterlichkeit» stört. Das alles sind Ausdrücke einer feudalen Zeit, mit denen wir heute nichts mehr anzufangen wissen; mehr noch: sie erfüllen uns mit Abneigung, denn die Reste feudalen Denkens erscheinen uns als eines der größten Hindernisse auf dem Weg in eine neue Zeit, zumal in der Kirche. Das verleitet uns, alles Reden von «cortesia» auch bei Franz kurzerhand als zeitgebunden wegzulegen. Wir schütten jedoch das Kind mit dem Bade aus. Natürlich war Franz zeitgebunden in seiner Sprache. Die Bedeutung jedoch, die er dem Wort «cortesia» gab, und die Haltung, die ihm zugrunde lag, das von ihm eigentlich Gemeinte, sprengt das feudale Denken.

Das Wort «Noblesse» drückt es besser aus, was Franz als «cortesia» realisierte. Vielleicht müßte man noch weitergehen und sagen: Alles, was wir heute mit *Solidarisierung* bezeichnen – solidarisch mit den Unterdrückten, Gefolterten, in ihrer Menschenwürde Verletzten, derart, daß wir bereit sind, ihr Schicksal zu teilen, daß wir eine Gemeinschaft der unter dem Establishment Leidenden bilden wollen, durchaus zum Zweck der Effektivität, des Durchbruchs zu einer Strukturänderung –, das alles entspricht auch der «cortesia» des Franziskus – oder widerspricht ihr doch jedenfalls nicht. Freilich möchte ich Solidarität und Solidarisierung nicht einfach mit «cortesia» gleichsetzen, denn sie besagt von vornherein eine ganz bestimmte Art der Solidarität, und eben diese Art erscheint Franz als wesentlich christlich.

Das englische ‹Gentleman› könnte wohl auch in Frage kommen, denn es besagt eine gewisse Selbstbewußtheit. Der Gentleman kennt seinen Wert, legt kein falsches Gewicht auf das, was andere von ihm sagen oder denken; es kann ihn deshalb auch niemand beleidigen, in Zorn versetzen; Rachsucht kennt er ebensowenig wie jene die ganze Welt vergiftende Eifersucht in ihren tausend bewußten und unbewußten Ausdrucksformen. Franz war durch und durch ein solcher Gentleman, immer beherrscht, nie neidisch, sehr selbstbewußt. Dennoch drückt Gentleman zuwenig die soziale Seite aus. Man sagt ihm doch eine gewisse Menschenverachtung nach. Es schwingt bei aller Korrektheit nichts mit von persönlicher Affektion. Der Gentleman ist und bleibt kühl – und das läßt sich von Franz ganz gewiß nicht sagen. Er ist durch und durch sozial, auf das Du des andern gerichtet.

Diese ganze Diskussion um den Namen mag bedeutungslos erscheinen, sie führt uns aber genau zum rechten Verständnis der «cortesia» des Franziskus. Viel zarte Ehrfurcht ist darin und doch kein kühles Distanznehmen, sondern ein höchstes Engagement; ein höchst persönliches Verhältnis, ein Anteilnehmen an der Person des Mitmenschen, die zwar durchaus sachlich eingeschätzt wird, aber als freie Person, wobei ein Anerkennen, ja Herausfordern ihrer Möglichkeit zum Guten stets im Vordergrund steht, aber ebenso freimütig, ja mit erschreckender Härte auch das Verwerfliche beim Namen genannt wird. Erstaunlich häufig droht Franz mit dem Gericht Gottes. Er warnt vor Selbstbetrug den letztlich unbußfertigen Sünder, der sich mechanisch auf den Sakramentenempfang verläßt, ohne etwa sein Geld wirklich sozial zu verwenden. Doch bleibt solche Drohung immer nur Hintergrund, während das Hauptthema Weckung der Großmut ist – nicht der Gerechtigkeit, denn, so sagt er, die «cortesia» hat der Gerechtigkeit gegenüber den Vortritt.

Die höchst persönliche und existenzielle Verbundenheit mit Gott und Menschen, das unbedingte Vertrauen in sie, der selige Appell an ihre Großmut – hier liegt das Geheimnis oder der eigentliche Wert der «cortesia»: des Franziskus unbezwinglicher Charme. Paul Sabatier, der protestantische, große Verehrer des Franziskus, macht darauf aufmerksam, daß in dieser Art des Poverello ein ökumenisches Moment sich verbirgt, auf das schon die Chronik des Jordan von Giano hinweist. Friedrich Heiler schrieb dazu anläßlich des Franziskus-Jubiläums 1926: «Sollte er [Franziskus] nicht dazu bestimmt sein, die protestantische Welt für das katholische Ideal zurückzugewinnen, so wie er die getrennten Christen des dreizehnten Jahrhunderts zur kirchlichen Einheit zurückgeführt hat?»

*Zu den Seiten 213 bis 223 mit Bildern umbrischer Landschaft*

## Sonnengesang

Guter Herr, der Du auf Deiner Allmacht Höhe thronst,
Laß mit frommen, klaren Worten
Lob Dir, Ruhm und Ehre künden!
Eigen sind sie Dir allein, Du Allerhöchster,
Und es ist kein Mensch so würdig,
Deinen Namen nur zu nennen!

Sei gepriesen und gelobt, mein Herr,
Mit der ganzen Kreatur, die Du erschaffen,
Und vor allem mit der edlen Herrin Schwester Sonne,
Denn im Zeichen ihrer Schönheit
Steigt der volle Tag empor,
Lichterfüllt durch ihren Strahlenglanz:
Dein Symbol und Sinnbild, allerhöchster Herr!

Sei gepriesen und gelobt, mein Gott,
Durch die Sterne und den Bruder Mond,
Die als leuchtend klare Edelsteine
Funkelnd Deinen weiten Himmel zieren.

Sei gepriesen und gelobt, mein Gott,
Durch den Bruder Wind in Deiner Luft
Und durch Wolken, Sonnenschein und Wetter,
Die das Leben spenden und erhalten
Deiner ganzen Kreatur.

Sei gepriesen und gelobt, mein Gott,
Durch die sanfte Schwester Quelle,
Die in ihrer keuschen Demut
Uns auf edle Weise dient.

Sei gepriesen und gelobt, mein Herr,
Durch das Feuer, unsern Bruder,
Der die dunkle Nacht erleuchtet:
Schön und lieblich flammt der Schein,
Aber mächtig und gewaltig ist sein Wesen!

Sei gepriesen und gelobt, mein Herr,
Durch die Schwester, unsre Mutter Erde,
Die im bunten Blumenkleid
Uns aus ihrem reichen Schoße
Unerschöpflich Früchte schenkt.

Sei gelobt, mein Herr, durch jene Seelen,
Die um Deiner Liebe willen Schuld verzeihen.
Selig sind, die unerschütterlichen Friedens
Leid, Bedrängnis, Pein und Trübsal dulden:
Du, o Allerhöchster, krönst sie mit der Lebenskrone!

Sei gepriesen und gelobt, mein Herr,
Durch den Bruder, unsern ird'schen Tod,
Dem kein Mensch entfliehen kann.
Wehe denen, die in schweren Sünden sterben!
Selig aber jene, die ihr Ziel in Deinem Willen finden,
Denn sie brauchen keinen zweiten Tod zu fürchten!

Preist und lobt den Herrn!
Singt in reiner Demut
Ihm den großen Dankchoral!

Aus dem Italienischen von Xaver Schnieper

*Zu Bild Seite 224:*

Fensterrose der Basilika in Assisi, die Bruder Elias von Cortona zu Ehren des Franziskus und zum Ärger der treuesten Erben seines Geistes errichtet hat. In ihr ruhen die Gebeine des Heiligen.

Gerade Sabatier, der hugenottische Franziskusforscher, erinnert uns daran, welche Wunder der Arme von Assisi in der Wiederversöhnung der von der allgemeinen Kirche seiner Zeit Getrennten gewirkt hat: «Vor ihm verschwanden die Disputatoren, die als unbesiegbar galten. Das ist vielleicht die bedeutendste historische Tatsache des Reformators von Assisi . . .» Franziskus war stärker als sie, denn er besaß jene Noblesse, die ihnen fehlte, und das Volk spürte mit sicherem Instinkt, daß hier ein Heiliger wirkte, der zwar auch die alte Kirche reformierte, aber anders – christlicher.

Damit stoßen wir zur letzten und eigentlichen Tiefe der «cortesia» vor, der Noblesse des Franz von Assisi. In dem klassischen Gespräch über die «cortesia» in den «Fioretti» sagt Franz: «Wisse, lieber Bruder, die Cortesia ist eine Eigenschaft Gottes . . .» Das ist keine zufällige Bemerkung. Sie kennzeichnet das ganze Denken des Franziskus, sie zeigt auf, was er unter Christsein verstand.

Ein zweifaches scheint mir daraus sich zu ergeben. Beides ist für unsere Gegenwart vielleicht von Bedeutung.

Das erste betrifft seine Weltanschauung. Es wäre grundverkehrt, wollte man Franziskus zu einem frühen Humanisten machen, oder wollte man ein globales Weltbewußtsein von der Einheit aller Menschen als die eigentliche Wurzel seiner Liebe zu den Armen ansehen, oder in der Dynamik nach vorn den Motor seiner Gesellschaftskritik vermuten. Das alles kann man zwar in ihm finden. Er liebt den Menschen, herrliche Worte findet er über seine Würde und Freiheit, auch den Leib kann er wundervoll preisen; keine Spur von Prüderie ist bei ihm zu finden. Ein *kosmisches Weltbewußtsein* eignet ihm, man lese nur den «Sonnengesang»; er überspringt glatt konfessionelle und territoriale Grenzen – sehr zum Ärger des franziskanischen Generalprotektors, der die Brüder in Italien festhalten will – und ist der erste in der Geschichte des Abendlandes, der friedlich und menschenfreundlich in andere Kontinente zieht; er weiß um die Entfaltung der Menschheit, und die Verwandtschaft seiner Ideen mit der dynamischen Geschichtsauffassung von Joachim von Fiore wird gerade jene seiner Jünger begeistern, die ihm die liebsten waren. An all dem kann kein Zweifel sein. Der große und tiefe Unterschied zu heutigen Auffassungen liegt aber darin, daß er alles auf einen einzigen, auf Gott bezieht. Und selbst das ist nicht ganz richtig, wenn wir es auffassen wollten als Aufstieg zu Gott aus den Geschöpfen. Das war eigentlich nicht sein Weg. Sondern umgekehrt: er sah alles von Gott her.

Niemand hat dies so treffend ausgedrückt als Gilbert K. Chesterton in seinem Franziskus-Buch. Er schreibt: «Der Übergang von einem guten Menschen zum Heiligen ist eine Art Umwälzung, durch welche ein Mensch, für den alle Dinge Gott bezeugen und verherrlichen, zu einem Menschen wird, für den Gott alle Dinge bezeugt und verherrlicht. Es ist ganz ähnlich, wie wenn ein Liebender beim ersten Blick sagen würde, daß eine Dame einer Blume gleiche – und später sagte, daß alle Blumen ihn an seine Dame erinnerten. Ein Heiliger und ein Dichter, die beide bei der gleichen Blume ständen, könnten das gleiche zu sagen scheinen. Tatsächlich aber würden sie, obwohl sie beide die Wahrheit sagten, verschiedene Wahrheiten sagen. Für den einen ist die Lebensfreude eine *Ursache* des Glaubens, für den andern ein *Erlebnis* des Glaubens. Eine Auswirkung dieser Verschiedenheit aber ist es, daß das Gefühl der Abhängigkeit von Gott, welches für den Künstler wie blendendes Blitzlicht ist, dem Heiligen das helle Tageslicht bedeutet. Da er in einem mystischen Sinn jenseits der Dinge steht, sieht er diese Dinge aus dem Göttlichen hervorgehen, wie Kinder, die aus einem wohlbekannten Haus hervorgehen, statt daß man sie zuerst, wie es den meisten von uns geschieht, auf den Straßen der Welt trifft. Und das Paradoxe daran ist, daß er durch dieses Privileg vertraulicher, freier, brüderlicher und dabei sorglos gastlicher ist als wir. Für uns sind die Elemente wie Herolde, die uns im Waffenrock und mit Trompeten verkünden, daß wir uns der Stadt eines großen Herrn nähern; er aber begrüßt sie mit einer alten Vertraulichkeit, die fast an Leichtfertigkeit grenzt. Er nennt sie seinen Bruder Feuer und seine Schwester Wasser.»

Genau das ist die Weltanschauung des Franziskus. Daran ist

für die Gegenwart nur zu verbessern, daß uns der Weg des Dichters oftmals versperrt erscheint, weshalb wir von ‹Gott ist tot› und von der Unmöglichkeit sprechen, Gott in unserer sich selbst genügenden Welt zu begegnen. So oberflächlich das gedacht ist, so stimmt es doch, insofern es unser Bewußtsein, unsere gelebte Erfahrung beschreibt. Von der andern Wahrheit, die Chesterton als die des Heiligen bezeichnet, gilt solches nicht. Sie besteht nach wie vor, und all unsere neuen Erkenntnisse zwingen den Heiligen nicht, auch nur das geringste von seiner Wahrheit zu ändern. Im Gegenteil, sie bekräftigen diese.

Was Franz seiner Zeit vorauseilend gesehen und zu realisieren versuchte, bestätigt sich heute gleichsam von dieser andern Seite her. Freilich geht uns dabei eines verloren, was das innerste aller Dinge ausmacht: ihr persönlicher Wert. Für Franz tragen alle Dinge eine Widmung Gottes an den Menschen. Die Widmung ist den Dingen selbst immanent. Je tiefer der Mensch die Dinge selbst forschend erkennt, desto besser kann er auch diese Widmung verstehen. Daß Franz so dachte, ist unbestreitbar: «Gott, der uns erschaffen hat, ist der Beste.» Alles andere sieht er von ihm her. So ist auch seine Verbindung mit der Natur zu verstehen. Er steigt nicht von der Sanftmut des Lämmleins auf zur Güte Gottes, sondern umgekehrt erinnert ihn das Lämmlein an Gottes Sanftmut. Erinnert ihn die Lerche, sein geliebtester Vogel, an die Fröhlichkeit Gottes. Alle Dinge werden ihm zum «Spiegel» Gottes. Darum, weil Gott der Schöpfer aller Dinge ist, sind sie ihm Bruder und Schwester. Ja, er personifiziert Gott mit ihnen, ohne dabei je zu vergessen, daß er «der Beste» ist, der «ohne Anfang und Ende, unveränderlich, unsichtbar, unaussprechlich und nicht mit Worten zu erfassen, unbegreiflich, unerforschlich, gepriesen, lobwürdig und hoch erhoben, erhaben, groß, milde, liebenswert, voll der Wonnen und allezeit über alles noch zu ersehnen von Ewigkeit zu Ewigkeit». So redet er in einer Weise, die wir die ‹via negativa› nennen würden, von Gott. Aber nicht auf diesem Weg ist er berechnend zu Gott gekommen, sondern durch das Erlebnis des Glaubens, durch innere, seelische Erfahrung hat er auf mystischem Weg Gott erreicht.

Es mag uns fast kitschig erscheinen, daß des Franz Naturerlebnis so äußerlich bleibt. Aber war es wirklich äußerlich? Man mag seine Vogelpredigten in den Bereich der Legenden verweisen, aber Legenden sind nicht einfach willkürliche Erfindungen, sie enthalten eine echte Aussage, und sie besteht eben darin, daß die Tiere unleugbar – viele Geschichten bezeugen das – zu Franz sich instinktiv hingezogen fühlten, sie wußten sich bei ihm geborgen und fühlten sich verstanden. Dabei war er nicht blind für die Rätsel und Abgründe der Natur, ja ihre Widersprüchlichkeit. Man denke an die Sau, die er verfluchte, weil sie ein neugeborenes Lämmlein totgebissen hatte. War die Sau nicht auch ein Geschöpf Gottes? Waren nicht die «Mücke» und die «Drohne» auch aus seiner Hand hervorgegangen? Und doch nannte er egoistische oder faule Brüder tadelnd: Bruder «Mücke» und Bruder «Drohne». Warum liebte er es, der ‹liebliche› Heilige, sich zum Gebet – oft für Wochen, da er mit Gott rang und sich in die Betrachtung seiner Eigenschaften versenkte – in «wilde und zerklüftete Gegenden» zurückzuziehen? Weil er eben da die völlige Unbegreiflichkeit und seine Unauslotbarkeit abgebildet sah. Was so auf den ersten Blick kitschig erscheint, erweist sich bei näherer Betrachtung als erstaunlich tief. Es ist eben letzten Endes die Gottabbildlichkeit der Dinge, ihr tiefstes Wesen, das durch wissenschaftliche Analyse allerdings nie erreicht wird. Diese Funktion der persönlichen Anrede übersehen die Analytiker.

Ich weiß nicht, ob nicht dieser – sagen wir – mystische Weg auch heute noch ein möglicher Weg der Begegnung mit Gott sein könnte. Wenn Karl Rahner meint, daß wir einer mystagogischen Zeit im Erleben Gottes entgegengehen, dann meint er sicherlich dieses, wenn er auch dabei mehr an die Betrachtung des Ignatius von Loyola am Ende seiner Exerzitien über die Liebe denken mag. Doch in diesem Punkt unterscheiden sich die beiden Heiligen nicht, denn auch des Ignatius Betrachtung ist eine Anweisung, Gott in allen Dingen zu finden.

Aber wie gelangt Franz dazu, alle Dinge von Gott her zu sehen? Einzig durch den Glauben, der eben weit mehr ist als ein «Fürwahrhalten» geoffenbarter Wahrheiten. Ich zitiere einen modernen Theologen, Henri de Lubac, den Mann mit der größten Noblesse unter allen theologischen Wissenschaftlern der Gegenwart, aus seinem Buch «Geheimnis aus dem wir leben» (1967):

«Wird der Glaube in seiner vollen Bedeutung genommen, dann zeigt er eine Anzahl Wesenszüge ...: Von allen Erkenntnisweisen ist er die festeste und gesichertste ... Er ist ein wesentlich personaler Akt, der das Dasein in seinem tiefsten Grund engagiert; ein wesentlich religiöser Akt, ja der religiöse Akt schlechthin: Wer Glaube sagt, sagt ‹Eintritt in den Bezirk des Geheiligten›. Das Zeugnis, auf das der Glaube sich gründet, ist das Zeugnis Gottes, das nicht, wie menschliche Zeugnisse, zu dem Geist, der es empfängt, in einem äußerlichen Verhältnis bleibt: Gott ist ja dem Sein, das er geschaffen hat, nicht äußerlich; wenn er in einem Sinn der ‹Ganz-Andere› ist, so ist er damit keineswegs der Nur-Andere, und seine Stimme erklingt zugleich draußen und drinnen bei dem, den er zu glauben aufruft. Obwohl der Glaube das Fürwahrhalten vieler Dinge enthalten kann ..., kann man von Glaube nur in der Einzahl sprechen. Er ist seinem Wesen nach Antwort auf das offenbarende Wort Gottes, das, indem es offenbart, Gott offenbart. Unser Fürwahrhalten kann irgendeinem beliebigen Menschen gelten; unser Glaube aber besagt, daß wir unserem Gott glauben, aber auch – und in einer tieferen, totaleren Weise – auf Gott zu. Unser Glaube ist unsere Antwort auf Gottes Anruf. Das ist mehr als nur ein Akt des Erkennens, es ist ein Akt des Anerkennens. ‹Gott, du hast uns auf dich hin geschaffen, – wir glauben zu dir hin.› Wir schenken dir unsern Glauben.»

Damit sind wir wieder ganz bei unserem Thema der Noblesse, der «cortesia»! Für Franz ist Gottes Eigenschaft dem Menschen gegenüber Noblesse und nichts als Noblesse. Nicht ein System der Asketik, das den Menschen vollkommen macht, nicht eine allgemeine Menschenliebe, nicht eine Serie von Geboten, von Moralgesetzen, die treu und korrekt zu erfüllen sind, nicht das Gesetz der Entfaltung, nicht die Idee eines Persönlichkeitsideals, nach der ich mein statisches oder dynamisches Selbstmonument zu errichten hätte, überhaupt keine Idee von Ideologie beherrschen sein Denken und Tun, sondern eben sein Glaube, der Antwort ist auf den sich ihm persönlich als unfaßlich nobel offenbarenden Gott. Nur eine Antwort ist möglich: Noblesse gegen Noblesse.

Sein Verhalten gegen Gott ist darum mehr als nur eine gewissenhafte Gehorsamsleistung. Es ist mehr als die heute so viel gerühmte sachliche Stellungnahme zu einer Lehre. Bei einer Lehre hat sie ihre volle Berechtigung. Hier aber geht es um eine Botschaft, einen Anruf, der ehrendes Vertrauen besagt, um eine persönliche Botschaft, eine Einladung zur vollen Solidarität.

Aus dieser Grundhaltung Gott gegenüber folgt die Noblesse gegenüber dem Mitmenschen, ja sie konkretisiert sich im Mitmenschen, dem Bruder und der Schwester – und das sind alle Menschen; die Armen vor allem, denn sie bedeuten den stärksten Appell an die Noblesse dessen, der hat, und sind Abbild, Spiegel des unergründlichen Gottes, der sich entäußert hat, aus Noblesse, um den Armen sich anzubieten.

Von hier her fallen Lichter auf unsere Gegenwart und ihre Probleme. Die Gegenwart ist sehr sachlich und sehr wahrhaftig. Darin ist sie einzigartig. Doch gerade in dieser Versachlichung aller Dinge, Personen und sogar Gottes übersieht sie, daß es persönliche Werte gibt. Die Wahrheit ist Person – und es gibt keine Sache, keine Idee, die nicht innerlichst geprägt wäre von einem persönlichen Wert. Als man den hl. Franz mit glühenden Eisen von seinem Augenleiden kurieren wollte, eine äußerst schmerzhafte Prozedur der damaligen Medizin, da die Narkose noch unbekannt war, da sagte Franz zu dem Feuer: «Mein Bruder Feuer, du bist edel und nützlich unter Gottes Geschöpfen – sei jetzt nobel [cortese] zu mir; ich habe dich immer geliebt und werde dich lieben um dessentwillen, der dich geschaffen hat. Ich bitte unseren Schöpfer, er möge deine Hitze so kühlen, daß ich's ertragen kann!»

Für Franziskus war die ganze Schöpfung eine Geste der Noblesse (cortesia) Gottes gegenüber den Menschen. Für uns ist sie Gegenstand unserer Forschung und Mittel, das der

Mensch verwendet, um eine bessere Menschheit zu bauen. Beide Haltungen schließen einander nicht aus. Aber wir haben des Poverello Einstellung heute vergessen über dem Hochgefühl unserer Herrschaft und sind damit der Angst verfallen; wir könnten uns von ihr befreien und sie in Hoffnung verwandeln mit Franz. Damals staunte der Arzt, weil Franz so ruhig und heiter blieb. Franziskus aber sagte zu seinen Brüdern: «Ihr Kleinmütigen, warum seid ihr fortgelaufen, als sie mich brannten? Ich sage euch ganz ehrlich, ich habe überhaupt keinen Schmerz gespürt!»

## Die letzten Worte des Franz von Assisi

Psalm 142 (141), gesungen mit lauter Stimme

*Laut schreie ich zum Herrn, laut flehe ich zum Herrn.*
*Meinen Kummer schütte ich vor ihm aus, meine Angst breite ich vor ihn hin.*
*Mein Leben verengt sich, Du kennst meinen Weg.*

*Auf dem Weg, den ich wandle, haben sie eine Schlinge versteckt.*
*Ich schaue nach rechts und spähe:*
*da ist keiner, der sich um mich kümmert;*
*zu keinem kann ich fliehen, keiner wird für mich einstehn.*

*Ich schreie zu Dir, Herr; ich sage: Du bist meine Zuflucht,*
*mein Teil im Land der Lebendigen.*
*Hör auf mein Schreien, es geht mir sehr schlecht.*
*Rette mich vor meinen Verfolgern, sie sind stärker als ich.*

*Aus diesem Kerkerloch führ mich heraus,*
*damit ich Dich loben kann.*
*Alle Gerechten werden mich in ihre Mitte nehmen,*
*weil Du mit mir gut warst.*

Aus dem Italienischen von Mario von Galli

# Zeittafel

*Papst Innozenz III. sieht im Traum die Rettung der stürzenden Kirche durch Franz von Assisi; Detail aus den Assisi-Fresken von Giotto.*

# Chronik

### Zum Leben des hl. Franz

1181/ 1182 Franz wird als Sohn des reichen Kaufmanns Pietro Bernardone in Assisi geboren, auf den Namen Johannes (Giovanni) getauft, aber vom Vater Francesco (‹Französchen›) gerufen, weil Bernardone als Tuchhändler oft nach Frankreich reiste und für dieses Land eine besondere Vorliebe hegte.

*Franz von Assisi; Fresko von Cimabue.*

### Zur Geschichte seiner Zeit

1183 In Konstanz schließt Kaiser Friedrich I. Barbarossa mit den lombardischen Städten einen Bund. Der Kaiser wird als Lehnsherr anerkannt.

1184 Aussprache des Kaisers mit dem Papst in Verona über die Ketzerei in Norditalien.
Verlobung des Kaisersohns Heinrich VI. mit Konstanze in Sizilien.

1185–1187 Papst Urban III., ein erbitterter Feind des Kaisers. Er residierte nie in Rom.

1187 Papst Gregor VIII. Ausgleich mit dem Kaiser.

1187–1191 Papst Clemens III. kehrt nach Rom zurück, von den Römern anerkannt, wo seit 1144 der Senat regiert.

1189 Beginn des dritten Kreuzzuges unter Führung Barbarossas.

1190 Barbarossa ertrinkt im Saleph (Kleinasien). Sein Nachfolger ist Heinrich VI. (1190–1197).

1191–1198 Papst Coelestin III.

1191 Kaiserkrönung Heinrichs VI. durch Coelestin. Richard Löwenherz gerät während seiner Rückkehr vom Kreuzzug in die Gefangenschaft des Kaisers; versöhnt die Welfen und wird Vasall des Kaisers.

1194 Heinrich VI. besetzt Sizilien. Krönung in Palermo als König von Sizilien.
Geburt Friedrichs II.
Coelestin will abdanken.

| | | | |
|---|---|---|---|
| | | 1197 | Heinrich VI. stirbt vor der Verwirklichung seines Planes, ein Erbreich zu schaffen. |
| 1198 | Konrad von Lützen, Graf von Assisi – die Stadt hatte seit 1160 einen Freibrief und einen Vogt –, wird vertrieben und seine Burg geschleift. Die demokratischen Popolani ergreifen die Macht, zwei Konsuln stehen an der Spitze. | 1198 –1216 | Papst Innozenz III. Roms Senatoren danken ab. Innozenz wird Vormund Friedrichs II. In Deutschland verhängnisvolle Doppelwahl der beiden Könige Philipp von Schwaben (1198–1208) und Otto IV. von Braunschweig (1198–1215), Neffe von Richard Löwenherz, mit der die Auflösung der Kaisermacht beginnt. |
| 1202 | Franz nimmt am Krieg Assisis gegen Perugia, der Ghibellinenstadt, teil und gerät für ein Jahr in Gefangenschaft; kehrt krank zurück. | 1202 | Tod Joachims von Fiore. Beginn des vierten Kreuzzuges. |
| | | 1203 | Fall und Plünderung Konstantinopels gegen den Willen des Papstes. Errichtung des Lateinischen Kaisertums (1204–1261). |
| 1205 | Beginn des Sinneswandels. Der Versuch, nach Apulien in den Dienst des päpstlichen Feldherrn Walter von Brienne zu ziehen, scheitert. | | |
| 1206 | Erstmals in Rom. Probeweise ein Bettler. Vernimmt eine Stimme vom Kreuz in San Damiano: «Stelle mein Haus wieder her.» | | |
| 1207 | Bruch mit dem Vater – Wanderwege. Er restauriert Kirchen und Kapellen: San Damiano, Portiunkula u.a. | 1208 | Philipp von Schwaben in Bamberg ermordet. Otto IV. alleiniger Herrscher. Friedrich II. nimmt, vierzehnjährig, die Regierung in Sizilien in die Hand. |
| 1209 | Das entscheidende Erlebnis in Portiunkula am 24. Februar beim Anhören des Evangeliums Matth. 10, 7–20. | 1209 | König Otto IV. zieht nach Rom, wo er von Innozenz zum Kaiser gekrönt wird. Beginn der Albigenserkriege in Südfrankreich (bis 1229). |

1210 Erste Bestätigung der «Minderbrüder» (Ordinis Fratrum Minorum = OFM).
Franz erhält Tonsur.
‹Magna Charta› Assisis: Ausgleich zwischen Ober- und Unterklasse.

1211 Die Benediktiner überlassen Franz das Kirchlein in Portiunkula.

1212 Am 18. März schließt sich Klara Franz an.

1213 Versuche, ins Heilige Land zu kommen.

1215 Viertes Laterankonzil: Franz begegnet Dominikus.

1210 Kaiser Otto IV. wird mit dem Kirchenbann belegt, weil er, die staufische Politik aufnehmend, Sizilien an sich reißen will.

1211 Reichstag zu Nürnberg: Friedrich II. wird zum deutschen Gegenkönig (neben Otto IV.) gewählt.

1212
–1250 Friedrich II.

1214 Otto IV. vom französischen König Philipp August II. endgültig geschlagen. Er stirbt einsam 1218.

1215 Viertes Laterankonzil. Innozenz: Alles Übel kommt vom Klerus.
In England trotzen die Barone König Johann Ohneland I. die «Magna Charta libertatum» ab. Sie bildet die Grundlage jeder künftigen Verfassung.

*Maria mit dem Kinde, vor ihr Franz von Assisi als Ordensstifter; Gemälde von Benozzo Gozzoli (Ausschnitt).*

*Franz übergibt Papst Honorius III. die Regel seines Ordens; Fresko von Giotto in der Basilika Santa Croce, Florenz.*

| | | | |
|---|---|---|---|
| 1216 | Erste Bekanntschaft mit Hugolin von Ostia, dem späteren Papst Gregor IX., in Perugia. Portiunkula-Ablaß von Papst Honorius III. erbeten (?). | 1216 – 1227 | Papst Honorius III. |
| 1217 | Pfingstkapitel: Aussendung der Brüder in alle Welt. | 1217/ 1218 | Kreuzzug unter König Andreas II. von Ungarn. |
| 1218 | Die Predigt vor Papst und Kardinälen über die Laster der Kurie. Hugolin wird auf Wunsch von Franz Protektor der Minderbrüder. | | |
| 1219 | Franz in Ägypten bei Kreuzfahrern und beim Sultan. | 1219 | November: Einnahme von Damiette im Nildelta durch die Kreuzfahrer. |
| | | 1220 | Friedrich II. in Rom zum Kaiser gekrönt. |
| 1221 | Zweite Fassung der Regel, mit Cäsar von Speyer erarbeitet, debattiert am 30. Mai auf Mattenkapitel. Rede des Franziskus gegen die Angleichung an die alten Orden. | 1221 | Niederlage und Rückzug der Kreuzfahrer. |

1222 Dritte, von Bruder Elias ‹verlorene› Fassung der Regel.

1223 Vierte Fassung der Regel, debattiert am Generalkapitel vom 11. Juni.
Franz legt Ordensleitung nieder.
Elias Bombarone (‹von Cortona›) wird Generalminister.
Diese Regel bestätigt Papst Honorius im November; daher «bullata» genannt.

1224 Schreiben an alle Christen.
Franz in La Verna; am 17. September Stigmatisation.

1225 Franziskus weilt in San Damiano bei Klara, verfaßt den ersten Teil des «Sonnengesangs», unterzieht sich in Rieti einer Augenoperation, kehrt nach Assisi zurück und erweitert den «Sonnengesang» um zwei Strophen.

1226 Franz stirbt am 3. Oktober, unmittelbar nach dem Gesang des 142. Psalms: «Voce mea clamavi ad dominum».

1228 Franz von Assisi am 15. Juli von Gregor IX. heiliggesprochen.

1230 Überführung der Gebeine des hl. Franz in die Patriarchalbasilika von Assisi.

*Klara von Assisi;*
*Fresko von Simone Martini in Assisi.*

1226 Ludwig IX., der Heilige, wird König von Frankreich.

1227 Kardinal Hugolin von Ostia wird als Gregor IX. zum Papst gewählt.
Kaiser Friedrich II. wird mit dem Kirchenbann belegt, weil er den versprochenen Kreuzzug verschleppt.

1228/
1229 Fünfter Kreuzzug unter Führung des gebannten Friedrich II., der 1229 in einem Vertrag mit dem ägyptischen Sultan die heiligen Stätten Nazareth, Bethlehem und Jerusalem erhält.

1230 Vertrag von San Germano: Friedrich II. unterwirft sich Gregor IX. und wird vom Bann gelöst.

# Inhalt



*Franz schenkt seinen Mantel einem Armen; Detail aus den Assisi-Fresken von Giotto.*